培优系列教材·财经商贸大类大数据与会计专业技能应用型教材

会计信息化实务

（用友 U8V10.1 版）

主　编：王　妍　王玲启
副主编：朱　波　徐　欢

电子工业出版社
Publishing House of Electronics Industry
北京·BEIJING

内容简介

本教材以用友 U8V10.1 版财务管理系统为操作平台，从应用的角度出发，以实用性为重点，以某单位的经济业务为例，介绍了包括系统管理、基础设置、总账系统、报表系统、薪资管理系统、固定资产系统、应收款管理系统和应付款管理系统等 8 个项目的经济业务的处理操作流程。

本教材以提高学生的财务软件操作能力为宗旨，编排新颖，强调理论与实践相结合，配有典型业务的原始凭证，深入浅出、图文并茂，适合高职高专学生，能提高学生在信息化环境下的业务处理能力。同时，本教材可作为从事相关工作的人员的参考用书。

未经许可，不得以任何方式复制或抄袭本书之部分或全部内容。
版权所有，侵权必究。

图书在版编目（CIP）数据

会计信息化实务：用友 U8V10.1 版 / 王妍，王玲启主编. —北京：电子工业出版社，2022.6
ISBN 978-7-121-43565-2

Ⅰ. ①会… Ⅱ. ①王… ②王… Ⅲ. ①会计信息－财务管理系统－高等职业教育－教材 Ⅳ. ①F232

中国版本图书馆 CIP 数据核字（2022）第 090028 号

责任编辑：张云怡　　　　特约编辑：田学清
印　　刷：北京七彩京通数码快印有限公司
装　　订：北京七彩京通数码快印有限公司
出版发行：电子工业出版社
　　　　　北京市海淀区万寿路 173 信箱　　邮编：100036
开　　本：787×1092　1/16　印张：12.25　字数：314 千字
版　　次：2022 年 6 月第 1 版
印　　次：2024 年 1 月第 2 次印刷
定　　价：49.00 元

凡所购买电子工业出版社图书有缺损问题，请向购买书店调换。若书店售缺，请与本社发行部联系系及邮购电话：（010）88254888，88258888。
质量投诉请发邮件至 zlts@phei.com.cn，盗版侵权举报请发邮件至 dbqq@phei.com.cn。
本书咨询联系方式：（010）88254573，zyy@phei.com.cn。

前　言

随着现代信息技术的快速发展，以大数据、智能化、移动互联网、云计算等技术为主导的大智移云时代已经到来，会计信息化水平在企业财务管理中变得越来越重要，它是新型智能社会发展的基础，是现代信息化技术的重要组成部分，也是社会经济发展的重要组成部分。

企业信息化的全面推进，引发了新一轮对企业信息化人才的需求热潮。会计信息化人才被认定为一种复合型人才，应该具备会计学、计算机科学、信息科学和管理科学等多方面的知识。本教材是以提高学生的财务软件操作能力为宗旨，为培养满足信息化需要、符合市场经济发展要求，既具有会计理论知识又具有较强的计算机和财务软件操作能力的复合型人才服务的一本教材。本教材以财务软件开发商用友公司开发的ERP-U8V10.1版本的财务管理系统为演示平台，以某单位的经济业务为例，介绍了包括系统管理、基础设置、总账系统、报表系统、薪资管理系统、固定资产系统、应收款管理系统和应付款管理系统等8个项目的经济业务的处理操作流程，能提高学生在信息化环境下的业务处理能力。同时，本教材可作为从事相关工作的人员的参考用书。

本书包括如下内容。

- 能力目标：明确了通过学习每个项目应该掌握的知识点和达到的能力。
- 学习任务：每个项目下根据软件和会计工作岗位的特点分解的工作任务。
- 业务描述：提供了案例单位的业务数据。
- 业务操作：根据业务数据，描述业务操作，并在重点处给出提示。
- 模拟实训：根据每个项目内容编制的练习。

本书由天津电子信息职业技术学院王妍、王玲启担任主编，由漯河职业技术学院朱波、扬州中瑞酒店职业学院徐欢担任副主编。

由于编者水平有限，书中不足之处还请广大读者指正。

目 录

项目1 系统管理 ... 1
学习任务 系统管理设置 ... 1
业务1 登录"系统管理" ... 1
业务2 增加用户 ... 2
业务3 建立账套 ... 3
业务4 设置操作员权限 ... 7
业务5 备份账套 ... 9
业务6 引入账套 ... 10

项目2 基础设置 ... 12
学习任务 基础设置的内容 ... 12
业务1 设置部门档案 ... 12
业务2 设置人员信息 ... 14
业务3 设置客户信息 ... 17
业务4 设置供应商档案信息 ... 19

项目3 总账系统 ... 22
学习任务3.1 总账系统初始化 ... 22
业务1 设置总账系统参数 ... 22
业务2 设置会计科目 ... 23
业务3 设置项目目录 ... 27
业务4 设置凭证类别 ... 31
业务5 录入期初余额 ... 32
业务6 设置结算方式 ... 35

学习任务3.2 总账系统日常业务处理 ... 36
业务1 填制采购凭证 ... 36
业务2 填制费用报销凭证 ... 40
业务3 填制销售商品凭证 ... 43
业务4 填制职工还款凭证 ... 46
业务5 出纳签字、主管审核和记账 ... 48
业务6 查询凭证 ... 51

学习任务3.3 总账系统期末业务处理 ... 51
业务1 自定义转账 ... 51
业务2 期间损益结转 ... 53
业务3 生成自定义转账凭证 ... 54
业务4 生成期间损益结转凭证 ... 55
业务5 期末对账与结账 ... 57

项目 4　报表系统 60
学习任务 4.1　利用报表模板生成报表 60
业务　生成资产负债表 60
学习任务 4.2　自定义报表 63
业务　自定义生成期间费用统计表 63

项目 5　薪资管理系统 72
学习任务 5.1　薪资管理系统初始化 72
业务 1　设置薪资管理系统初始参数 72
业务 2　设置工资类别 73
业务 3　设置人员附加信息 74
业务 4　设置所有工资类别的工资项目 75
业务 5　设置银行档案 76
业务 6　设置不同工资类别的工资项目 77
业务 7　设置"在职人员"的人员档案 79
业务 8　设置"在职人员"的工资项目计算公式 81
学习任务 5.2　薪资日常业务处理 85
业务 1　更改个人所得税税率 85
业务 2　录入工资数据 86
业务 3　查看扣缴所得税和银行代发一览表 89
业务 4　工资分摊设置 90
业务 5　进行工资分摊并生成记账凭证 92
业务 6　月末处理 95
业务 7　查看工资发放条 96

项目 6　固定资产系统 98
学习任务 6.1　固定资产系统初始化 98
业务 1　启用固定资产账套进行初始参数设置 98
业务 2　固定资产选项设置 101
业务 3　设置部门对应折旧科目 102
业务 4　固定资产类别设置 103
业务 5　设置固定资产增减方式对应入账科目 105
业务 6　录入固定资产原始卡片 106
学习任务 6.2　固定资产日常业务处理 109
业务 1　修改固定资产卡片 109
业务 2　增加固定资产业务 110
业务 3　计提固定资产折旧业务 112
业务 4　减少固定资产业务 114
业务 5　固定资产变动 115
业务 6　设置固定资产本月工作量 117
业务 7　重新计提月折旧 117
业务 8　记账对账业务 118

项目 7　应收款管理系统 121
学习任务 7.1　应收款管理系统初始化 121
业务 1　启用应收款管理系统进行初始参数设置 121
业务 2　设置存货分类 122
业务 3　设置计量单位 123
业务 4　设置存货档案 125
业务 5　设置基本会计科目 126

业务 6	结算方式科目设置	127
业务 7	坏账准备、账龄区间及开户银行设置	127
业务 8	单据编号设置	129
业务 9	设置期初余额	130

学习任务 7.2 单据处理 133
- 业务 1 填制销售专用发票和应收单据 133
- 业务 2 修改、删除销售专用发票及审核应收单据 138
- 业务 3 填制收款单并审核 140
- 业务 4 制单（生成凭证） 141

学习任务 7.3 转账处理、坏账处理 144
- 业务 1 转账（应收冲应收）业务 144
- 业务 2 发生坏账处理业务 145
- 业务 3 坏账收回业务 147
- 业务 4 结账业务 148

项目 8 应付款管理系统 149

学习任务 8.1 应付款管理系统初始化 149
- 业务 1 启用应付款管理系统进行初始参数设置 149
- 业务 2 设置基本会计科目 150
- 业务 3 结算方式科目设置 151
- 业务 4 逾期账龄区间设置 152
- 业务 5 单据编号设置 152
- 业务 6 录入期初采购发票 153
- 业务 7 录入预付款单 154

学习任务 8.2 单据处理 156
- 业务 1 录入采购专用发票 156
- 业务 2 录入采购专用发票和运费普通发票 156
- 业务 3 审核应付单据 158
- 业务 4 填制付款单并审核 158
- 业务 5 制单（生成凭证） 159

学习任务 8.3 转账处理、结账处理 162
- 业务 转账业务、结账 162

模拟实训 165

实训一 系统管理模拟实训 165
- 一、实训目的 165
- 二、实训资料 165
- 三、操作流程提示 166
- 四、提交作业 167

实训二 基础设置模拟实训 167
- 一、实训目的 167
- 二、实训资料 167
- 三、操作流程提示 169
- 四、提交作业 169

实训三 总账系统模拟实训 169
- 一、实训目的 169
- 二、实训资料 170
- 三、操作流程提示 174
- 四、提交作业 175

实训四　报表系统模拟实训 176
　　一、实训目的 176
　　二、实训资料 176
　　三、操作流程提示 176
　　四、提交作业 176
实训五　薪资管理系统模拟实训 176
　　一、实训目的 176
　　二、实训资料 177
　　三、操作流程提示 179
　　四、提交作业 179
实训六　固定资产系统模拟实训 180
　　一、实训目的 180
　　二、实训资料 180
　　三、操作流程提示 182
　　四、提交作业 183
实训七　应收款管理系统模拟实训 183
　　一、实训目的 183
　　二、实训资料 183
　　三、操作流程提示 185
　　四、提交作业 185
实训八　应付款管理系统模拟实训 185
　　一、实训目的 185
　　二、实训资料 185
　　三、操作流程提示 186
　　四、提交作业 186

项目 1

系统管理

能力目标

通过学习系统管理中的主要功能和操作方法，明确系统管理和账套管理的作用，理解设置编码方案的意义和作用，掌握以系统管理员的身份增加用户、建立账套、设置操作员权限、备份账套、引入账套和修改账套的方法。

学习任务　系统管理设置

准备工作：

1. 将电脑系统日期修改为 2021 年 1 月 1 日。
2. 应用服务器配置步骤："用友文件夹"→"系统服务"→"应用服务器配置"→"数据库服务器"→"修改"→"数据库服务器"→录入本台计算机名→"确定"→"退出"。
3. 登录伽卡他卡等教学软件。

账套建立后，可以对单位信息和核算类型等基础信息进行修改，修改账套时只能由账套主管（001 张主管）进行操作。

业务 1　登录"系统管理"

业务描述

请以系统管理员 admin 身份登录"系统管理"。

业务操作

（1）桌面上找到"用友 U8V10.1"文件夹，双击"系统管理"，打开"用友 ERP-U8[系统管理]"窗口。

（2）执行"系统"→"注册"命令，打开"登录"对话框。

（3）登录到：本机计算机名称。

操作员：admin。

密码为空。

账套：（default）。

如图 1-1 所示。单击"登录"按钮，以系统管理员身份进入"系统管理"。

图 1-1 登录"系统管理"

业务 2 增加用户

业务描述

2021年1月1日，健康麦公司用户及其权限信息如表 1-1 所示，请以系统管理员 admin 身份登录"系统管理"，增加用户。

表 1-1 健康麦公司用户及其权限信息

编 号	姓 名	口 令	部 门	所 属 角 色
1	张主管	无	财务部	账套主管
2	张会计	无	财务部	
3	张出纳	无	财务部	

业务操作

（1）在"系统管理"窗口，执行"权限"→"用户"命令，打开"用户管理"对话框。
（2）单击"增加"按钮，打开"操作员详细情况"对话框，录入以下内容。
编号：1。
姓名：张主管。
口令及确认口令为空。
所属部门：财务部，在"所属角色"列表中选中"账套主管"的复选框，如图 1-2 所示。
（3）单击"增加"按钮，依次增加张会计、张出纳及其信息，无须选择所属角色，设置完成后单击"取消"按钮退出。

> **提示**
> 只有系统管理员（admin）才能进行增加用户的操作。

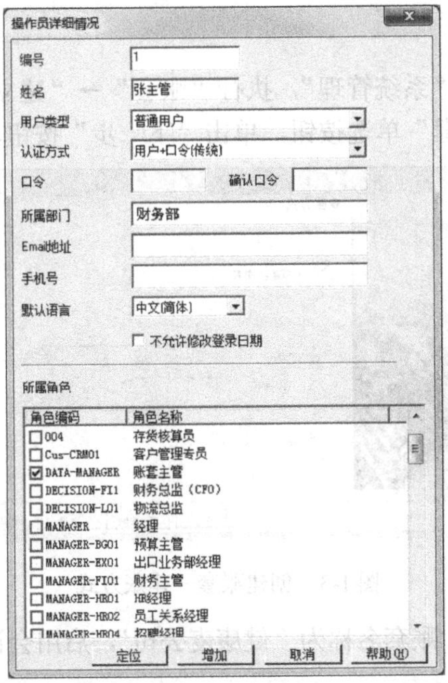

图 1-2 增加用户

业务 3 建立账套

业务描述

2021 年 1 月 1 日，健康麦公司建账信息如下。

账套号：100。

账套名称：健康麦公司。

单位名称：健康麦股份有限公司。

单位地址：太原市杏花岭区胜利街 136 号。

法人代表：陈明华。

邮政编码：030000。

税号：911401098545270622。

启用会计期：2021 年 1 月。

企业类型：工业。

行业性质：2007 年新会计制度科目。

账套主管：张主管。

基础信息：存货分类、客户分类。

分类编码方案如下。

科目编码级次：4-2-2-2。

其他默认即可。

业务操作

（1）以 admin 身份登录"系统管理"，执行"账套"→"建立"命令，打开"创建账套"对话框，单击"新建空白账套"单选按钮，单击"下一步"按钮，如图 1-3 所示。

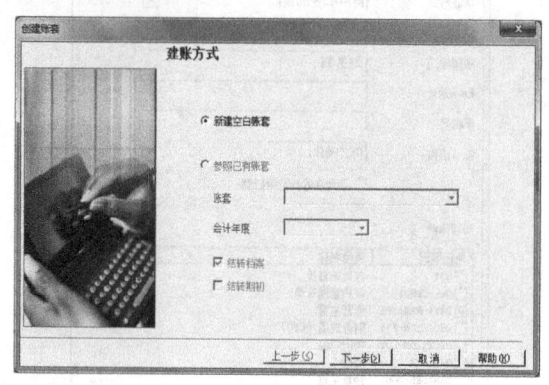

图 1-3　创建账套—建账方式

（2）录入账套号"100"，账套名称为"健康麦公司"，启用会计期设置为 2021 年 1 月，如图 1-4 所示。

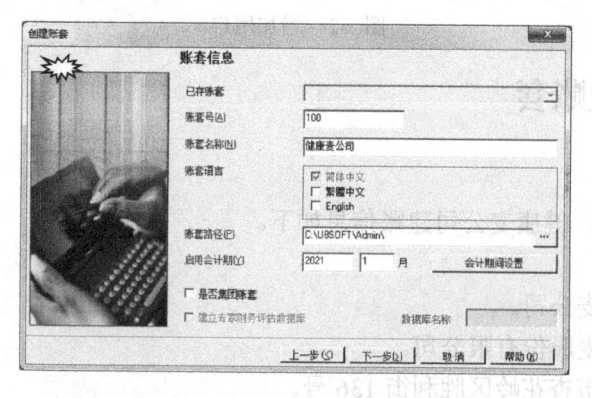

图 1-4　创建账套—账套信息

（3）单击"下一步"按钮，录入单位信息，如图 1-5 所示。

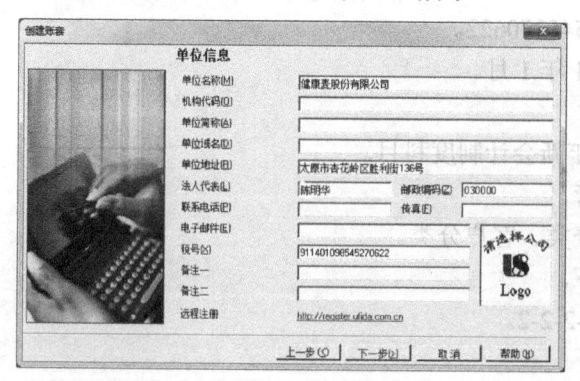

图 1-5　创建账套—单位信息

系统管理 项目1

（4）单击"下一步"按钮，打开"核算类型"界面。选择"账套主管"下拉列表中的"[1]张主管"选项，其他采取系统默认选项，如图1-6所示。

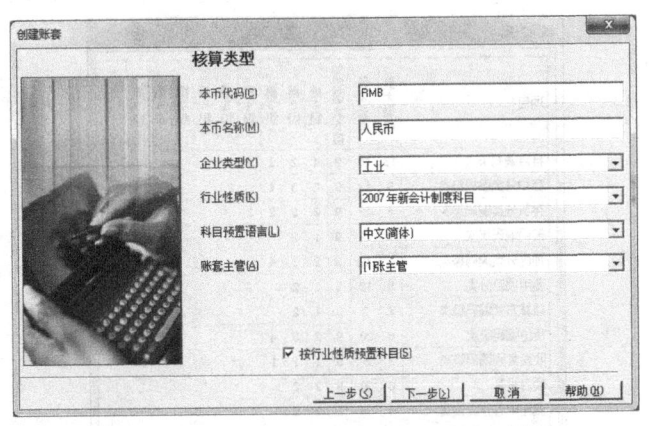

图1-6　创建账套—核算类型

（5）单击"下一步"按钮，打开"基础信息"界面。分别选中"存货是否分类"及"客户是否分类"复选框，如图1-7所示。

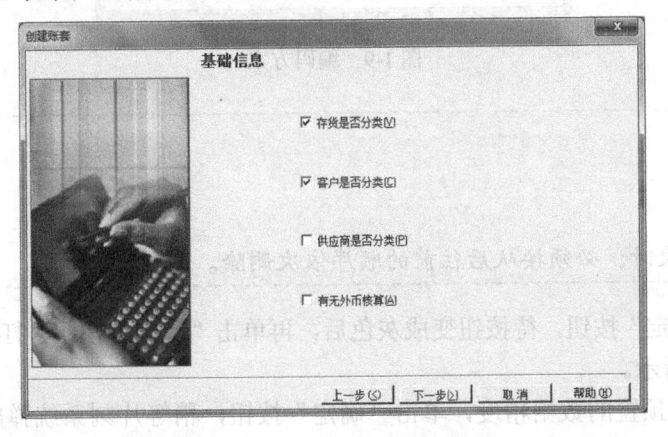

图1-7　创建账套—基础信息

（6）单击"下一步"按钮后单击"完成"按钮，弹出"可以创建账套了么？"信息提示框，单击"是"按钮，如图1-8所示。

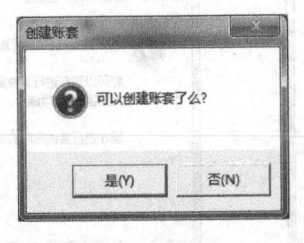

图1-8　创建账套

此时系统建账会需要一段时间，稍后打开"编码方案"对话框，将"科目编码级次"修改为"4-2-2-2",第1级系统中已默认为4,所以只修改第2、3、4级为2即可。其他编码方案采用系统默认,不需要修改,如图1-9所示。

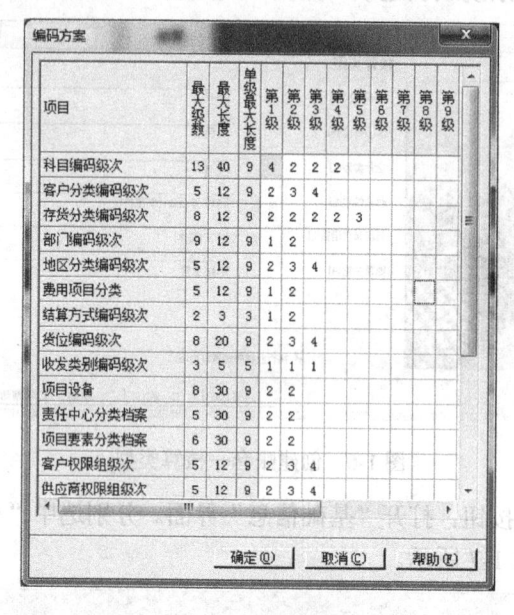

图1-9 编码方案

> **提示**
>
> 删除编码级次时,必须按从后往前的顺序依次删除。

(7)单击"确定"按钮,待按钮变成灰色后,再单击"取消"按钮,打开"数据精度"对话框,如图1-10所示。

(8)采用系统预置的数据精度,单击"确定"按钮,稍等片刻系统弹出信息提示框,如图1-11所示。

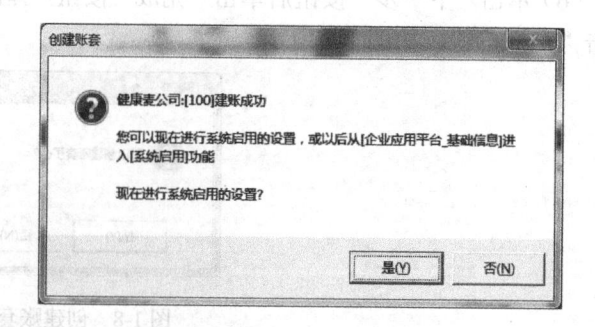

图1-10 数据精度 　　　图1-11 信息提示框

(9)单击"是"按钮,打开"系统启用"对话框,依次启用"总账""应收款管理""应付款管理""固定资产""薪资管理"5 个系统,启用日期为 2021 年 1 月 1 日,如图 1-12 所示。

图 1-12 系统启用

> **提示**
> 此步骤如果选择"否",则会先结束建账过程,在企业应用平台的基础信息中还可以进行系统启用。

(10)结束建账过程,弹出"请进入企业应用平台进行业务操作!"信息提示框,如图 1-13 所示,单击"确定"按钮后返回。

图 1-13 进入应用平台提示

(11)返回到"创建账套"对话框后,单击"退出"按钮。

业务 4 设置操作员权限

业务描述

对张会计和张出纳进行授权,权限信息如表 1-2 所示。

表 1-2 权限信息

编 号	姓 名	权 限
1	张主管	账套主管的全部权限（系统已默认）
2	张会计	总账系统所有权限
3	张出纳	出纳所有权限、总账系统中出纳签字权

业务操作

由于建账时，我们已将张主管定义为账套主管，所以系统已将全部权限自动授予给张主管，不再需要进行设置，只需要对张会计和张出纳进行授权就可以了。

1. 张会计权限设置

（1）在"系统管理"中，执行"权限"→"权限"命令，打开"操作员权限"窗口。
（2）在"账套主管"右边的下拉列表中选择"[100]健康麦公司"选项。
（3）在左侧的操作员列表中，选中"2"号操作员张会计。
（4）选中"显示所属角色权限"复选框，执行"刷新"→"修改"命令。
（5）单击"财务会计"前的"+"，选中"总账"前的复选框，并单击"保存"按钮，如图 1-14 所示。

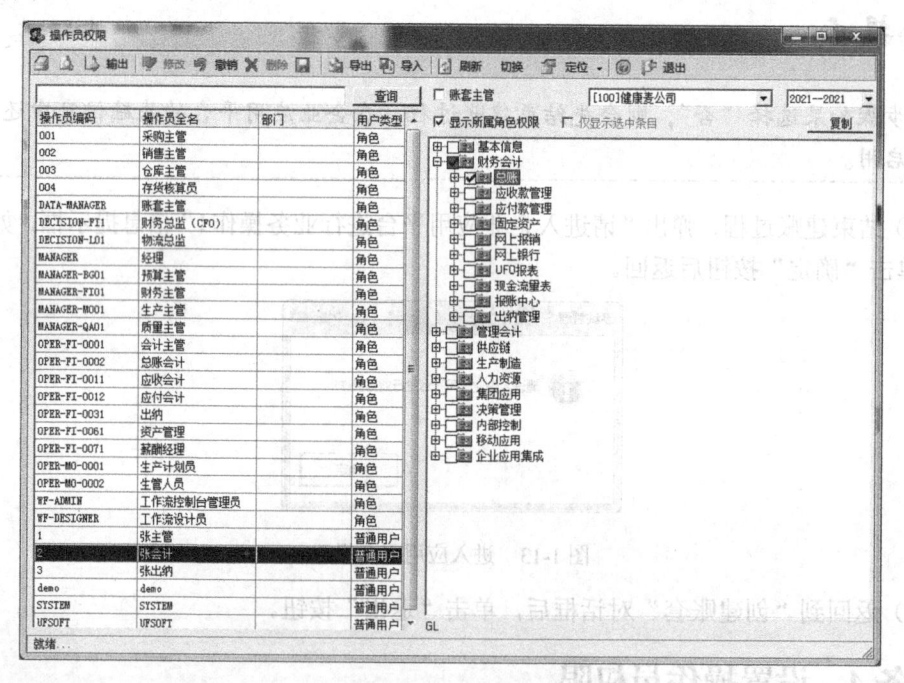

图 1-14 张会计权限设置

2. 张出纳权限设置

（1）在"操作员权限"窗口中，选中"3"号操作员张出纳。
（2）选中"显示所属角色权限"复选框，执行"刷新"→"修改"命令。

(3) 依次单击"财务会计""总账""凭证"前的"+"。

(4) 选中"出纳签字"前的复选框，再选中"出纳"前的复选框，如图1-15所示。

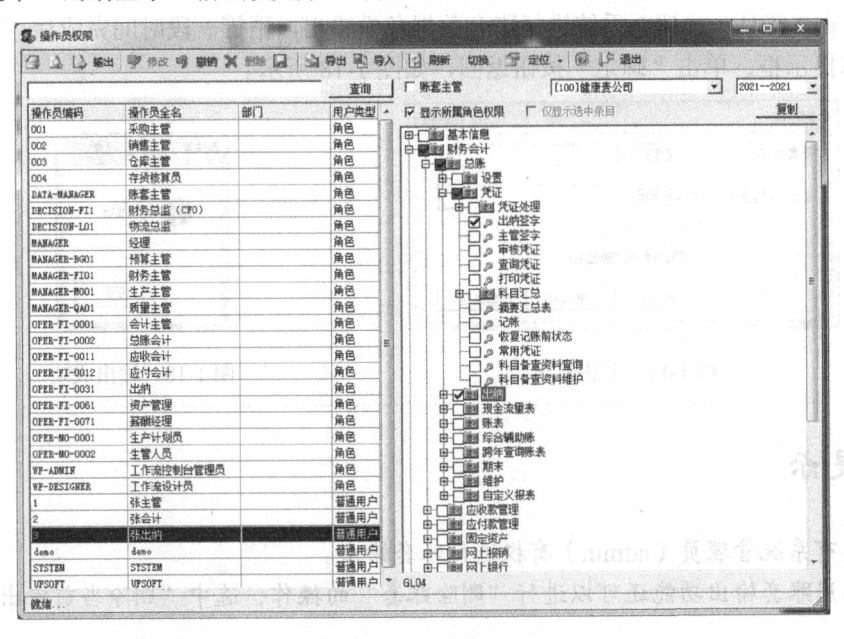

图1-15 张出纳权限设置

(5) 单击"保存"按钮退出。

业务5 备份账套

业务描述

2021年1月1日，请输出"[100]账套"至"D:\账套备份"文件夹中保存。

业务操作

(1) 在D盘中新建"账套备份"文件夹。
(2) 由系统管理员admin注册"系统管理"，如图1-16所示。

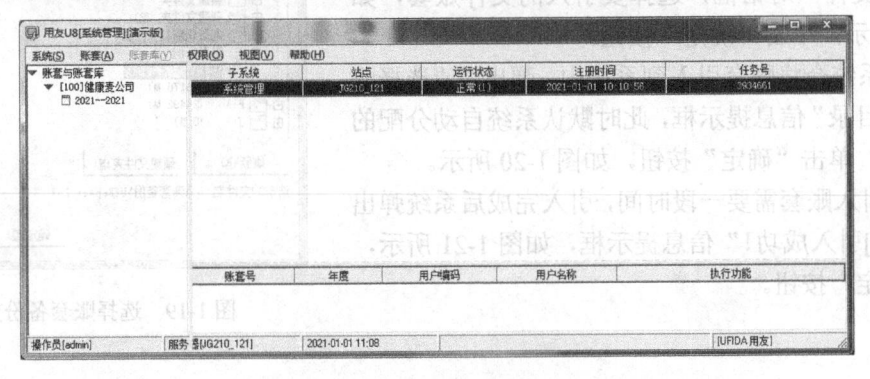

图1-16 注册"系统管理"

（3）执行"账套"→"输出"命令，打开"账套输出"对话框。选择"账套号"下拉列表中的"[100]健康麦公司"选项，输出文件位置选择"D:\账套备份\"，如图1-17所示。

（4）单击"确认"按钮，系统进行账套数据备份输出，稍等一段时间完成后，弹出"输出成功"信息提示框，单击"确定"按钮返回，如图1-18所示。

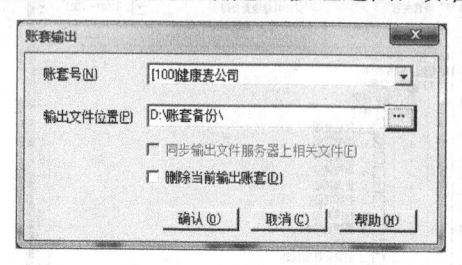

图1-17　备份输出　　　　　　　　图1-18　输出成功

> **提示**
>
> 1. 只有系统管理员（admin）有权进行账套输出。
> 2. 利用账套输出功能还可以进行"删除账套"的操作，选中"删除当前输出账套"复选框即可。

业务6　引入账套

业务描述

2021年1月1日，请引入"[100]账套"至电脑默认文件夹。

业务操作

（1）由系统管理员admin注册"系统管理"。

（2）执行"账套"→"引入"命令，打开"请选择账套备份文件"对话框，选择要引入的文件账套，如图1-19所示，单击"确定"按钮。

（3）系统会将账套引入到系统中，弹出"请选择账套引入的目录"信息提示框，此时默认系统自动分配的目录即可，单击"确定"按钮，如图1-20所示。

（4）引入账套需要一段时间，引入完成后系统弹出"账套[100]引入成功！"信息提示框，如图1-21所示，单击"确定"按钮。

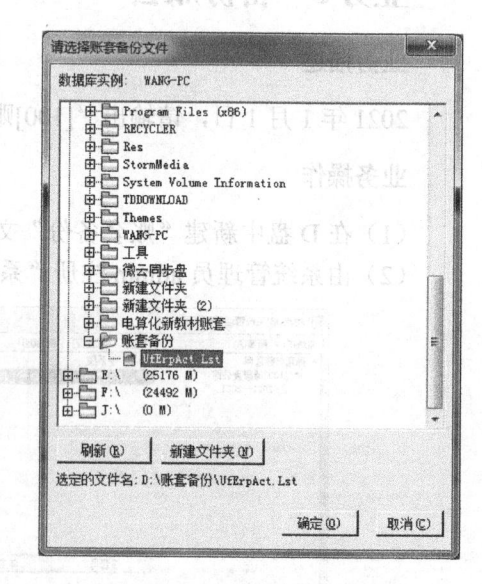

图1-19　选择账套备份文件

系统管理 项目1

图 1-20 选择账套引入目录提示

图 1-21 账套引入成功提示

> **提示**
>
> "账套修改"方法：
>
> 　　账套建立后，可以对单位信息和核算类型等基础信息进行修改，修改账套只能由账套主管进行操作。

项目 2

基础设置

能力目标

通过学习基础设置中的主要功能和操作方法，掌握以账套主管身份设置部门档案、人员信息、客户信息和供应商档案信息的方法。

学习任务　基础设置的内容

业务 1　设置部门档案

业务描述

2021 年 1 月 1 日，请以张主管的身份登录企业应用平台，增加如表 2-1 所示的部门档案信息。

表 2-1　部门档案信息

部 门 编 码	部 门 名 称
1	行政部
2	财务部
3	供应部
4	销售部
401	销售一科
402	销售二科
5	生产部

业务操作

（1）将系统时间更改为 2021 年 1 月 1 日。打开"用友 U8V10.1"文件夹，双击"企业应用平台"，打开"登录"对话框。

（2）录入操作员"1"，无密码，选择"账套"下拉列表中的"[100]（default）健康麦公司"选项，如图 2-1 所示。

基础设置 项目2

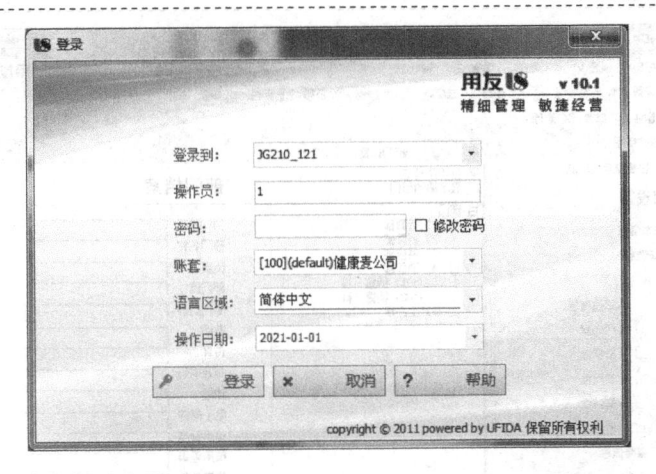

图 2-1 登录企业应用平台

（3）单击"登录"按钮，进入企业应用平台。在左侧"基础设置"模块中，执行"基础档案"→"机构人员"→"部门档案"命令，进入"部门档案"界面。

（4）单击"增加"按钮，录入部门编码"1"、部门名称"行政部"，如图 2-2 所示。

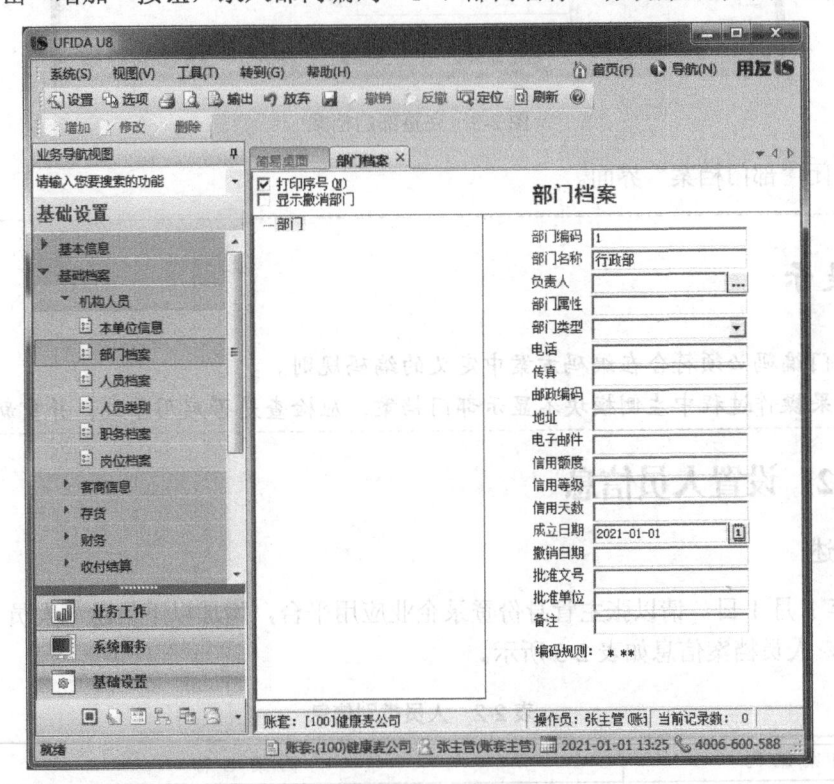

图 2-2 部门档案

（5）单击"保存"按钮。按此方法依次录入财务部、供应部等其他部门的档案，操作结果如图 2-3 所示。

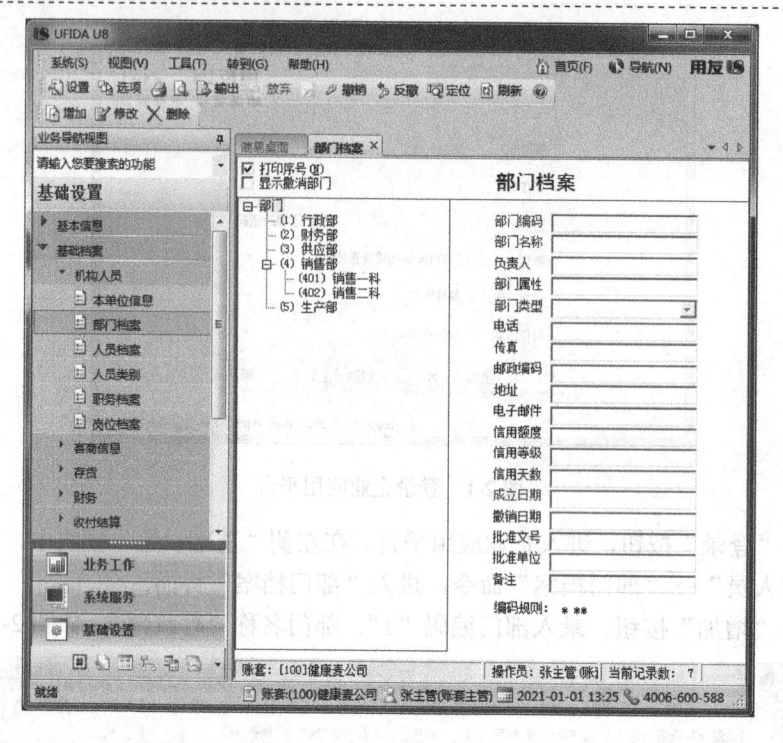

图 2-3　完整部门档案

（6）关闭"部门档案"界面。

> **提示**
> 1. 部门编码必须符合在编码方案中定义的编码规则。
> 2. 如果操作过程中左侧模块不显示部门档案，应检查是否启用系统，并重新登录。

业务 2　设置人员信息

业务描述

2021 年 1 月 1 日，请以张主管身份登录企业应用平台，增加以下信息：人员类别信息如表 2-2 所示，人员档案信息如表 2-3 所示。

表 2-2　人员类别信息

档案编码	档案名称
1011	行政人员
1012	购销人员
1013	车间管理人员
1014	车间工人

表 2-3　人员档案信息

人员编码	人员姓名	性　别	人员类别	行政部门	是否业务员
01	刘力	男	行政人员	行政部	否
02	张主管	男	行政人员	财务部	否
03	张会计	男	行政人员	财务部	否
04	张出纳	女	行政人员	财务部	否
05	周贝	男	购销人员	供应部	是
06	刘销售	女	购销人员	销售一科	是
07	韩销售	男	购销人员	销售二科	是
08	李阳	男	车间管理人员	生产部	否
09	张山	男	车间工人	生产部	否

业务操作

（1）在"基础设置"模块中，执行"基础档案"→"机构人员"→"人员类别"命令，进入"人员类别"窗口。

（2）人员类别选择"正式工"，单击"增加"按钮，按表 2-2 的内容在"正式工"下增加"行政人员"类别，打开"增加档案项"对话框，"档案编码"录入"1011"，"档案名称"录入"行政人员"，如图 2-4 所示。

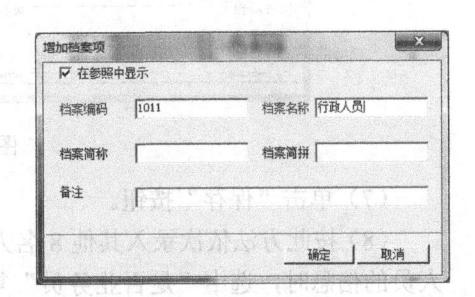

图 2-4　增加档案项

（3）单击"确定"按钮，并依次增加购销人员、车间管理人员和车间工人三类人员类别，如图 2-5 所示。

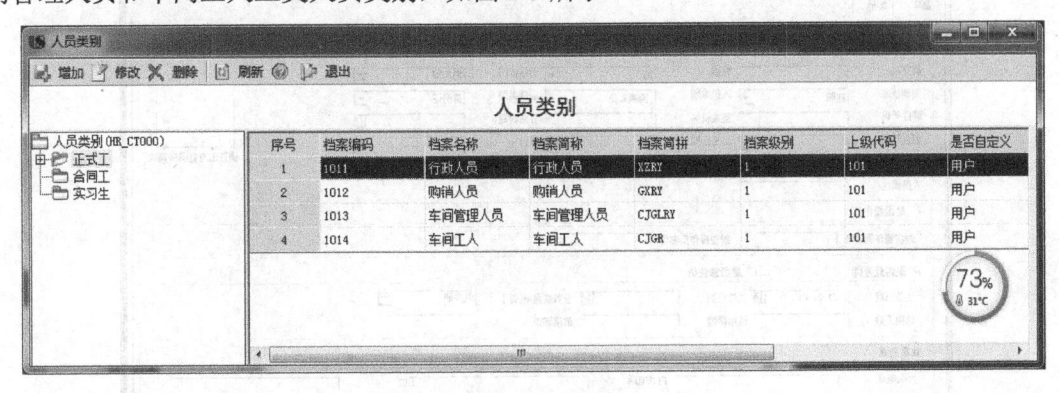

图 2-5　人员类别

（4）单击"退出"按钮，退出"人员类别"窗口。

（5）在"基础设置"模块中，执行"基础档案"→"机构人员"→"人员档案"命令，进入"人员档案"窗口。

（6）选中"部门分类"选项，单击"增加"按钮，按资料录入刘力的档案信息，如图 2-6 所示。

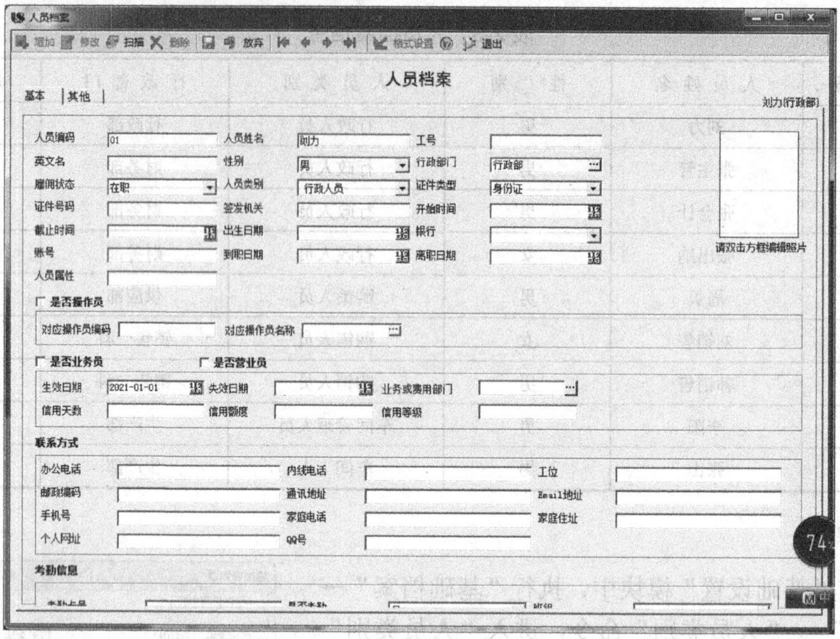

图 2-6　刘力的档案信息

(7) 单击"保存"按钮。

(8) 按此方法依次录入其他 8 名人员档案信息，其中录入周贝、刘销售、韩销售三位购销人员的信息时，选中"是否业务员"复选框，如图 2-7 所示。

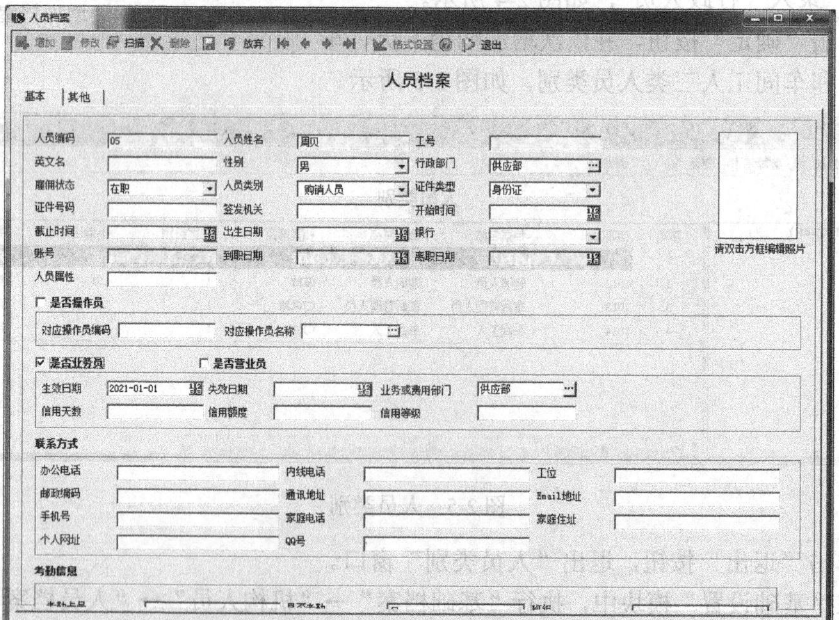

图 2-7　购销人员档案信息

(9) 9 名人员档案信息全部录入完毕后，关闭"人员档案"窗口。

业务 3　设置客户信息

业务描述

2021年1月1日，请以账套主管张主管的身份登录企业应用平台，增加以下信息：客户分类信息（见表2-4）和客户档案信息（见表2-5）。

表2-4　客户分类信息

分类编码	分类名称
01	北方地区
02	南方地区

表2-5　客户档案信息

客户编码	客户名称	客户简称	所属分类	分管部门	专管业务员
001	太原齐旺食品有限公司	齐旺公司	01	销售一科	刘销售
002	宁波兴隆食品有限公司	兴隆公司	02	销售一科	刘销售
003	北京星辰食品有限公司	星辰公司	01	销售二科	韩销售

业务操作

（1）在"基础设置"模块中，执行"基础档案"→"客商信息"→"客户分类"命令，进入"客户分类"窗口。

（2）单击"增加"按钮，按表2-4的内容，录入北方地区的信息，如图2-8所示。

（3）单击"保存"按钮。

（4）单击"增加"按钮，录入南方地区的信息，单击"保存"按钮，如图2-9所示。

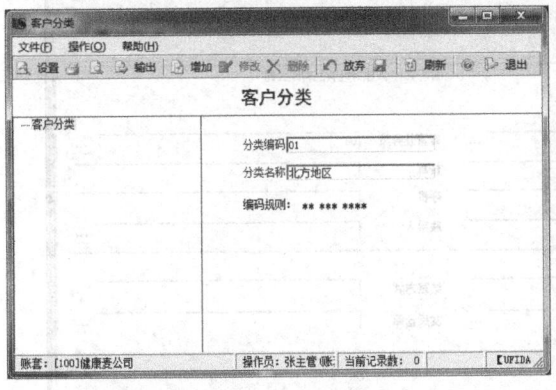

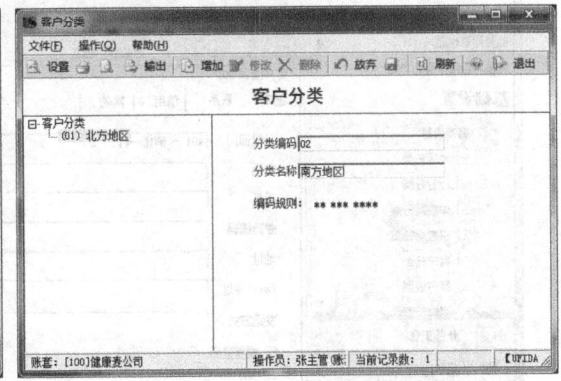

图2-8　录入北方地区的信息　　图2-9　录入南方地区的信息

（5）单击"退出"按钮，关闭"客户分类"窗口。

（6）在"基础设置"模块中，执行"基础档案"→"客商信息"→"客户档案"命令，打开"客户档案"界面。界面分为左右两部分，左边显示已经设置的客户分类，单击"客户分类"按钮。

（7）单击"增加"按钮，打开"增加客户档案"界面。界面中共包括4个选项卡，即"基本""联系""信用""其他"，对客户的不同属性分别归类记录。

（8）按资料，在"基本"选项卡下，录入"客户编码""客户名称""客户简称""所属分类"（如果"所属分类"有默认项，删除后再单击右侧选择键）相关信息；在"联系"选项卡下，录入"分管部门""专管业务员"等相关信息，如图2-10、图2-11所示。

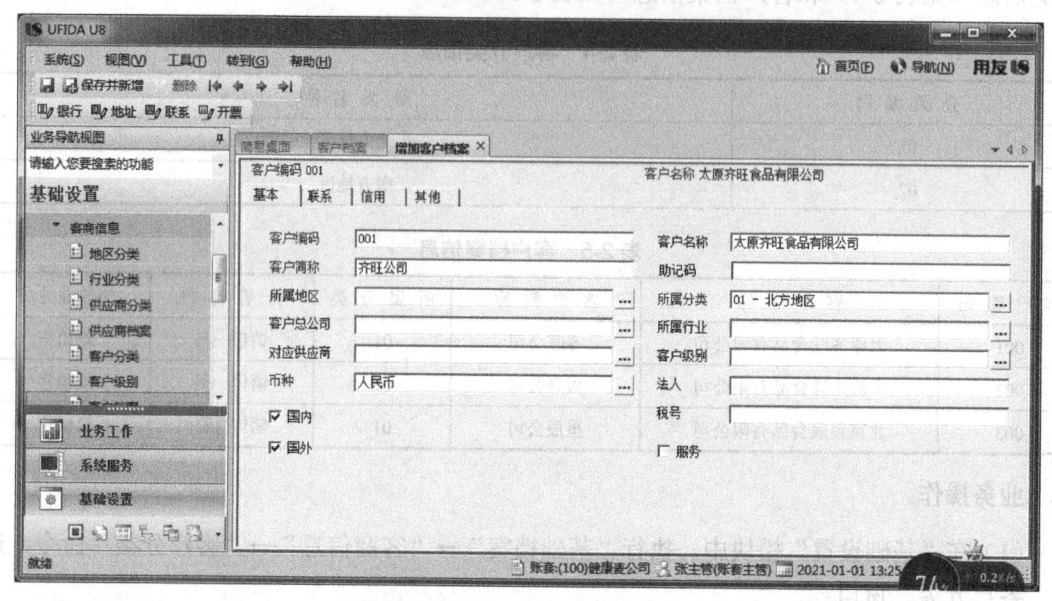

图2-10 客户档案—基本

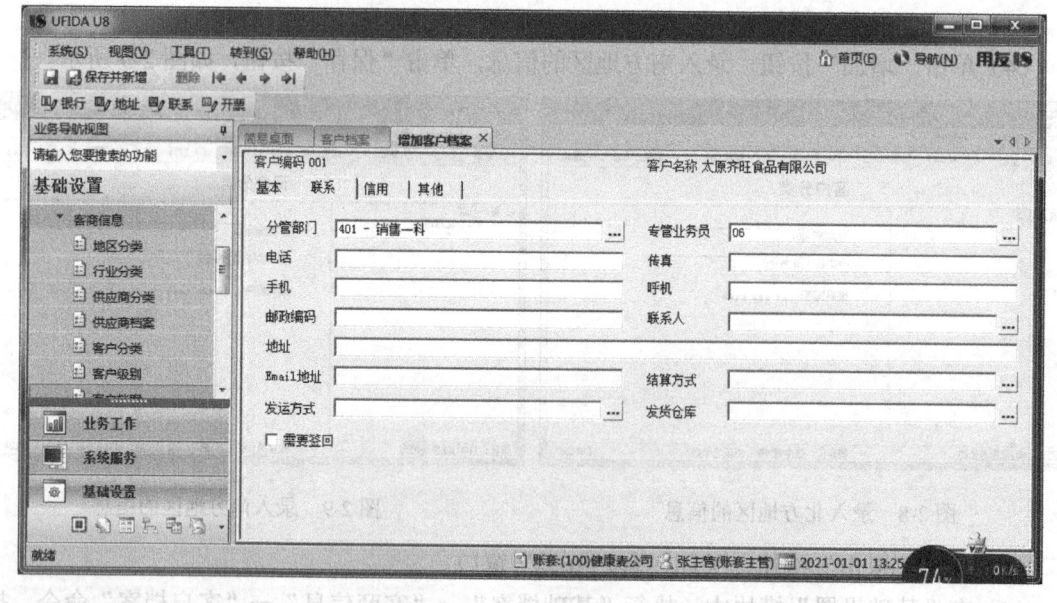

图2-11 客户档案—联系

（9）单击"保存并新增"按钮。

（10）按此方法依次录入其他两个客户档案信息后，结果如图 2-12 所示。

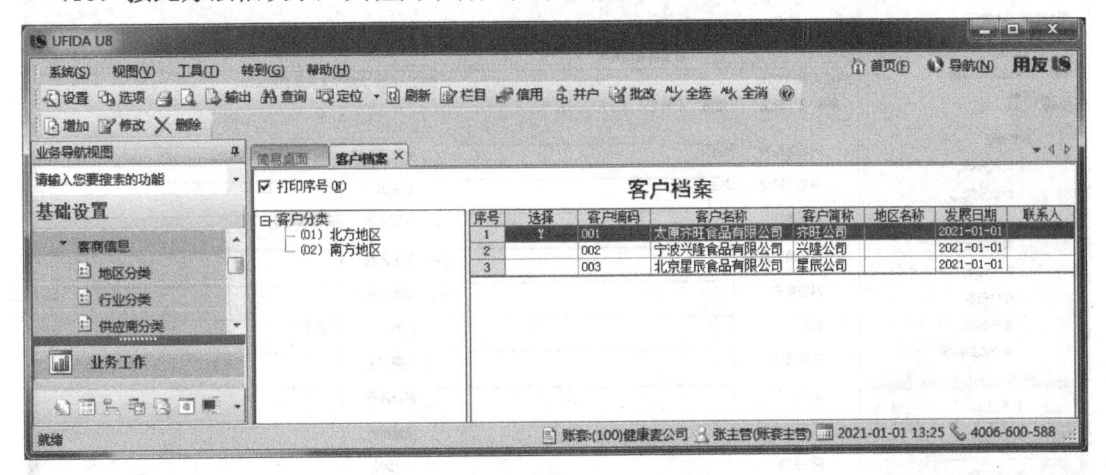

图 2-12　完整客户档案

（11）关闭"客户档案"窗口。

业务 4　设置供应商档案信息

业务描述

2021 年 1 月 1 日，请以账套主管张主管的身份登录企业应用平台，增加如表 2-6 所示的供应商档案信息。

表 2-6　供应商档案信息

供应商编码	供应商名称	供应商简称	所属分类	分管部门	专管业务员
001	太原华丰食品有限公司	华丰公司	00	供应部	周贝
002	太原圣光养殖公司	圣光公司	00	供应部	周贝
003	上海轻工模具公司	轻工公司	00	供应部	周贝

业务操作

（1）在"基础设置"模块中，执行"基础档案"→"客商信息"→"供应商档案"命令，打开"供应商档案"界面。界面分为左右两部分，左边选择"供应商/无分类"。

（2）单击"增加"按钮，打开"增加供应商档案"界面，按表 2-6 的内容，录入供应商档案信息，具体步骤参照设置客户档案信息的步骤，如图 2-13、图 2-14 所示。

（3）单击"保存并新增"按钮。

（4）用同样方法依次录入其他两个供应商档案信息后，结果如图 2-15 所示。

（5）关闭"供应商档案"窗口。

图 2-13 供应商档案—基本

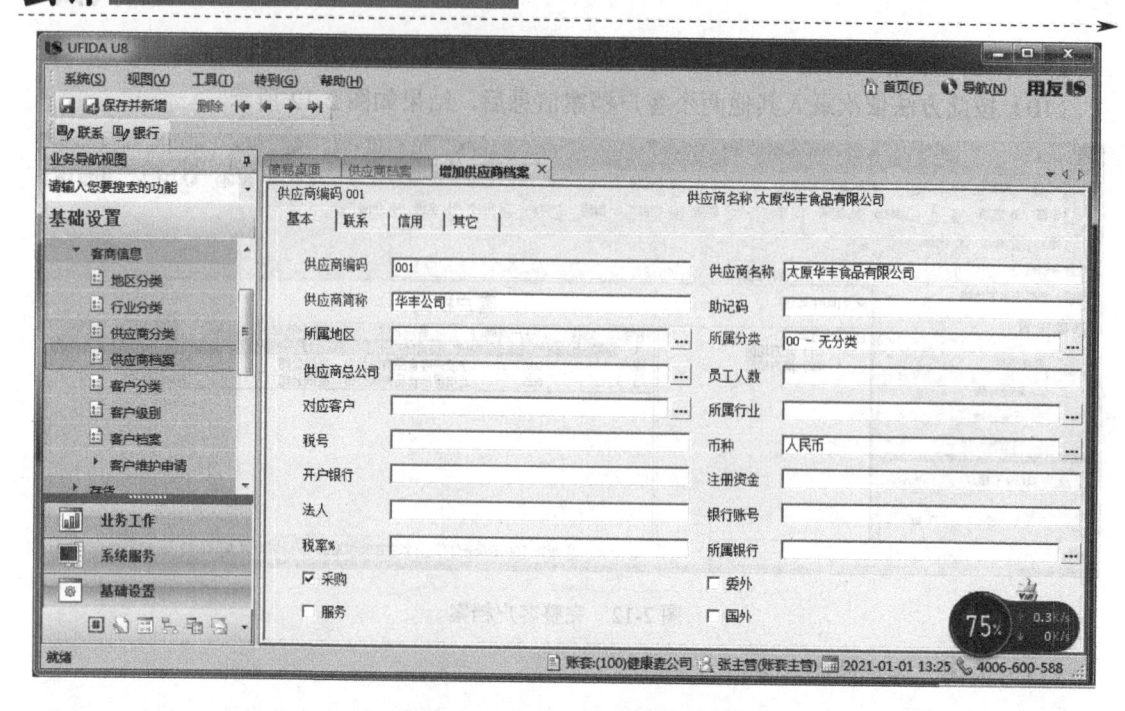

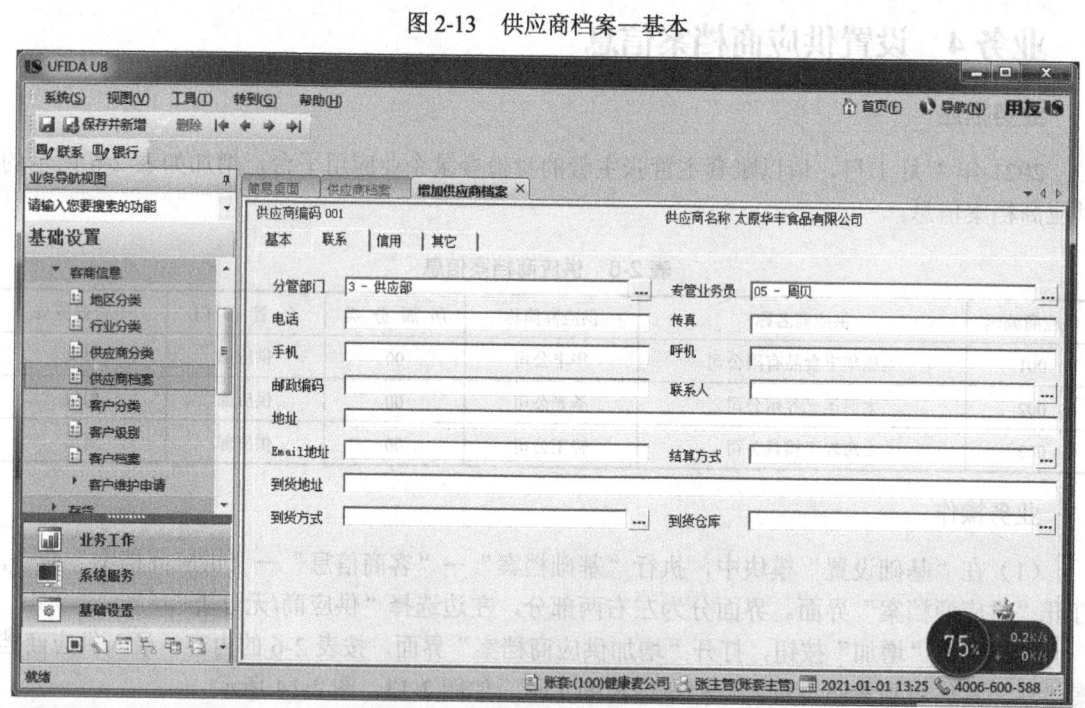

图 2-14 供应商档案—联系

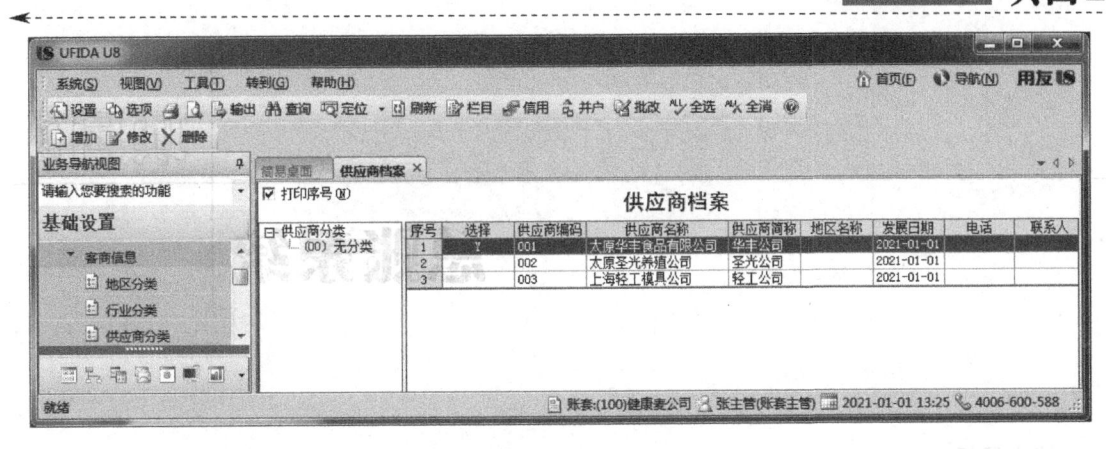

图 2-15 完整供应商档案

项目 3

总账系统

能力目标

通过学习总账系统初始化、日常业务处理和期末业务处理的主要内容和操作方法。掌握设置总账系统参数、设置会计科目、录入期初余额的方法；掌握总账系统中各类凭证的处理和记账的方法；掌握自定义转账和凭证生成的方法、期末对账和结账的方法。

学习任务 3.1 总账系统初始化

业务 1 设置总账系统参数

业务描述

2021 年 1 月 1 日，由账套主管张主管设置总账系统参数。

（1）"凭证"选项卡：取消"现金流量科目必录现金流量项目"；选中"自动填补凭证断号"复选框；取消"制单序时控制"。

（2）"权限"选项卡：取消"允许修改、作废他人填制的凭证"；选中"出纳凭证必须经由出纳签字"复选框。

业务操作

（1）在企业应用平台"业务工作"模块中，执行"财务会计"→"总账"命令，打开总账系统。

（2）在总账系统中，执行"设置"→"选项"命令，打开"选项"对话框。

（3）单击"编辑"按钮。

（4）在"凭证"选项卡中，取消"现金流量科目必录现金流量项目"和"制单序时控制"复选框；选中"自动填补凭证断号"复选框，其他为系统默认参数不用修改，如图 3-1 所示。

（5）在"权限"选项卡中，取消"允许修改、作废他人填制的凭证"复选框，选中"出纳凭证必须经由出纳签字"复选框，如图 3-2 所示。

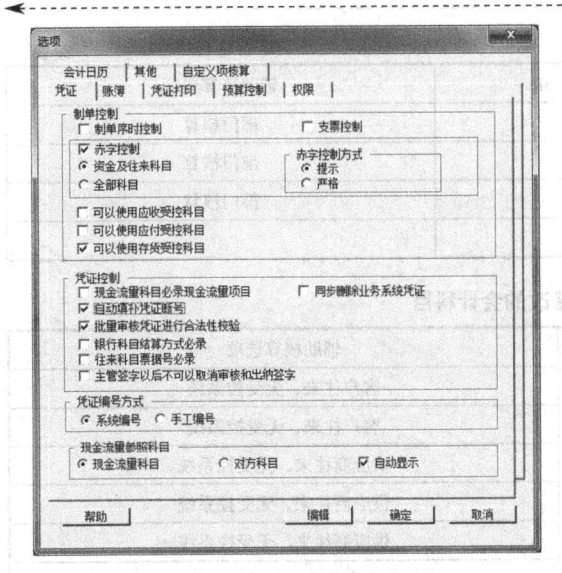

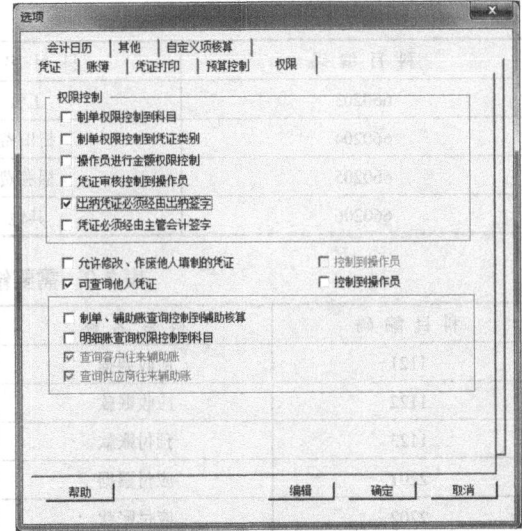

图 3-1 "凭证"选项卡　　　　　图 3-2 "权限"选项卡

(6) 单击"确定"按钮返回。

业务 2　设置会计科目

业务描述

2021 年 1 月 1 日，账套主管张主管根据企业情况指定"1001 库存现金"为现金总账科目、"1002 银行存款"为银行总账科目；根据表 3-1 增加会计科目；根据表 3-2 修改会计科目。

表 3-1　需要增加的会计科目

科目编码	科目名称	辅助核算选项
100201	工行存款	日记账、银行账
122101	应收职工借款	个人往来
140301	面粉	账页格式：数量金额式　单位：公斤
140302	鸡蛋	账页格式：数量金额式　单位：公斤
222101	应交增值税	
22210101	进项税额	
22210102	销项税额	
22210103	进项税额转出	
22210104	转出未交增值税	
222102	未交增值税	
410401	未分配利润	
500101	直接材料	项目核算
500102	直接人工	项目核算
660201	办公费	部门核算
660202	差旅费	部门核算

续表

科目编码	科目名称	辅助核算选项
660203	工资	部门核算
660204	折旧费	部门核算
660205	福利费	部门核算
660206	其他	

表 3-2 需要修改的会计科目

科目编码	科目名称	辅助核算选项
1121	应收票据	客户往来、无受控系统
1122	应收账款	客户往来、无受控系统
1123	预付账款	供应商往来、无受控系统
2201	应付票据	供应商往来、无受控系统
2202	应付账款	供应商往来、无受控系统
2203	预收账款	客户往来、无受控系统
1405	工程物资	项目核算
6001	主营业务收入	项目核算
6401	主营业务成本	项目核算

业务操作

1. 指定会计科目

（1）在企业应用平台的"基础设置"模块中，执行"基础档案"→"财务"→"会计科目"命令，进入"会计科目"窗口。

（2）执行"编辑"→"指定科目"命令，打开"指定科目"对话框。

（3）单击"现金科目"单选按钮，单击">"按钮，将"1001 库存现金"从"待选科目"选入"已选科目"，如图 3-3 所示。

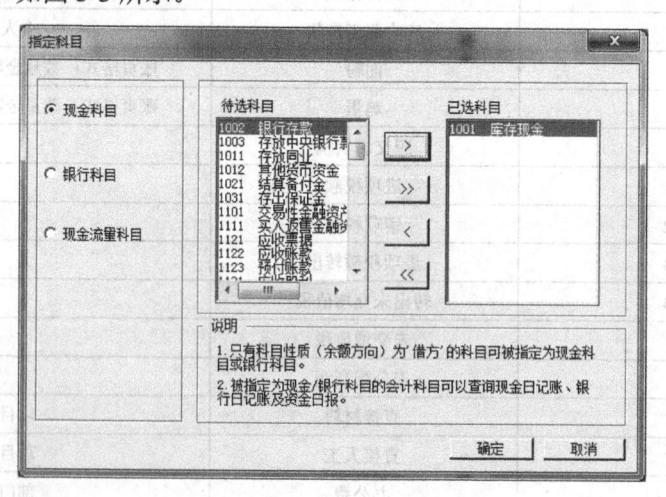

图 3-3 指定现金科目

（4）单击"银行科目"单选按钮，单击">"按钮，将"1002 银行存款"从"待选科目"选入"已选科目"，如图 3-4 所示。

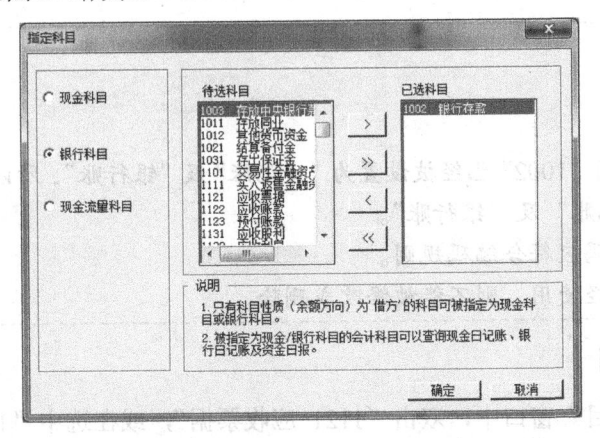

图 3-4 指定银行存款科目

（5）单击"确定"按钮。

> **提示**
> 1. 只有指定现金及银行总账科目才能进行出纳签字的操作。
> 2. 只有指定现金及银行总账科目才能查询现金日记账和银行存款日记账。

2. 增加会计科目

（1）在"会计科目"窗口中，单击"增加"按钮，打开"新增会计科目"对话框。
（2）录入科目编码"100201"、科目名称"工行存款"，如图 3-5 所示。

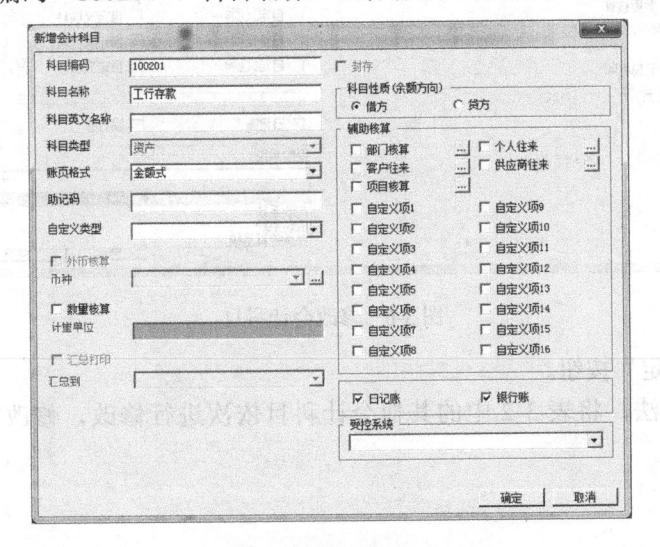

图 3-5 增加会计科目

(3) 单击"确定"按钮。
(4) 用同样方法,将表 3-1 中的其他会计科目依次增加,同时注意修改辅助核算选项。

> **提示**
>
> 1. 由于预置科目"1002"已经被设置为"日记账"及"银行账",所以新增科目"100201"自动被识别为"日记账"及"银行账"。
> 2. 会计科目编码应符合编码规则。
> 3. 如果科目已经使用,则不能被修改或删除。

3. 修改会计科目

(1) 在"会计科目"窗口中,双击"1121 应收票据",或在选中"1121 应收票据"后单击"修改"按钮,打开"会计科目_修改"对话框。
(2) 选中"客户往来"前的复选框,选择"受控系统"下拉列表中的空白栏(即无受控系统),如图 3-6 所示。

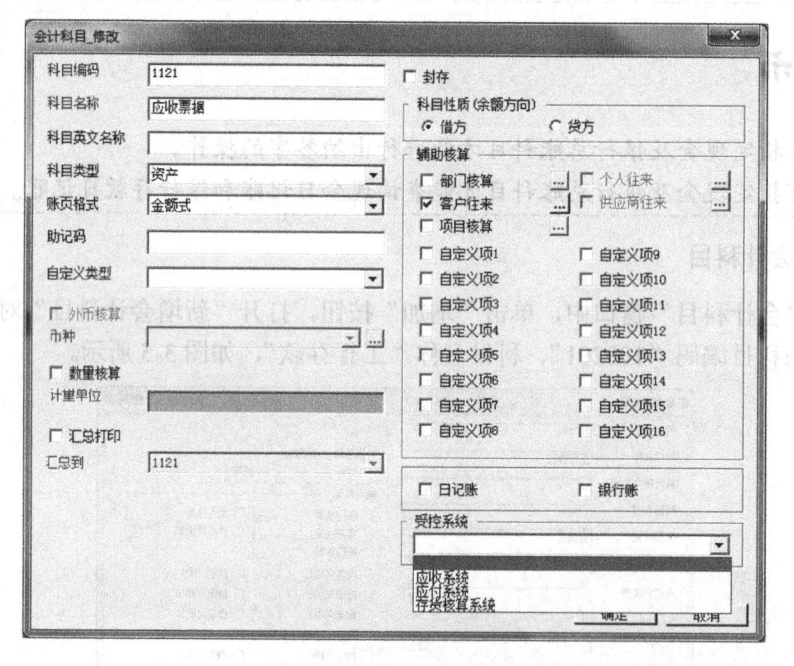

图 3-6 修改会计科目

(3) 单击"确定"按钮。
(4) 用同样方法,将表 3-2 中的其他会计科目依次进行修改,修改完后单击"退出"按钮。

> **提示**
>
> 1. "无受控系统"即该账套不使用"应收"及"应付"系统,"应收"及"应付"业务均以辅助账的形式在总账系统中进行核算。
> 2. 在会计科目使用前要先检查系统预置的会计科目是否能够满足需要,如果不能满足需要,则以增加或修改的方式增加新的会计科目或修改已经存在的会计科目;如果系统预置的会计科目中有一些是不需要的,可以删除。

业务 3　设置项目目录

业务描述

2021 年 1 月 1 日,账套主管张主管根据如下项目情况设置目录。

项目大类名称:产品核算。

核算科目如表 3-3 所示,项目内容如表 3-4 所示。

表 3-3　核算科目

项目大类名称	核算科目
产品核算	库存商品(1405)
	直接材料(500101)
	直接人工(500102)
	主营业务收入(6001)
	主营业务成本(6401)

表 3-4　项目内容

项目大类名称	项目分类编码	项目分类名称	项目编号	项目名称
产品核算	1	半成品		
	2	产成品	001	牛油面包
			002	奶油面包
			003	苏打饼干
			004	鸳鸯饼干

业务操作

1. 新增项目大类

(1)在企业应用平台"基础设置"模块中,执行"基础档案"→"财务"→"项目目录"命令,打开"项目档案"对话框,如图 3-7 所示。

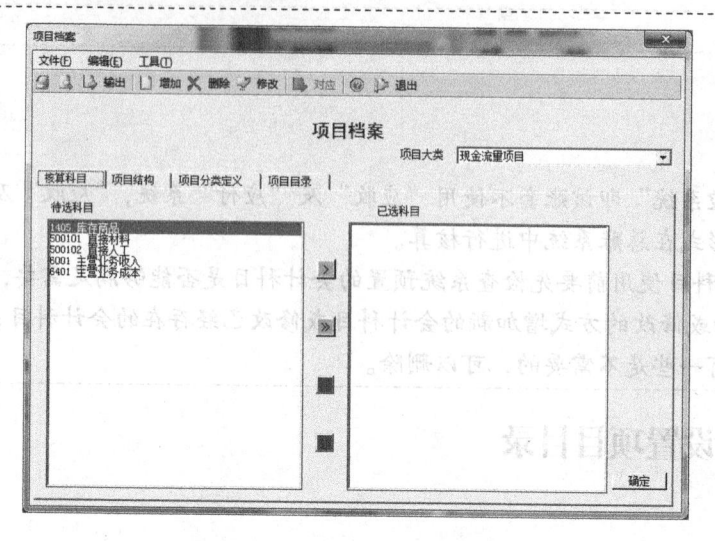

图 3-7 "项目档案"对话框

(2) 单击"增加"按钮,打开"项目大类定义_增加"对话框。
(3) 在"新项目大类名称"文本框中录入"产品核算",如图 3-8 所示。

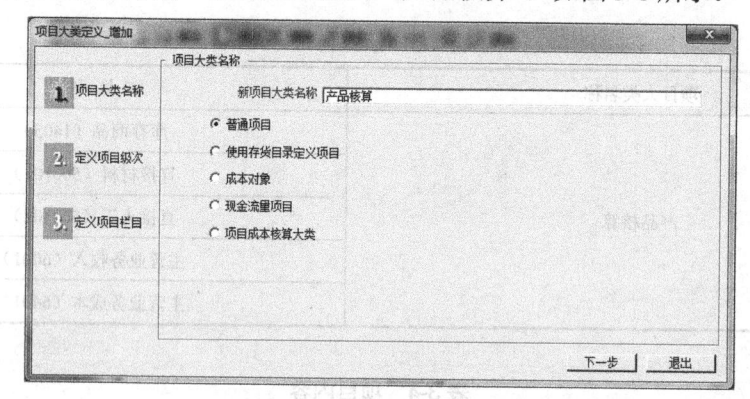

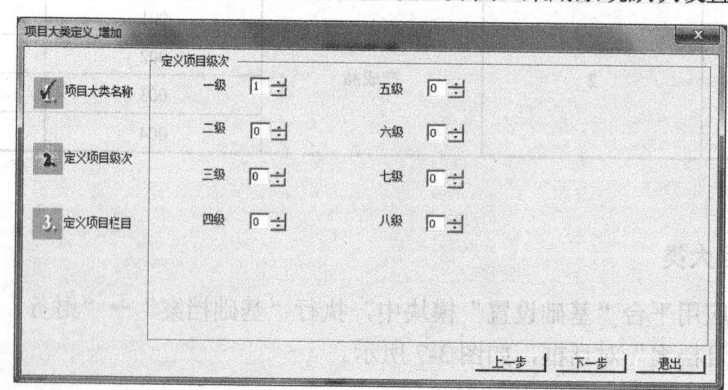

图 3-8 录入新项目大类名称

(4) 单击"下一步"按钮,打开"定义项目级次"界面,采用系统默认设置,如图 3-9 所示。

图 3-9 定义项目级次

（5）单击"下一步"按钮，打开"定义项目栏目"对话框，单击"完成"按钮，返回"项目档案"对话框。

2．指定项目核算科目

（1）在"项目档案"对话框中，选择"项目大类"下拉列表中的"产品核算"选项，如图 3-10 所示。

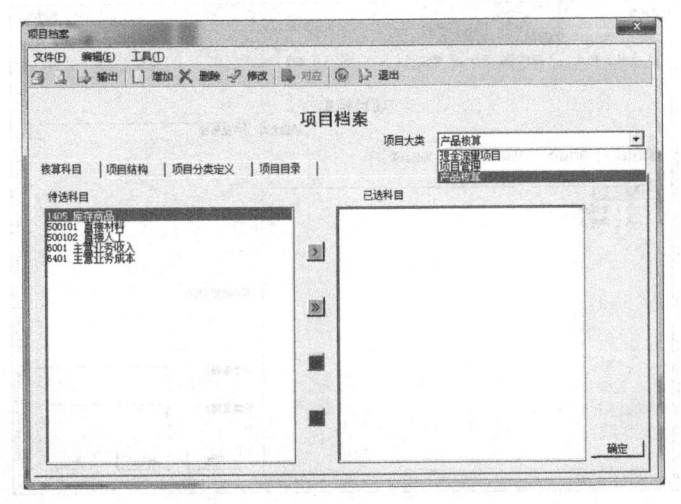

图 3-10　指定项目核算科目（一）

（2）单击"核算科目"选项卡。

（3）单击">>"按钮，将待选科目下的 5 个科目从"待选科目"选入"已选科目"，单击"确定"按钮，结果如图 3-11 所示。

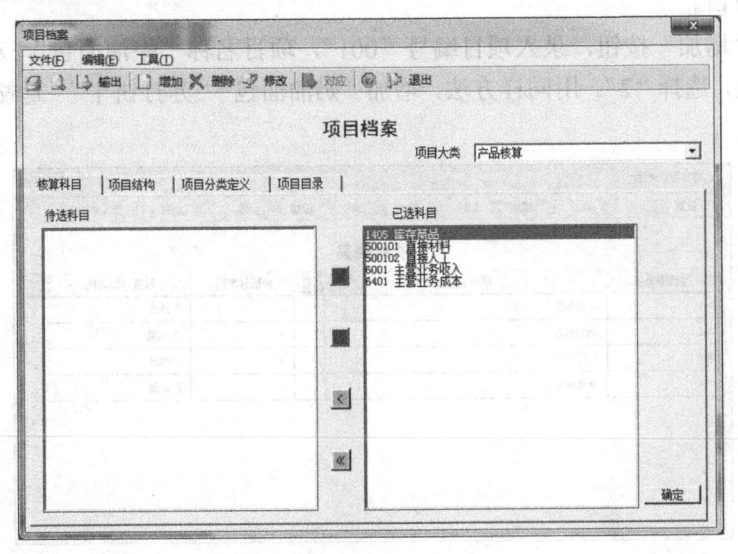

图 3-11　指定项目核算科目（二）

3. 进行项目分类定义

(1) 在"项目档案"对话框中,单击"项目分类定义"选项卡。

(2) 单击右下方的"增加"按钮,录入分类编码"1",分类名称"半成品",单击"确定"按钮;用同样方法,单击"增加"按钮,录入分类编码"2",分类名称"产成品",单击"确定"按钮,如图3-12所示。

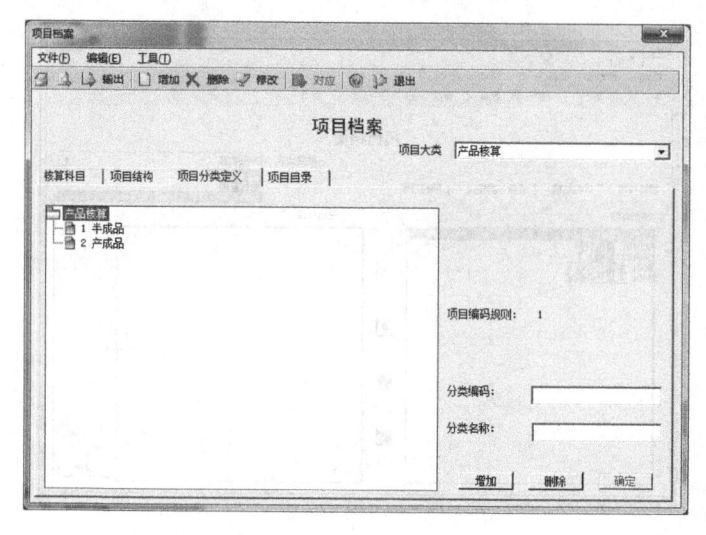

图3-12 项目分类定义

4. 项目目录维护

(1) 在"项目档案"对话框中,单击"项目目录"选项卡,单击"维护"按钮,进入"项目目录维护"窗口。

(2) 单击"增加"按钮,录入项目编号"001",项目名称"牛油面包",双击"所属分类码"栏参照按钮,选择"2"。用同样方法,增加"奶油面包""苏打饼干""鸳鸯饼干"的档案,如图3-13所示。

图3-13 项目目录维护

(3) 单击"退出"按钮,返回"项目档案"对话框,再单击"退出"按钮。

提示

1. 一个项目大类可以指定多个核算科目,一个核算科目只能属于一个项目大类。
2. 多增加的空白行可按 Esc 键退出。

业务 4　设置凭证类别

业务描述

2021 年 1 月 1 日,账套主管张主管根据表 3-5 设置凭证类别。

表 3-5　凭证类别

类别名称	限制类型	限制科目
收款凭证	借方必有	1001,1002
付款凭证	贷方必有	1001,1002
转账凭证	凭证必无	1001,1002

业务操作

(1)在企业应用平台的"基础设置"模块中,执行"基础档案"→"财务"→"凭证类别"命令,打开"凭证类别预置"对话框。

(2)单击"收款凭证 付款凭证 转账凭证"前的单选按钮。

(3)单击"确定"按钮,打开"凭证类别"对话框。

(4)单击"修改"按钮,双击"收款凭证"所在行的"限制类型"栏,在下拉列表中选择"借方必有",在"限制科目"对应文本框中录入"1001,1002"(逗号为半角),或者单击参照按钮分别选择"1001""1002"。用同样的方法,完成对付款凭证和转账凭证的设置,如图 3-14 所示。

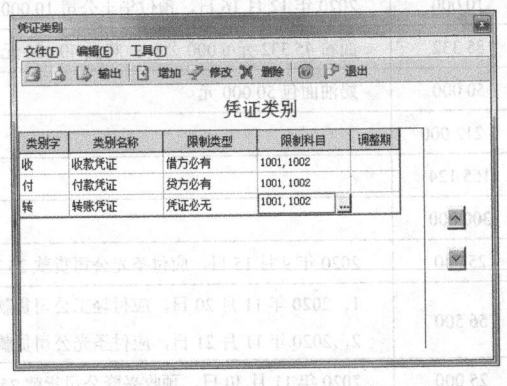

图 3-14　设置凭证类别

(5)单击"退出"按钮。

> **提示**
>
> 1. 已经使用的凭证类别不能删除，也不能修改。
> 2. 如果收款凭证的限制类型为"借方必有""1001,1002"，则系统要求在填制凭证时收款凭证的借方必须有一个是"1001"或"1002"，否则，系统会判断该张凭证不属于收款凭证类别，不允许保存。付款凭证及转账凭证也应满足相应的要求。
> 3. 如果直接录入科目编码，则编码间的标点符号应为半角的标点符号，否则系统会提示科目编码有错误。

业务 5　录入期初余额

业务描述

2021 年 1 月 1 日，账套主管张主管根据表 3-6 的内容录入期初余额。

表 3-6　期初余额

科目名称	期初余额	账户明细
库存现金	20 000	
银行存款——工行存款	297 000	
应收票据	36 160	2020 年 9 月 13 日，星辰公司购买产品，价税合计 36 160 元，票据号 0009
应收账款	232 200	1. 2020 年 9 月 16 日，应收兴隆公司购产品含税货款合计 113 000 元，发票号 0007 2. 2020 年 8 月 22 日，应收星辰公司购产品含税货款合计 113 000 元，发票号 0008 3. 2020 年 8 月 22 日，为星辰公司代垫运费 6 200 元
其他应收款——应收职工借款	1 000	2020 年 12 月 15 日，供应部周贝出差借款 1 000 元
预付账款	10 000	2020 年 12 月 16 日，预付华丰公司 10 000 元
原材料	85 332	面粉 45 332 元/6 000 公斤；鸡蛋 40 000 元/1 000 公斤
库存商品	50 000	奶油面包 50 000 元
固定资产	1 212 000	
累计折旧	155 124	
短期借款	300 000	
应付票据	25 740	2020 年 9 月 15 日，应付圣光公司货款 25 740 元
应付账款	56 500	1. 2020 年 11 月 20 日，应付轻工公司货款 33 900 元 2. 2020 年 11 月 21 日，应付圣光公司货款 22 600 元
预收账款	25 000	2020 年 11 月 30 日，预收兴隆公司货款 25 000 元
应交税费 ——应交增值税（进项税额）	-3 832	

续表

科目名称	期初余额	账户明细
应交税费 ——应交增值税（销项税额）	17 000	
长期借款	200 000	
实收资本	910 000	
利润分配——未分配利润	258 160	
试算平衡总额	1 788 568	

业务操作

（1）在企业应用平台的"业务工作"模块中，执行"财务会计"→"总账"→"设置"→"期初余额"命令，进入"期初余额录入"窗口。

（2）白色单元格为末级科目，可以直接录入期初余额，如库存现金 20 000、银行存款——工行存款 297 000、原材料 85 332、库存商品 50 000、固定资产 1 212 000、累计折旧 155 124、短期借款 300 000、应交税费——应交增值税（进项税额）-3 832、应交税费——应交增值税（销项税额）17 000、长期借款 200 000、实收资本 910 000、利润分配——未分配利润 258 160，如图 3-15 所示。

图 3-15 期初余额末级科目录入

提示

1. 进项税额为"-3 832"表示借方余额。
2. 灰色的单元格为非末级科目，不可以直接录入期初余额，要从下级科目录入，下级录完后系统自动汇总生成期初余额。

（3）黄色的单元格代表对该科目设置了辅助核算，不允许直接录入期初余额，需要双击该单元格进入"辅助期初余额"窗口，在"辅助期初余额"窗口中单击"往来明细"按钮录入相关信息，完成后自动返回总账期初余额表中。双击"应收票据"所在行"期初余额"栏，进入"辅助期初余额"窗口，单击"往来明细"按钮，进入"期初往来明细"窗口。

（4）单击"增行"按钮，单击"日期"栏参照按钮，选择"2020-09-13"，单击"客户"栏参照钮，选择"星辰公司"，在"摘要"文本框中录入"应收票据款"，在"金额"文本框中录入"36 160"，"票号"文本框中录入"0009"，如图3-16所示。

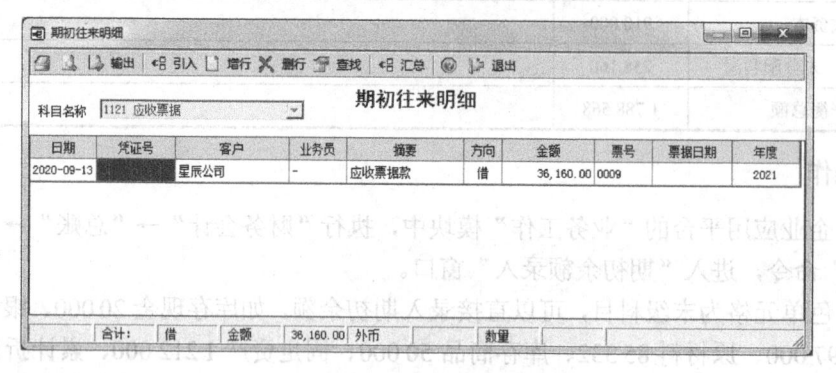

图3-16　应收票据往来期初余额

（5）单击"汇总"按钮，弹出"完成了往来明细到辅助期初表的汇总！"信息提示框，如图3-17所示，单击"确定"按钮后，再单击"退出"按钮。

图3-17　往来汇总

（6）用同样的方法，录入应收账款、其他应收款——应收职工借款、应付票据、应付账款和预收账款等其他带辅助核算的科目余额，单击"汇总"按钮，弹出"完成了往来明细到辅助期初表的汇总！"信息提示框后，单击"确定"按钮，退出后如图3-18所示。

图3-18　应收账款往来汇总

（7）库存商品黄色的单元格代表对该科目设置了辅助核算，不允许直接录入期初余额，需要双击该单元格进入"辅助期初余额"窗口，单击"增行"按钮，在"项目"文本框中录入"奶油面包"，"金额"文本框中录入"50 000"，然后单击"退出"按钮。

（8）全部期初数据录入完毕后，单击"试算"按钮，系统进行试算平衡。试算结果如图3-19所示。

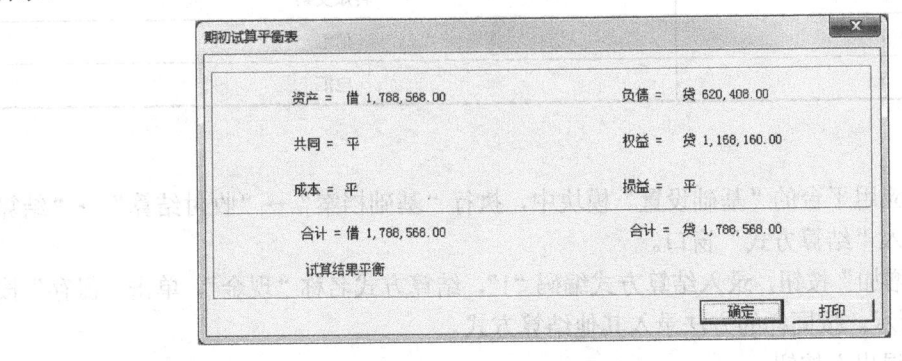

图3-19 期初余额试算结果

（9）单击"确定"按钮。

> **提示**
>
> 1. 只录入末级科目的期初余额，非末级科目的期初余额由系统自动计算生成。
> 2. 可在未录入期初余额时，单击"方向"按钮改变期初余额的方向。
> 3. 如果录入期初余额的科目有辅助核算的内容，则在录入期初余额时必须录入辅助核算的明细内容，修改时也应修改明细内容。
> 4. 如果某一科目有数量（外币）核算的要求，录入期初余额时还应录入该期初余额的数量（外币）。如果年中某月开始建账，需要录入启用月份的月初余额及年初到该月的借贷方累计发生额（年初余额由系统根据月初余额及借贷方累计发生额自动计算生成）。
> 5. 如果期初余额试算不平衡，可以填制凭证但是不允许记账。
> 6. 凭证记账后，期初余额会变为只读状态，不能再修改。
> 7. 在录入期初往来明细余额时，若删除行失败，可以连续按两次Esc键。
> 8. 若录入往来明细科目数据有错，删除后仍有数据存在，则修改往来科目→取消客户往来→期初余额里删掉数据→修改科目→选择客户往来→余额录入即可。

业务6 设置结算方式

业务描述

2021年1月1日，账套主管张主管根据表3-7设置结算方式。

表 3-7 结算方式

结算方式编码	结算方式名称
1	现金
2	现金支票
3	转账支票
4	信汇
5	电汇

业务操作

（1）在企业应用平台的"基础设置"模块中，执行"基础档案"→"收付结算"→"结算方式"命令，进入"结算方式"窗口。

（2）单击"增加"按钮，录入结算方式编码"1"，结算方式名称"现金"，单击"保存"按钮，如图 3-20 所示。按同样的方法录入其他结算方式。

（3）单击"退出"按钮。

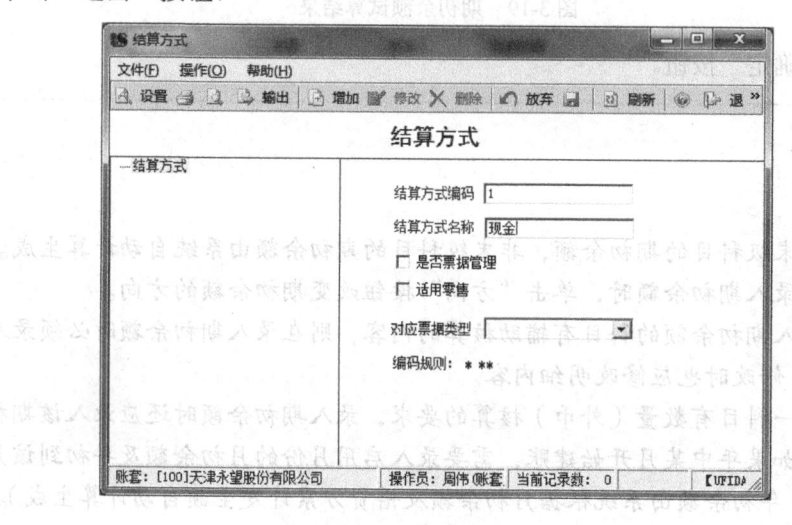

图 3-20 设置结算方式

学习任务 3.2　总账系统日常业务处理

业务 1　填制采购凭证

业务描述

请总账会计张会计对健康麦公司 2021 年 1 月发生的采购业务进行账务处理。

业务说明：2021 年 1 月 1 日，购入原材料，已验收入库。

背景单据：增值税专用发票、商业承兑汇票、收料单、记账凭证，如图 3-21 至图 3-24 所示。

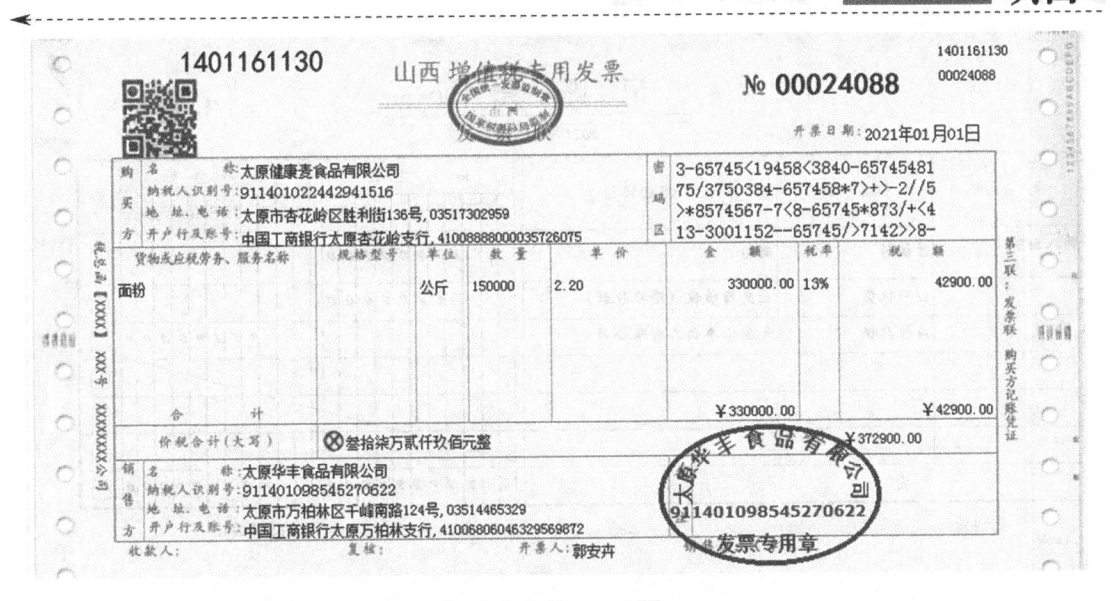

图 3-21 增值税专用发票

山西增值税专用发票　No 00024088
开票日期：2021年01月01日

购买方：
名称：太原健康麦食品有限公司
纳税人识别号：911401022442941516
地址、电话：太原市杏花岭区胜利街136号，03517302959
开户行及账号：中国工商银行太原杏花岭支行，410088880000035726075

货物或应税劳务、服务名称	规格型号	单位	数量	单价	金额	税率	税额
面粉		公斤	150000	2.20	330000.00	13%	42900.00
合　计					¥330000.00		¥42900.00

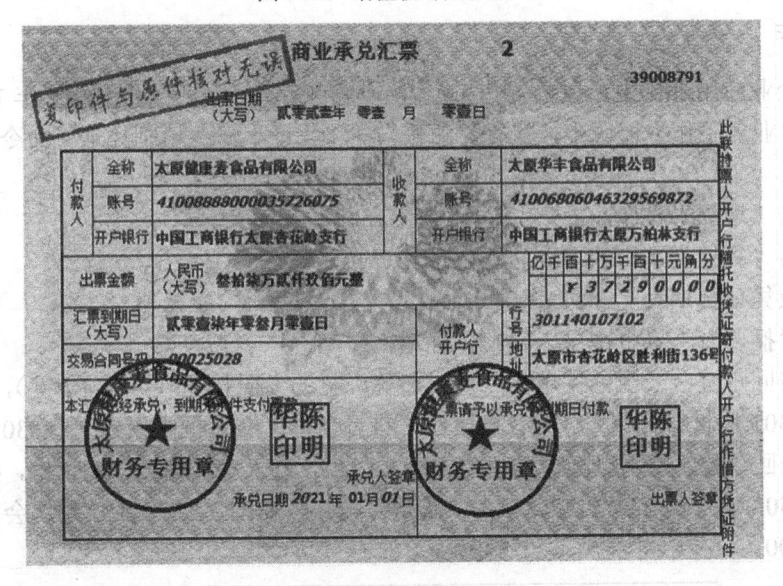

价税合计（大写）：叁拾柒万贰仟玖佰元整　¥372900.00

销售方：
名称：太原华丰食品有限公司
纳税人识别号：911401098545270622
地址、电话：太原市万柏林区千峰南路124号，03514465329
开户行及账号：中国工商银行太原万柏林支行，41006806046329569872

开票人：郭安卉

图 3-22 商业承兑汇票

商业承兑汇票　2　39008791

出票日期（大写）：贰零贰壹年 零壹月 零壹日

付款人：
全称：太原健康麦食品有限公司
账号：410088880000035726075
开户银行：中国工商银行太原杏花岭支行

收款人：
全称：太原华丰食品有限公司
账号：41006806046329569872
开户银行：中国工商银行太原万柏林支行

出票金额（人民币大写）：叁拾柒万贰仟玖佰元整　¥372900.00

汇票到期日（大写）：贰零贰柒年零叁月零壹日
交易合同号：00025028

付款人开户行：中国工商银行太原杏花岭支行
行号：301140107102
地址：太原市杏花岭区胜利街136号

承兑日期：2021年01月01日

图 3-23 收料单

收料单

供应单位：太原华丰食品有限公司　　2021年01月01日　　编号：R1201
材料类别：原材料　　　　　　　　　　　　　　　　　　　收料仓库：材料库

材料编号	材料名称	规格	计量单位	数量 应收	数量 实收	实际价格 单价	实际价格 发票金额	实际价格 运杂费	实际价格 合计	计划价格 单价	计划价格 金额
01	面粉		公斤	150000	150000						

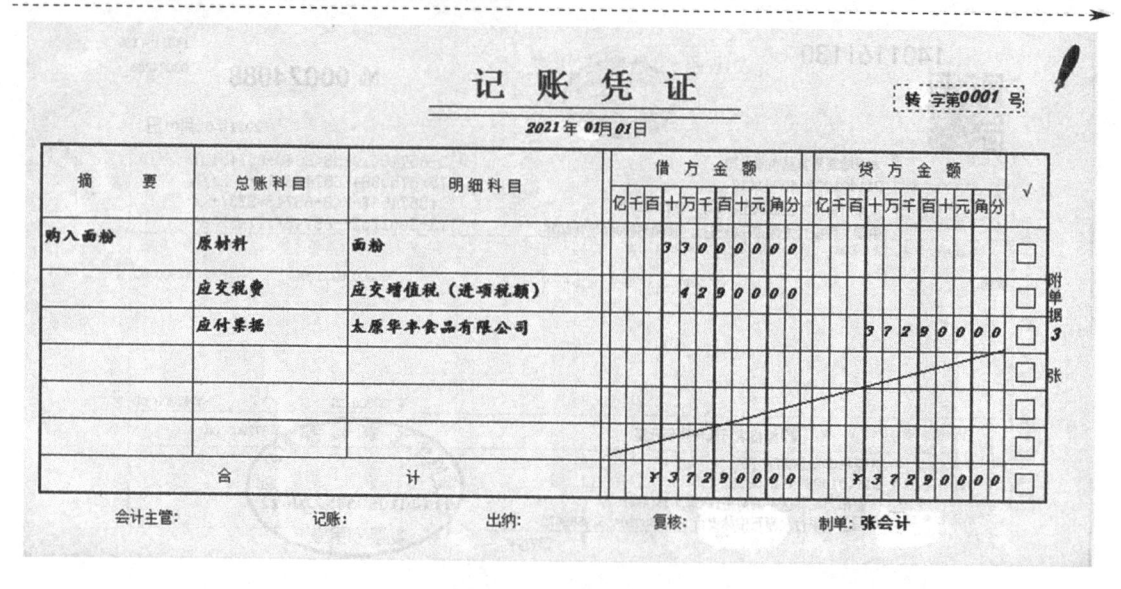

图 3-24 记账凭证

业务操作

（1）在企业应用平台中，以"2"号操作员身份操作，登录日期为 2021 年 1 月 31 日。

（2）在"业务工作"模块中，执行"总账"→"凭证"→"填制凭证"命令，进入"填制凭证"窗口。

（3）单击"增加"按钮。

（4）单击"凭证类别"的参照按钮，选择"转账凭证"。

（5）修改凭证日期为"2021.01.01"。

（6）在"摘要"文本框中录入"购入面粉"。

（7）敲击回车键，或用鼠标单击"科目名称"栏的参照按钮（或按 F2 键），选择"资产"类科目"140301 原材料/面粉"，或者直接在"科目名称"文本框中录入"140301"。

（8）敲击回车键，或用鼠标单击"借方金额"栏，进入"辅助项"对话框，按照发票信息录入数量"150 000"，单价"2.2"，单击"确定"按钮，如图 3-25 所示，系统会自动合计借方金额为 330 000。

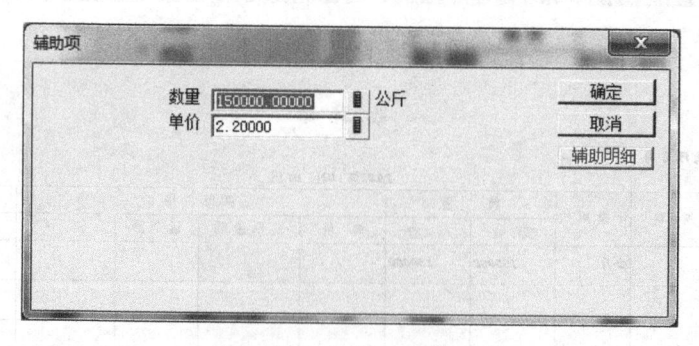

图 3-25 原材料辅助项

（9）敲击回车键（系统自动复制上一行的摘要），再敲击回车键，或用鼠标单击"科目名称"栏（第二行）的参照按钮（或按F2键），选择"负债"类科目"22210101 应交税费/应交增值税/进项税额"，或者直接在"科目名称"文本框中录入"22210101"。

（10）敲击回车键，或用鼠标单击"借方金额"栏，录入"42 900"。

（11）敲击回车键（系统自动复制上一行的摘要），再敲击回车键，或用鼠标单击"科目名称"栏（第三行）的参照按钮（或按F2键），选择"负债"类科目"2201 应付票据"，或者直接在"科目名称"文本框中录入"2201"，敲击回车键，进入"辅助项"对话框，选择供应商为"华丰公司"，业务员为"周贝"，如图3-26所示。

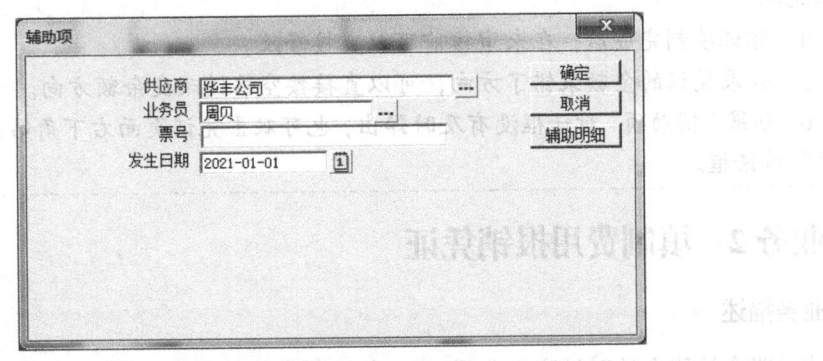

图3-26 应付票据辅助项

（12）单击"确定"按钮，返回凭证界面，单击"贷方金额"栏，按"="键，系统自动合计贷方金额为372 900，如图3-27所示。

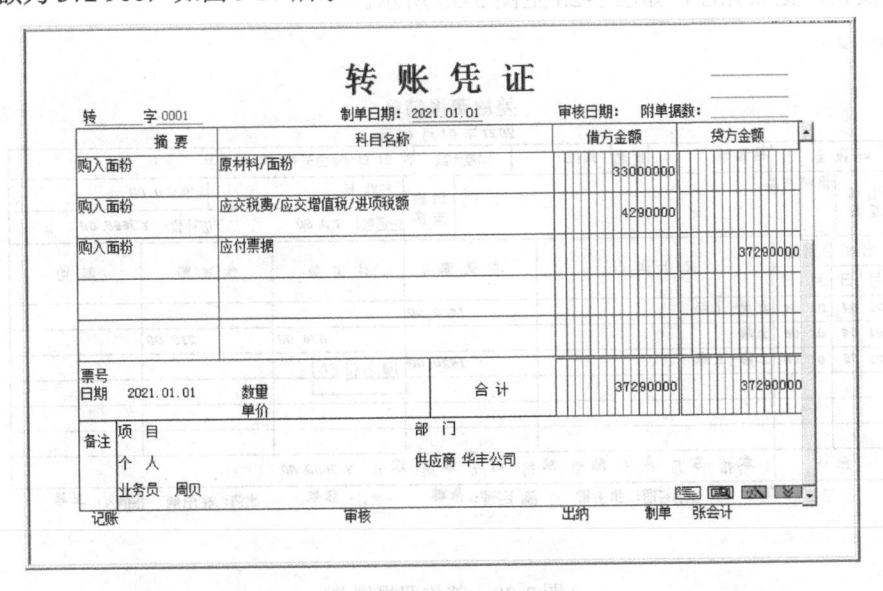

图3-27 业务1凭证填制

（13）单击"保存"按钮，弹出"凭证已成功保存！"信息提示框，单击"确定"按钮返回。

> **提示**
>
> 1. 检查当前操作员，如果当前操作员不是张会计，则应以重新注册的方式更换操作员为"张会计"。
> 2. "="键意为取借贷方差额到当前光标位置，每张凭证只能使用一次。
> 3. 凭证填制完成后，可以单击"保存"按钮，也可以单击"增加"按钮保存并增加下一张凭证。
> 4. 凭证填制完成后，在未审核前可以直接修改。
> 5. 如果凭证的金额录错了方向，可以直接按空格键改变余额方向。
> 6. 如果"辅助项"对话框没有及时弹出，也可双击凭证页面右下角第三个图标调出"辅助项"对话框。

业务2 填制费用报销凭证

业务描述

请总账会计张会计对健康麦公司2021年1月发生的费用业务进行账务处理。

业务说明：2021年1月6日，销售部报销差旅费。

背景单据：差旅费报销单，航空运输电子客票行程单（一）、（二），增值税专用发票，增值税普通发票，记账凭证，如图3-28至图3-33所示。

图3-28 差旅费报销单

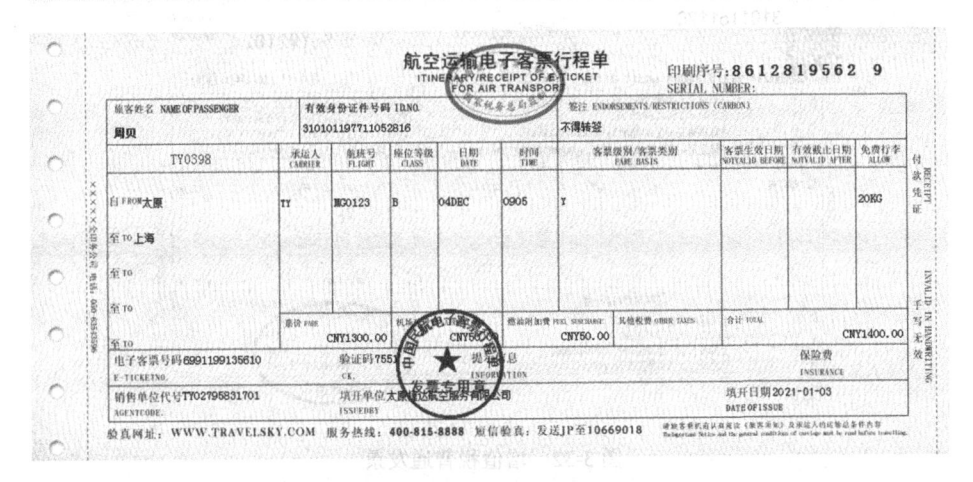

图 3-29　航空运输电子客票行程单（一）

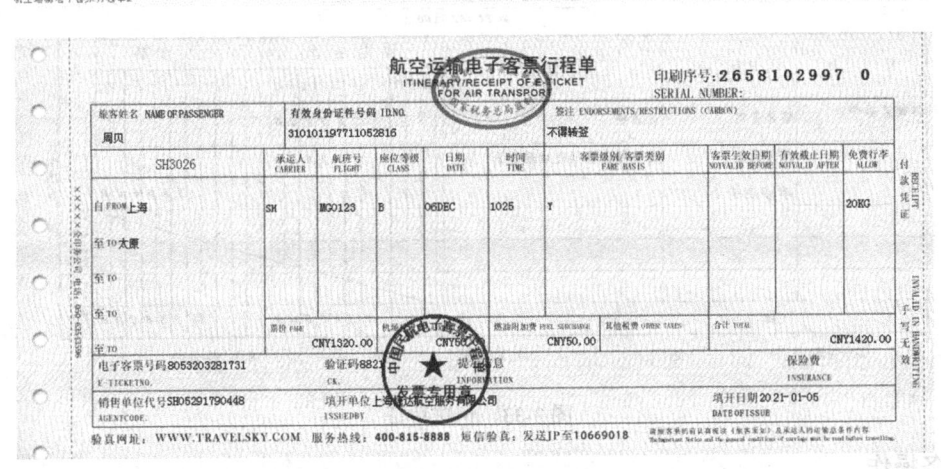

图 3-30　航空运输电子客票行程单（二）

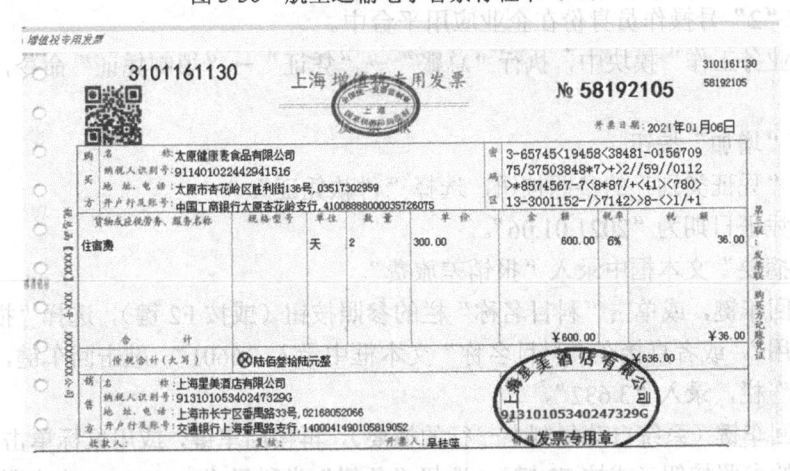

图 3-31　增值税专用发票

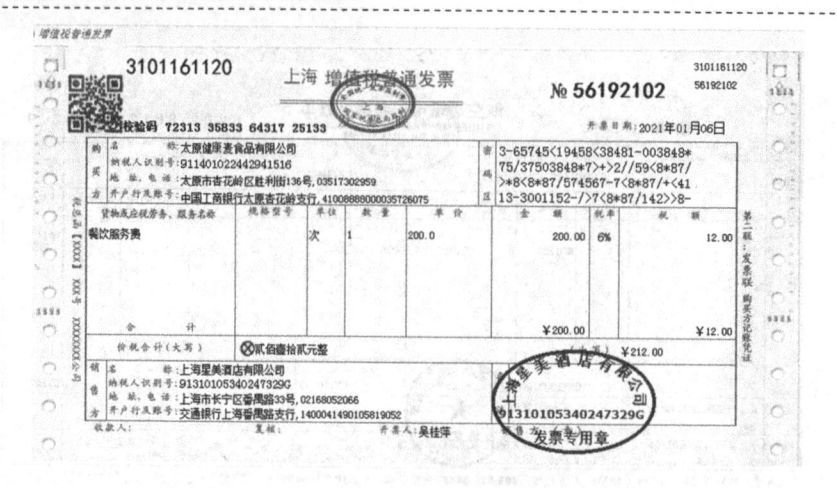

图 3-32 增值税普通发票

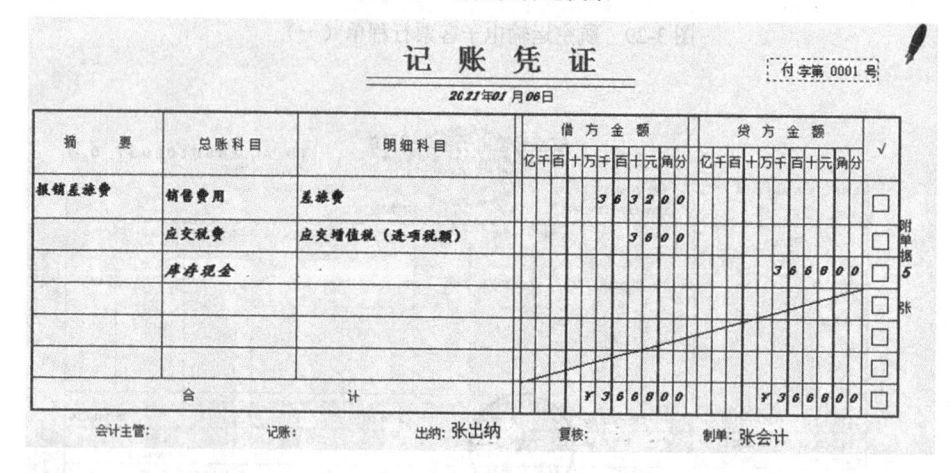

图 3-33 记账凭证

业务操作

(1) 保持"2"号操作员身份在企业应用平台中。

(2) 在"业务工作"模块中,执行"总账"→"凭证"→"填制凭证"命令,进入"填制凭证"窗口。

(3) 单击"增加"按钮。

(4) 单击"凭证类别"的参照按钮,选择"付款凭证"。

(5) 修改凭证日期为"2021.01.06"。

(6) 在"摘要"文本框中录入"报销差旅费"。

(7) 敲击回车键,或单击"科目名称"栏的参照按钮(或按 F2 键),选择"损益"类科目"6601 销售费用",或者直接在"科目名称"文本框中录入"6601",敲击回车键,或用鼠标单击"借方金额"栏,录入"3 632"。

(8) 敲击回车键(系统自动复制上一行的摘要),再按回车键,或用鼠标单击"科目名称"栏(第二行)的参照按钮(或按 F2 键),选择"负债"类科目"22210101 应交税费/应交增值税/进项税额",或者直接在"科目名称"文本框中录入"22210101"。

（9）敲击回车键，或用鼠标单击"借方金额"栏，录入"36"。

（10）敲击回车键（系统自动复制上一行的摘要），再敲击回车键，或用鼠标单击"科目名称"栏（第三行）的参照按钮（或按F2键），选择"资产"类科目"1001 库存现金"，或者直接在"科目名称"文本框中录入"1001"，单击"贷方金额"栏，按"="键，系统自动合计贷方金额为"3 668"，如图3-34所示。

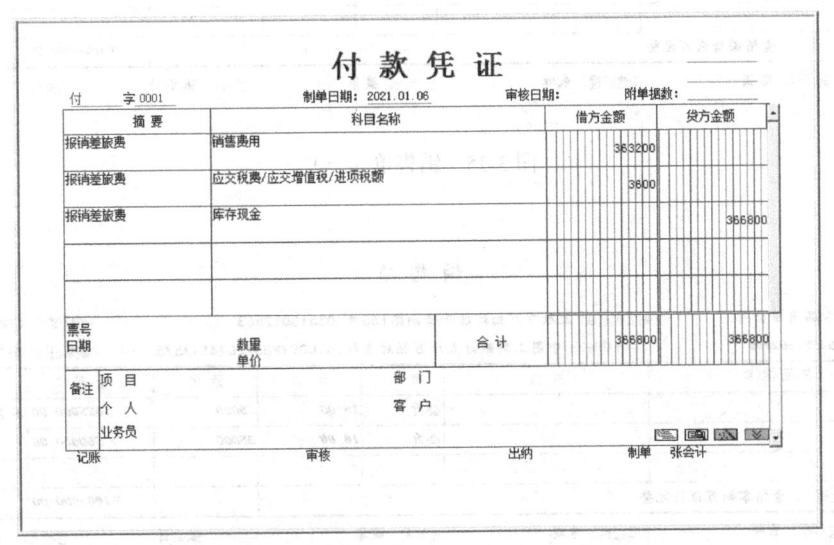

图3-34 业务2凭证填制

（11）单击"保存"按钮，弹出"凭证已成功保存！"信息提示框，单击"确定"按钮返回。

> **提示**
>
> 如果在设置凭证类别时已经设置了不同类别凭证的限制类型及限制科目，则在填制凭证时，如果凭证类别选择错误，在进入新的状态时，系统会提示凭证不能满足条件、凭证不能保存。

业务3 填制销售商品凭证

业务描述

请总账会计张会计对健康麦公司2021年1月发生的销售业务进行账务处理。

业务说明：2021年1月25日，销售商品，货款未收。

背景单据：销售单（一）、（二），增值税专用发票，记账凭证，如图3-35至图3-38所示。

销售单（一）

购货单位：太原奇旺食品有限公司
地址和电话：太原市万柏林区千峰南路165号，03513052563
单据编号：X1203
纳税识别号：911401092387582206
开户行及账号：中国工商银行太原万柏林支行，41009788372024142575
制单日期：2021-01-15

编码	产品名称	规格	单位	单价	数量	金额	备注
01	牛油面包		公斤	13.00	70000	910000.00	不含税价
02	奶油面包		公斤	13.00	70000	910000.00	
合计	人民币（大写）：壹佰捌拾贰万元整					￥1820000.00	

总经理：陈强　销售经理：朱琳　经手人：梁华　会计：张会计　签收人：王志

图 3-35　销售单（一）

销售单（二）

购货单位：太原奇旺食品有限公司
地址和电话：太原市万柏林区千峰南路165号，03513052563
单据编号：X1204
纳税识别号：911401092387582206
开户行及账号：中国工商银行太原万柏林支行，41009788372024142575
制单日期：2021-01-15

编码	产品名称	规格	单位	单价	数量	金额	备注
03	苏打饼干		公斤	15.00	35000	525000.00	不含税价
04	鸳鸯饼干		公斤	16.00	35000	560000.00	
合计	人民币（大写）：壹佰零捌万伍仟元整					￥1085000.00	

总经理：陈强　销售经理：朱琳　经手人：梁华　会计：张会计　签收人：王志

图 3-36　销售单（二）

增值税专用发票

1401161130　　山西增值税专用发票　　No 00014090
开票日期：2021年01月15日

购买方：
名称：太原奇旺食品有限公司
纳税人识别号：911401092387582206
地址、电话：太原市万柏林区千峰南路165号，03513052563
开户行及账号：中国工商银行太原万柏林支行，41009788372024142575

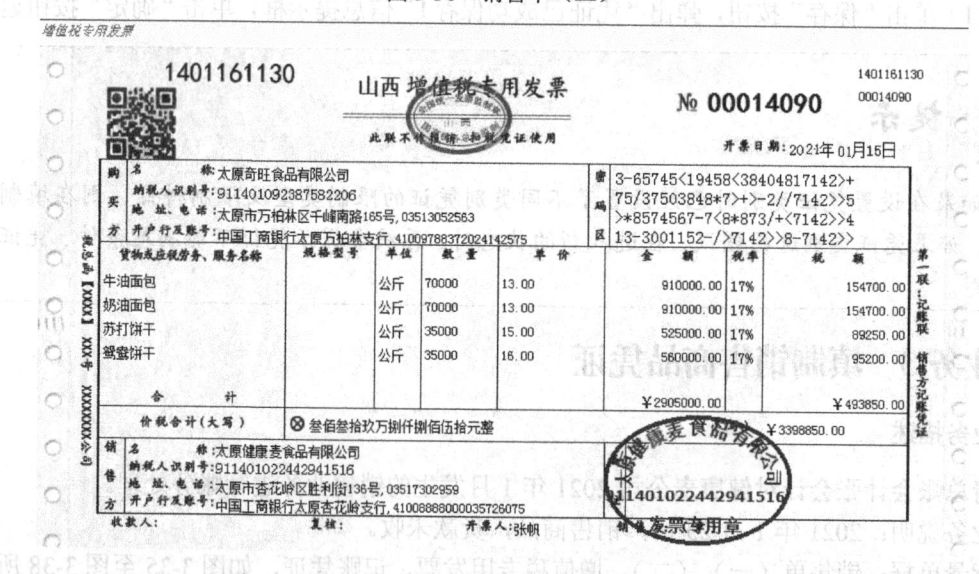

密码区：
3-65745<19458<38404817142>+
75/37503848*7>+>-2//7142>>5
*8574567-7<8*873/+<7142>>4
13-3001152-/>7142]>8-7142>>

货物或应税劳务、服务名称	规格型号	单位	数量	单价	金额	税率	税额
牛油面包		公斤	70000	13.00	910000.00	17%	154700.00
奶油面包		公斤	70000	13.00	910000.00	17%	154700.00
苏打饼干		公斤	35000	15.00	525000.00	17%	89250.00
鸳鸯饼干		公斤	35000	16.00	560000.00	17%	95200.00
合计					￥2905000.00		￥493850.00

价税合计（大写）：叁佰叁拾玖万捌仟捌佰伍拾元整　　￥3398850.00

销售方：
名称：太原健康麦食品有限公司
纳税人识别号：911401022442941516
地址、电话：太原市杏花岭区胜利街136号，03517302959
开户行及账号：中国工商银行太原杏花岭支行，41008888000035726075

收款人：　　复核：　　开票人：张帆　　销售方：（发票专用章）

图 3-37　增值税专用发票

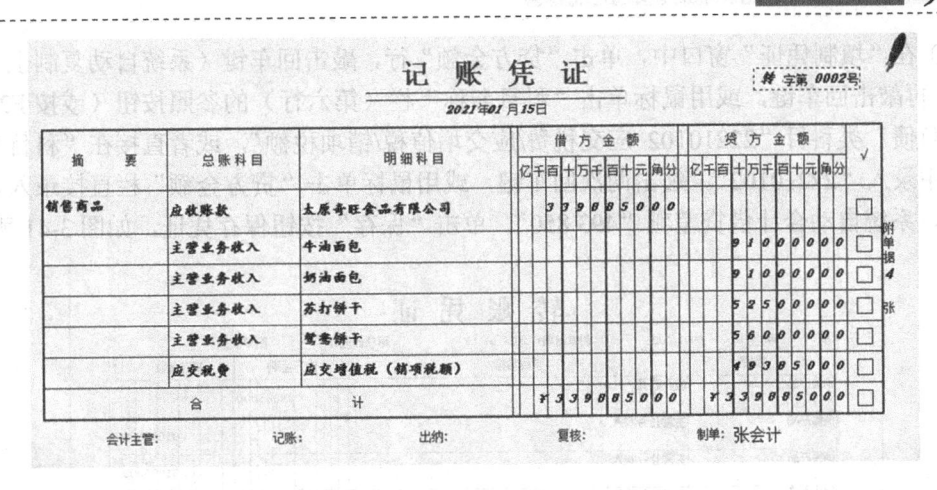

图 3-38 记账凭证

业务操作

(1) 在"填制凭证"窗口中,单击"增加"按钮或者按 F5 键。

(2) 参照上面两笔业务的方法录入表头各项信息。

(3) 录入摘要"销售商品",单击"科目名称"栏的参照按钮(或按 F2 键),选择"资产"类科目"1122 应收账款"。

(4) 敲击回车键,打开"辅助项"对话框,如图 3-39 所示填写相关内容,单击"确定"按钮后退出。

(5) 单击"借方金额"栏,录入"3 398 850"。

(6) 敲击回车键(复制上一行的摘要),再敲击回车键,或单击"科目名称"栏(第二行)的参照按钮(或按 F2 键),选择"损益"类科目"6001 主营业务收入",或者直接在"科目名称"文本框中录入"6001",敲击回车键,打开"辅助项"对话框,单击"辅助明细"按钮,单击"增加"按钮,打开"分录合并录入"对话框,填写相关内容后,如图 3-40 所示,单击"确定"按钮。

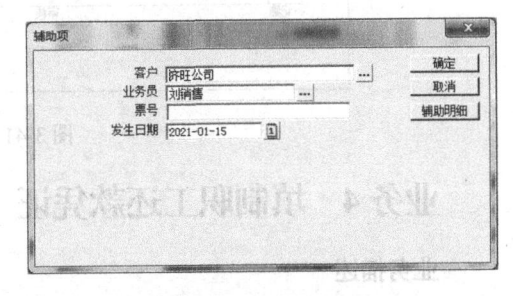

图 3-39 应收账款辅助项

图 3-40 应收账款辅助明细

（7）在"填制凭证"窗口中，单击"贷方金额"行，敲击回车键（系统自动复制上一行的摘要），再敲击回车键，或用鼠标单击"科目名称"栏（第六行）的参照按钮（或按F2键），选择"负债"类科目"22210102 应交税费/应交增值税/销项税额"，或者直接在"科目名称"文本框中录入"22210102"。敲击两次回车键，或用鼠标单击"贷方金额"栏直接录入，或按"="键，系统自动合计借贷差额"493 850"。单击"保存"按钮保存凭证，如图3-41所示。

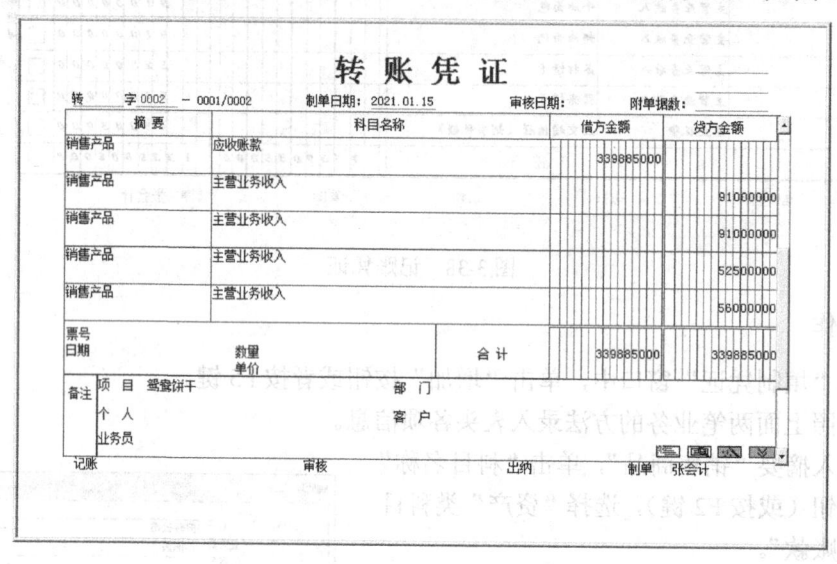

图3-41 业务3凭证填制

业务4 填制职工还款凭证

业务描述

请总账会计张会计对健康麦公司2021年1月发生的职工归还借款业务进行账务处理。

业务说明：2021年1月21日，收到职工周贝归还借款1 000元。

背景单据：借款单、收款收据、记账凭证，如图3-42至图3-44所示。

图3-42 借款单

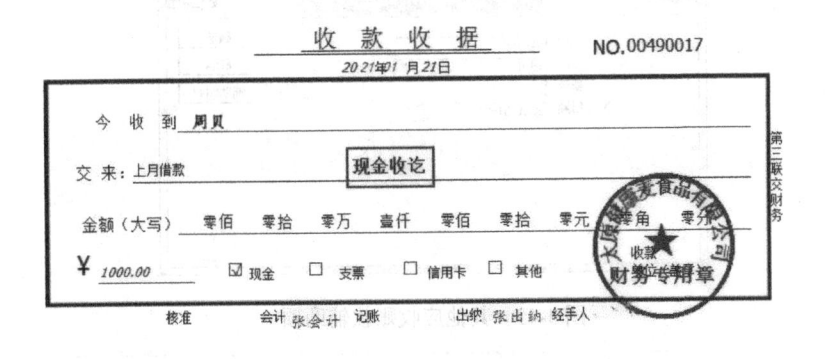

图3-43 收款收据

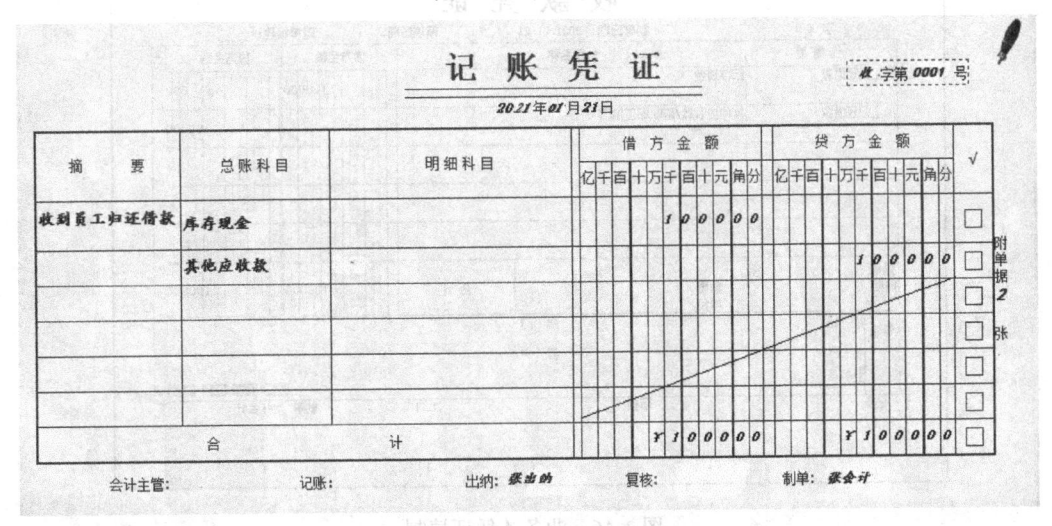

图3-44 记账凭证

业务操作

(1) 在"填制凭证"窗口中,单击"增加"按钮或者按F5键。

(2) 参照以上操作方法录入表头各项信息。

(3) 录入摘要"员工归还借款",单击"科目名称"的参照按钮(或按F2键),选择"资产"类科目"1001 库存现金"。

(4) 敲击回车键,录入借方金额"1 000"。

(5) 敲击回车键(复制上一行的摘要),再敲击回车键,或单击"科目名称"栏(第二行)的参照按钮(或按F2键),选择"资产"类科目"122101 应收职工借款",或者直接在"科目名称"文本框中录入"122101"。敲击回车键,打开"辅助项"对话框,单击"个人"参照按钮,选择"周贝",部门信息也被带出,录入发生日期"2021-01-21",单击"确定"按钮,如图3-45所示。在"填制凭证"窗口中,录入贷方金额"1 000",或直接按"="键。

(6) 单击"保存"按钮,凭证如图3-46所示。

(7) 凭证填好后,退出"填制凭证"窗口。

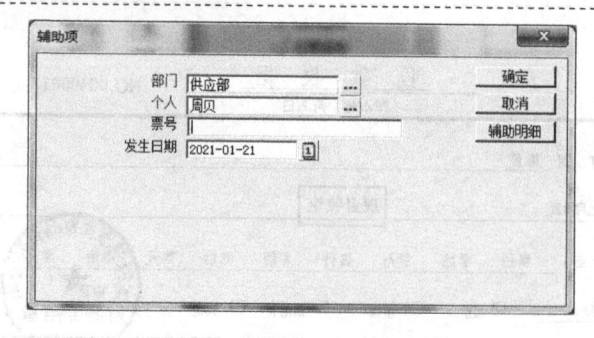

图 3-45　其他应收账款辅助项

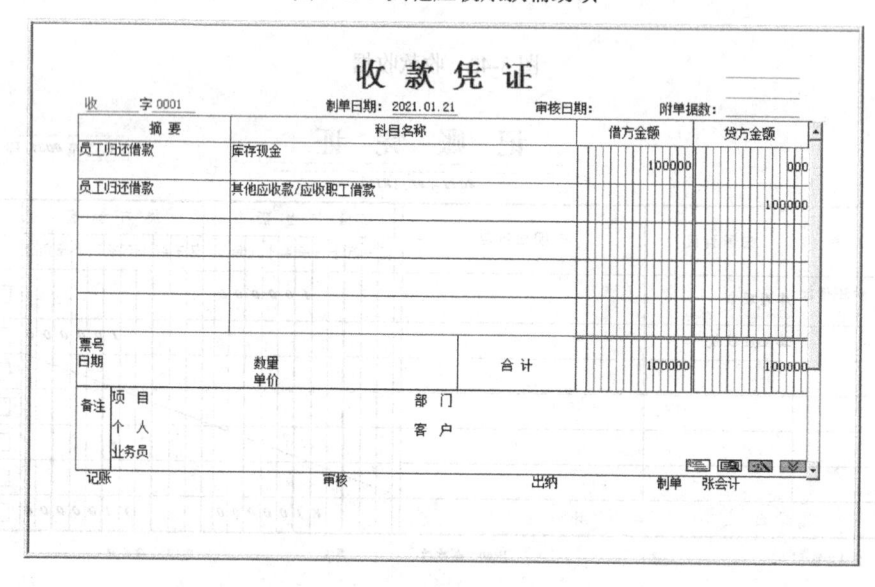

图 3-46　业务 4 凭证填制

业务 5　出纳签字、主管审核和记账

业务描述

2021 年 1 月 31 日，请出纳进行签字、会计主管进行审核，并进行记账。

业务操作

（1）重新注册，更换操作员为"张出纳"。
（2）在"业务工作"模块中，执行"财务会计"→"总账[演示版]"→"凭证"→"出纳签字"命令，打开"出纳签字"对话框。
（3）单击"确定"按钮，打开"出纳签字列表"界面，列出待签字的两张凭证。
（4）双击第一张凭证，打开待签字的 0001 号"收款凭证"。
（5）单击左上角"签字"按钮，单击"下一张"按钮，再单击"签字"按钮。
（6）单击"退出"按钮，返回"出纳签字列表"界面，如图 3-47 所示。

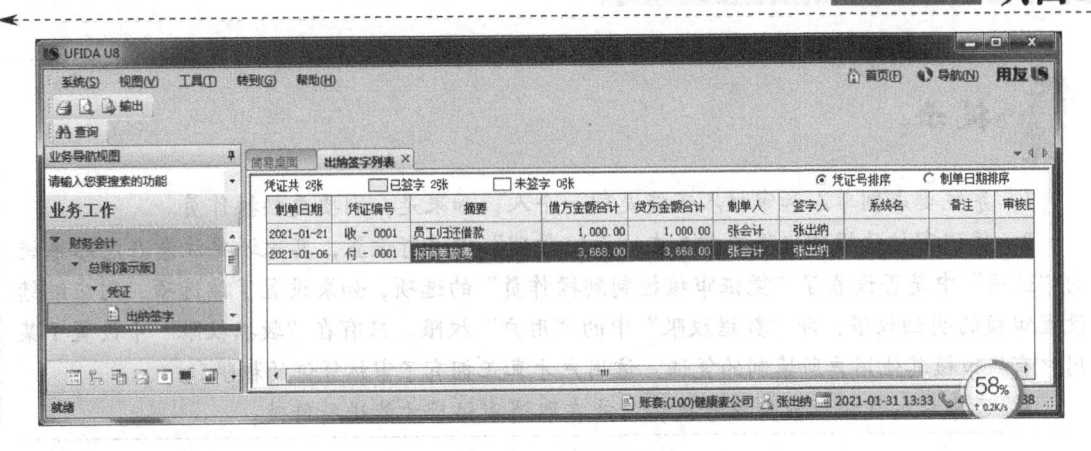

图 3-47 出纳签字

> **提示**
>
> 1. 出纳签字既可以在凭证审核后进行，又可以在凭证审核前进行。
> 2. 进行出纳签字前应满足以下 3 个条件：首先，在总账系统的"选项"中已经设置了"出纳凭证必须经由出纳签字"；其次已经在会计科目中进行了指定科目的操作；最后，凭证中所使用的会计科目是已经在总账系统中设置为日记账辅助核算内容的会计科目。如果发现已经进行了出纳签字的凭证有错误，应在取消出纳签字后再在"填制凭证"窗口中进行修改。

（7）重新注册，更换操作员为"张主管"。

（8）在"业务工作"模块中，执行"财务会计"→"总账[演示版]"→"凭证"→"审核凭证"命令，打开"凭证审核"对话框。

（9）单击"确定"按钮，进入"凭证审核列表"界面。

（10）双击第一张凭证，打开待审核的 0001 号"收款凭证"。

（11）单击"审核"按钮，系统自动翻页到第 2 张待审核的凭证，再单击"审核"按钮，直到将已经填制的 4 张凭证审核完。

（12）单击"退出"按钮，如图 3-48 所示。

图 3-48 审核凭证

（13）再次单击"退出"按钮，退出"凭证审核列表"界面。

> **提示**
>
> 1. 系统要求制单人和审核人不能是同一个人，如果是，则要更换操作员。
> 2. 凭证审核的操作权限应首先在"系统管理"中进行设置，其次还要注意在总账系统的"选项"中是否设置了"凭证审核控制到操作员"的选项，如果设置了该选项，则应继续设置审核的明细权限，即"数据权限"中的"用户"权限。只有在"数据权限"中设置了某用户有权审核其他用户所填制的凭证，该用户才真正拥有了审核凭证的权限。
> 3. 已审核的凭证不能直接修改，只能在取消审核后才能进行修改。

（14）由操作员张主管执行"凭证"→"记账"命令，系统默认记账选择为"2021.01月份凭证"，单击左下角"全选"按钮，如图3-49所示。

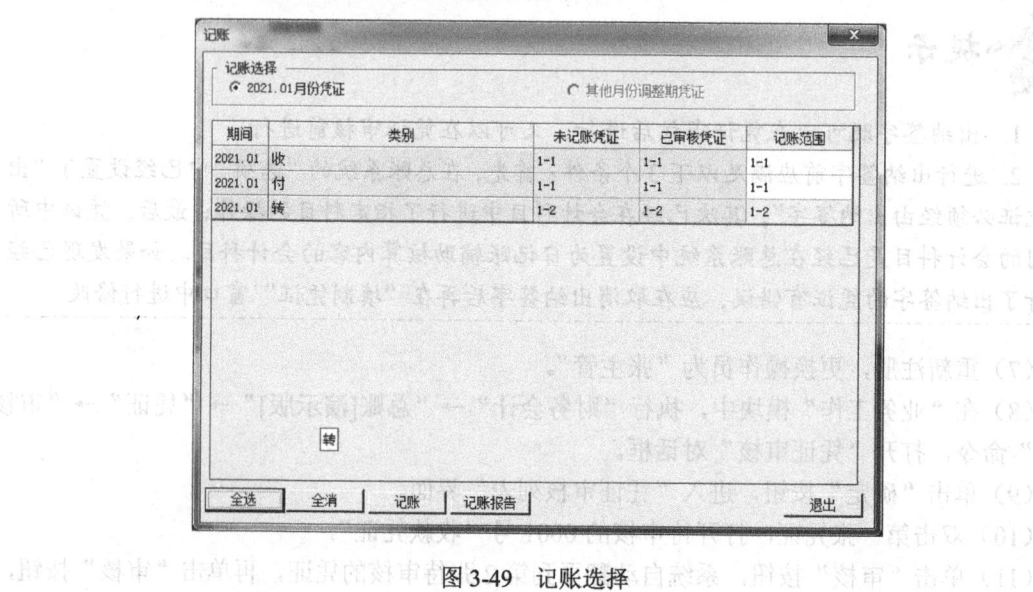

期间	类别	未记账凭证	已审核凭证	记账范围
2021.01	收	1-1	1-1	1-1
2021.01	付	1-1	1-1	1-1
2021.01	转	1-2	1-2	1-2

图3-49 记账选择

（15）单击"记账"按钮，打开"期初试算平衡表"窗口。

（16）单击"确定"按钮，系统自动进行记账，记账完成后，系统弹出"记账完毕！"信息提示框。

> **提示**
>
> 删除、修改凭证的方法如下。
> 1. 凭证在无签字、无审核、无记账的情况下，直接在"填制凭证"窗口中修改、删除即可。删除时需要先单击"作废"按钮，将该张凭证打上"作废"标志，单击"整理凭证"按钮，选中要删除的作废凭证，将作废凭证删除。

2. 出纳已经签字或者已经审核、记账的凭证，需要取消记账、签字和审核，由原制单人在"填制凭证"中按上述办法修改、删除凭证。
3. 取消签字、审核的方法：由原签字人、原审核人按照签字和审核的方法，在窗口中单击"取消"按钮。
4. 取消记账的方法：执行"期末"→"对账"命令，同时按下 Ctrl、H 键，取消记账状态，执行"总账"→"凭证"→"恢复记账前状态"命令，选中"选择凭证范围恢复记账"复选框，执行"全选"→"确定"命令，口令为空，即可取消记账。

业务 6　查询凭证

业务描述

由张主管对 2021 年 1 月已记账的凭证进行查询。

业务操作

（1）在"业务工作"模块中，执行"账务会计"→"总账[演示版]"→"凭证"→"查询凭证"命令，打开"凭证查询"对话框。
（2）选择"已记账凭证"，此时可根据实际查询情况选择查询条件。
（3）单击"确定"按钮，打开"查询凭证列表"界面。
（4）单击"退出"按钮。

学习任务 3.3　总账系统期末业务处理

业务 1　自定义转账

业务描述

2021 年 1 月 31 日，请以总账会计张会计身份登录企业应用平台。
（1）按短期借款期末余额的 0.1% 计提短期借款利息，设置生成凭证如下。
借：财务费用（短期借款余额×0.001）
　　贷：应付利息（函数 JG( )）
（2）结转未交增值税，设置生成凭证如下。
借：应交税费——应交增值税（转出未交增值税）（取 222101 的期末余额）
　　贷：应交税费——未交增值税（函数 JG( )）

业务操作

（1）以"张会计"的身份注册进入总账系统，执行"期末"→"转账定义"→"自定义转账"命令，进入"自定义转账设置"窗口。
（2）单击"增加"按钮，打开"转账目录"对话框。
（3）录入转账序号"0001"，转账说明"计提短期借款利息"，凭证类别选择"转　转账凭证",单击"确定"按钮,如图 3-50 所示。

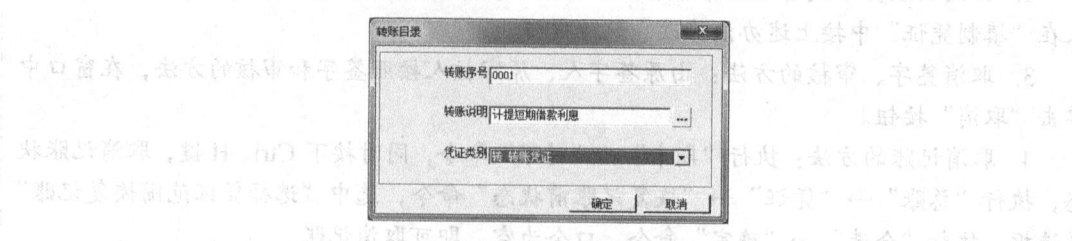

图 3-50 增加自定义转账

(4) 在"自定义转账设置"窗口,单击"增行"按钮,录入科目编码"6603",方向"借",双击"金额公式"栏,单击参照按钮,打开"公式向导"对话框。

(5) 选择"期末余额函数",单击"下一步"按钮,继续定义公式。

(6) 科目选择"2001",其他项为系统默认,如图 3-51 所示。

图 3-51 定义公式

(7) 单击"完成"按钮,再回到"自定义转账设置"窗口,将光标移至金额公式末尾,录入"*0.001",敲击回车键确认。

(8) 继续单击"增行"按钮,科目编码选择"2231",方向"贷",双击"金额公式"栏,单击参照按钮,打开"公式向导"对话框,选择"取对方科目计算结果"函数"JG()",弹出"公式说明"窗口,无须录入科目,单击"完成"按钮,结果如图 3-52 所示。

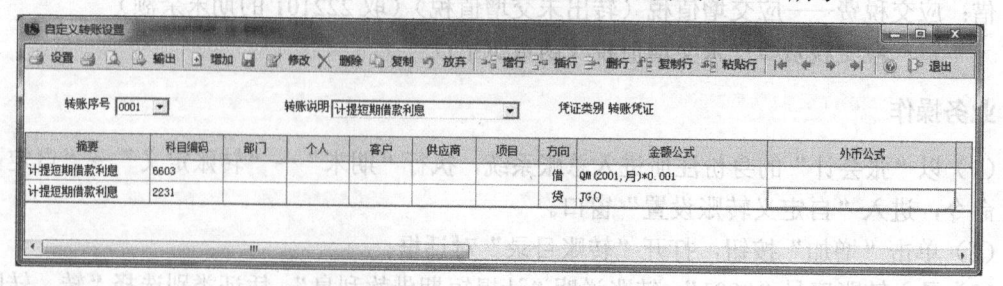

图 3-52 计提短期借款利息自定义转账

（9）单击"保存"按钮。

（10）按以上步骤，单击"增加"按钮，打开"转账目录"对话框，结转未交增值税，结果如图 3-53 所示。

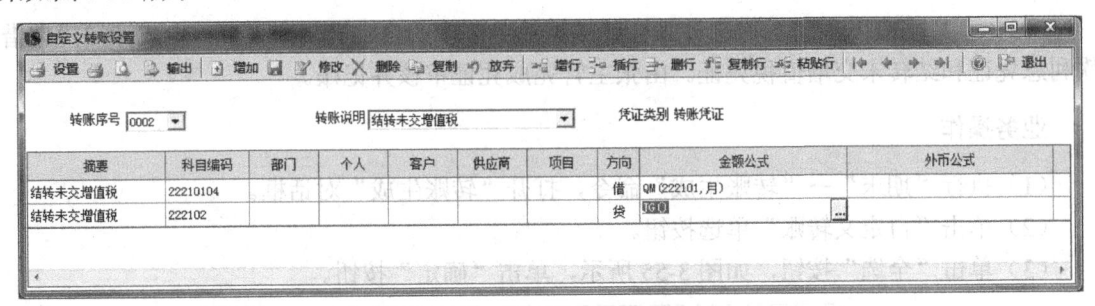

图 3-53　结转未交增值税自定义转账

业务 2　期间损益结转

业务描述

2021 年 1 月 31 日，请以总账会计张会计身份登录企业应用平台，结转期间损益。

业务操作

（1）执行"期末"→"转账定义"→"期间损益"命令，打开"期间损益结转设置"窗口。

（2）选择"凭证类别"下拉列表中的"转　转账凭证"，在"本年利润科目"文本框中录入"4103"或单击参照按钮选择"4103 本年利润"，如图 3-54 所示。

（3）单击"确定"按钮，退出"期间损益结转设置"窗口。

图 3-54　期间损益结转设置

业务3 生成自定义转账凭证

业务描述

2021年1月31日,请总账会计张会计根据业务1中的自定义转账设置,生成计提短期借款利息凭证和结转未交增值税凭证。由张主管完成凭证审核并记账。

业务操作

(1) 执行"期末"→"转账生成"命令,打开"转账生成"对话框。
(2) 单击"自定义转账"单选按钮。
(3) 单击"全选"按钮,如图3-55所示,单击"确定"按钮。

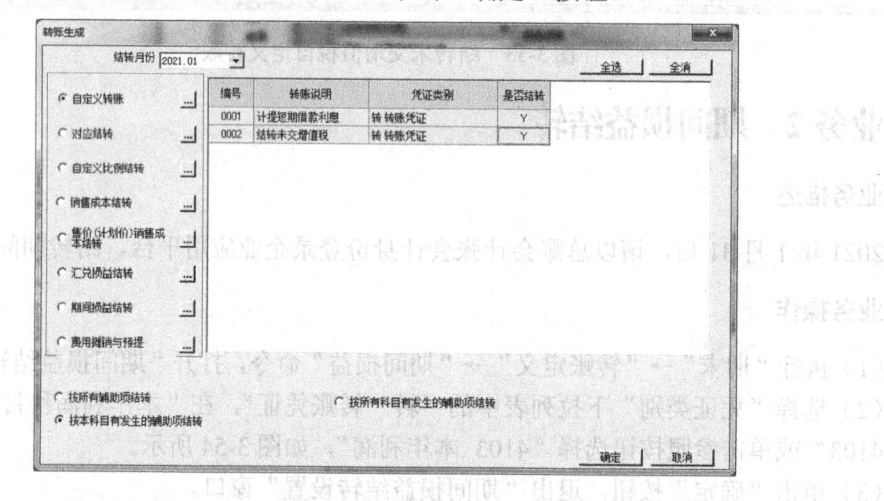

图3-55 转账生成

(4) 单击"确定"按钮,生成计提短期借款利息的转账凭证,单击"保存"按钮,凭证上出现"已生成"标志,如图3-56所示,此标志只出现在保存后的界面,退出后,不再显示。

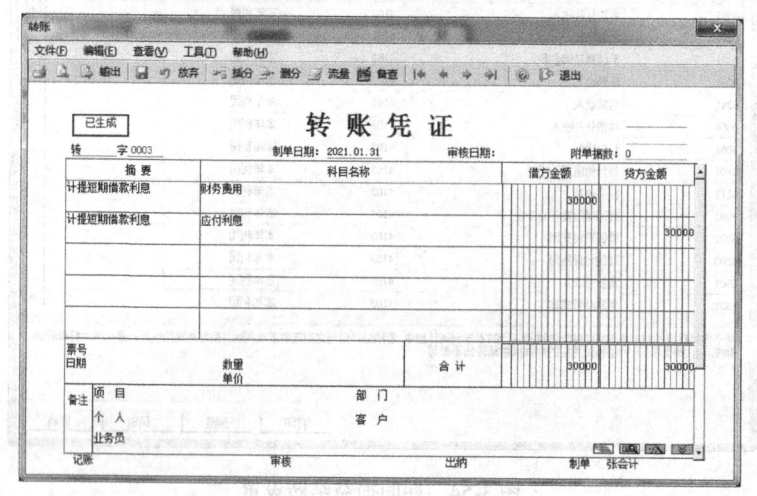

图3-56 计提短期借款利息的转账凭证

(5)单击"下一张"按钮。

(6)出现结转未交增值税的转账凭证,单击"保存"按钮,凭证上出现"已生成"标志,如图 3-57 所示。

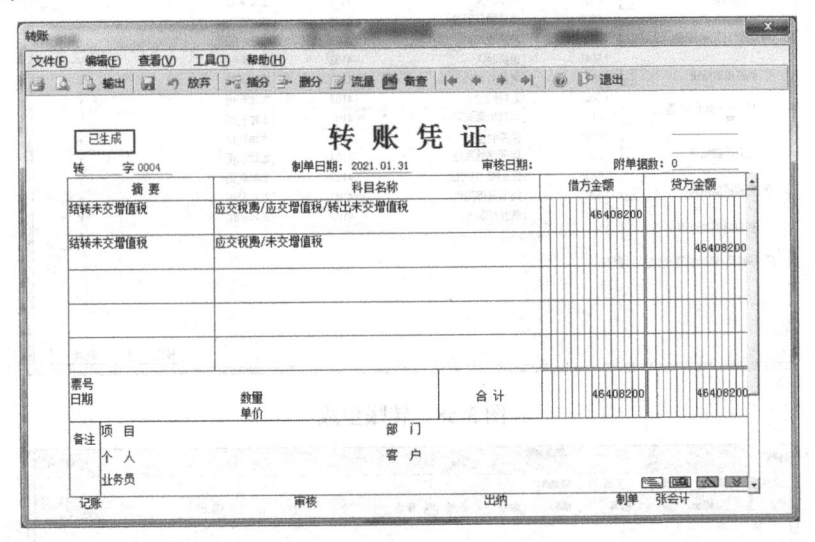

图 3-57 结转未交增值税的转账凭证

(7)由张主管对这两张凭证进行审核并记账。

业务 4 生成期间损益结转凭证

业务描述

2021 年 1 月 31 日,请总账会计张会计根据业务 2 中的期间损益结转设置,生成期间损益凭证。由张主管完成凭证审核并记账。

业务操作

(1)仍然由张会计生成期间损益结转的转账凭证。执行"期末"→"转账生成"命令,进入"转账生成"对话框。

(2)单击"期间损益结转"单选按钮,单击"全选"按钮,如图 3-58 所示。单击"确定"按钮,生成期间损益结转的转账凭证,单击"保存"按钮,凭证上出现"已生成"标志,如图 3-59 所示。

(3)单击"退出""取消"按钮退出。

(4)由张主管对生成的期间损益结转的转账凭证进行审核并记账。

图 3-58 转账生成

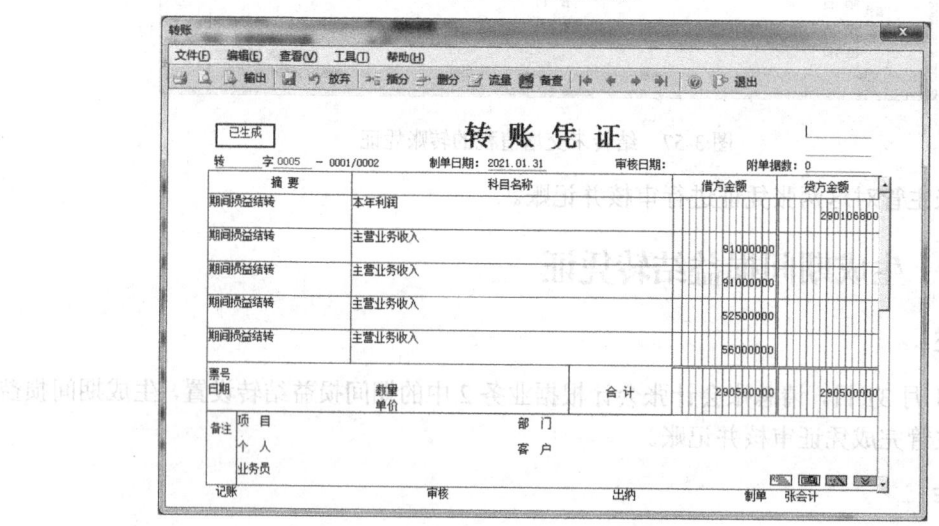

图 3-59 期间损益结转的转账凭证

> **提示**
> 1. 生成凭证的时候生成一次即可,不可反复单击"生成"按钮,否则会生成很多凭证。
> 2. 一定要将所有凭证记账后才能进行结转损益,同时要注意转账的先后次序,最后是期间损益结转。

业务 5　期末对账与结账

业务描述

2021 年 1 月 31 日，张主管完成总账期末对账与结账工作。

业务操作

1．对账

（1）执行"期末"→"对账"命令，打开"对账"对话框。
（2）单击"试算"按钮，打开"2021.01 试算平衡表"对话框，如图 3-60 所示。

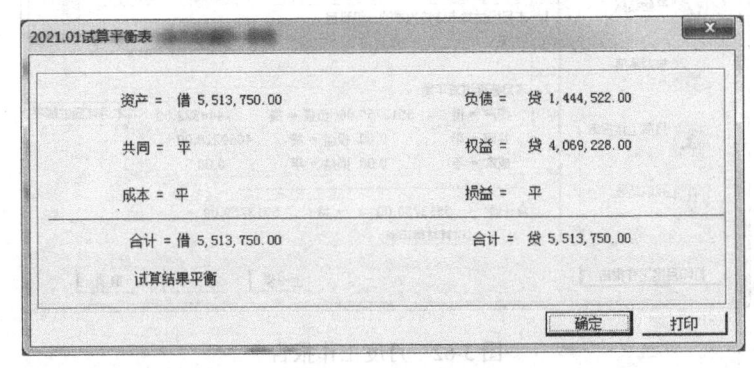

图 3-60　期末试算平衡

（3）单击"确定"按钮，返回"对账"对话框，单击"选择"按钮，"是否对账"栏中出现"Y"标志，选中要对账的月份，再单击"对账"按钮，系统开始对账，并显示对账结果，如图 3-61 所示。

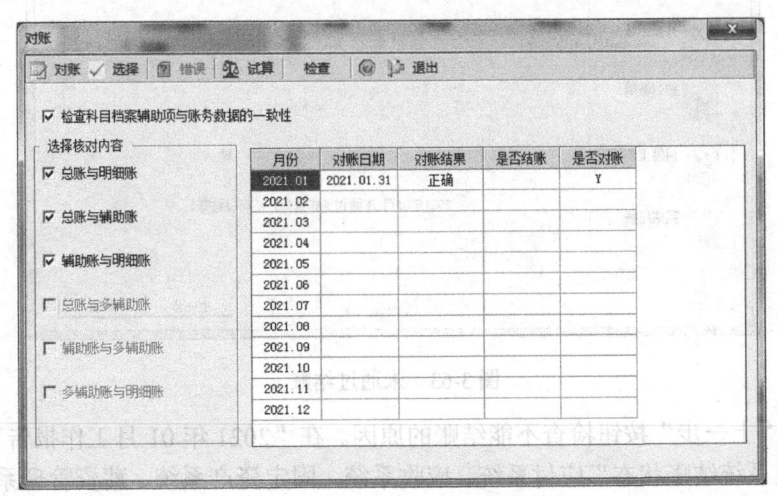

图 3-61　对账结果

(4) 单击"退出"按钮。

2. 结账

(1) 执行"期末"→"结账"命令，打开"结账"对话框。

(2) 单击"下一步"按钮，打开"结账-核对账簿"对话框。

(3) 单击"对账"按钮，系统进行对账。对账完毕后，单击"下一步"按钮，打开"结账-月度工作报告"界面，如图 3-62 所示。

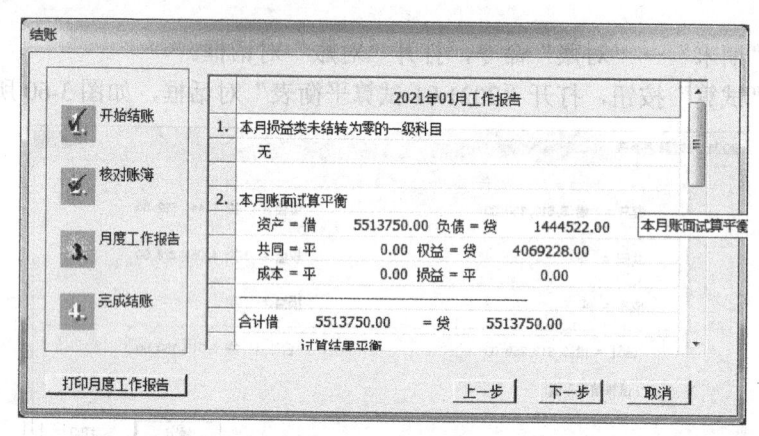

图 3-62　月度工作报告

(4) 单击"下一步"按钮，弹出"2021 年 0 1 月未通过工作检查，不可以结账！"提示信息，如图 3-63 所示。

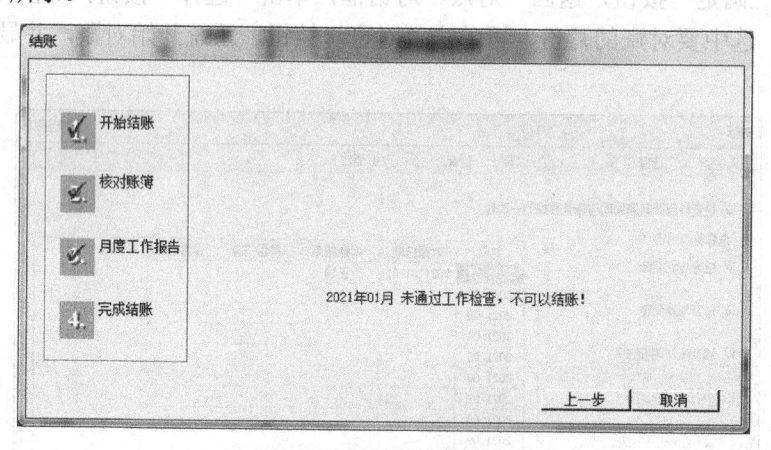

图 3-63　未通过结账

(5) 单击"上一步"按钮检查不能结账的原因。在"2021 年 01 月工作报告"中我们看到其中"5．其他系统结账状态"应付系统、应收系统、固定资产系统、薪资管理系统均未结账，如图 3-64 所示。

(6) 单击"取消"按钮，取消本次的结账操作。

总账系统 项目3

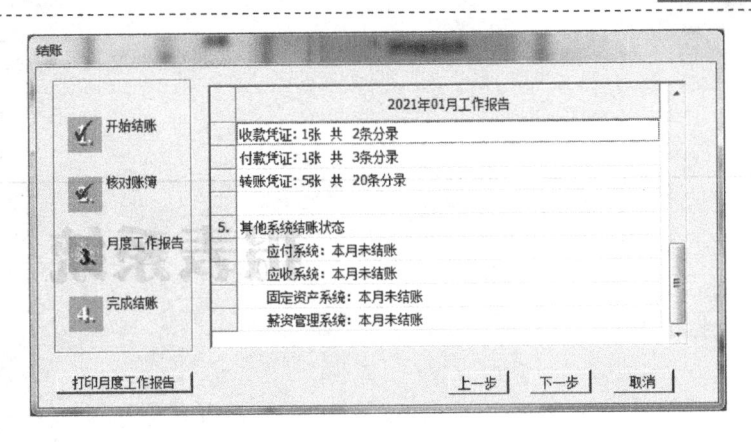

图 3-64 未结账系统

> **提示**
>
> 1. 结账后除查询外，不得再对本月业务进行任何操作。
> 2. 如果需要取消本月结账，需要账套主管在"结账"对话框按 Ctrl+Shift+F6 键激活"取消结账"功能，打开"确认口令"对话框，无口令，即可取消结账标记，如图 3-65 所示。
>
> 图 3-65 确认口令

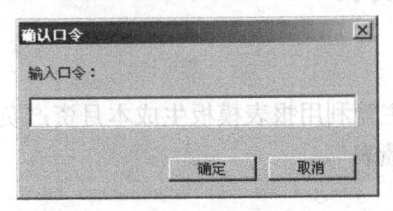

项目 4

报表系统

能力目标

通过学习生成报表的方法，掌握报表生成时所用的各种常用函数的含义、公式设置的方法，掌握利用报表模板生成报表的方法和自定义报表的生成方法，要求能够结合企业实际情况生成实际工作中所需要的各种报表。

学习任务 4.1　利用报表模板生成报表

业务　生成资产负债表

业务描述

2021 年 1 月 31 日，请张主管利用报表模板生成本月资产负债表，保存到"我的文档"文件夹中，名称为"1 月资产负债表"。

业务操作

1. 新建资产负债表

（1）在企业应用平台"业务工作"模块中，执行"财务会计"→"UFO 报表"命令，弹出"日积月累"小常识提示框，单击"关闭"按钮。执行"文件"→"新建"命令，系统自动生成一张空白表，进入报表的"格式"状态窗口。

（2）执行"格式"→"报表模板"命令，打开"报表模板"对话框。

（3）选择"您所在的行业："下拉列表中的"2007 年新会计制度科目"，再选择"财务报表"下拉列表中的"资产负债表"，如图 4-1 所示。

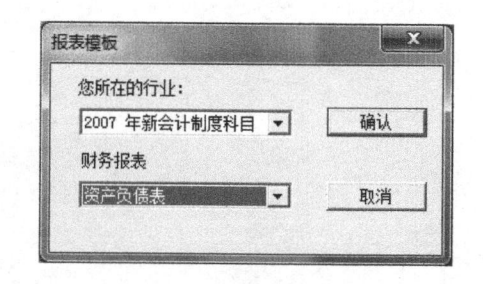

图 4-1　选择报表模板

（4）单击"确认"按钮，系统弹出"模板格式将覆盖本表格式！是否继续？"信息提示框。

（5）单击"确定"按钮，打开按"2007 年新会计制度科目"设置的"资产负债表"模板，如图 4-2 所示。

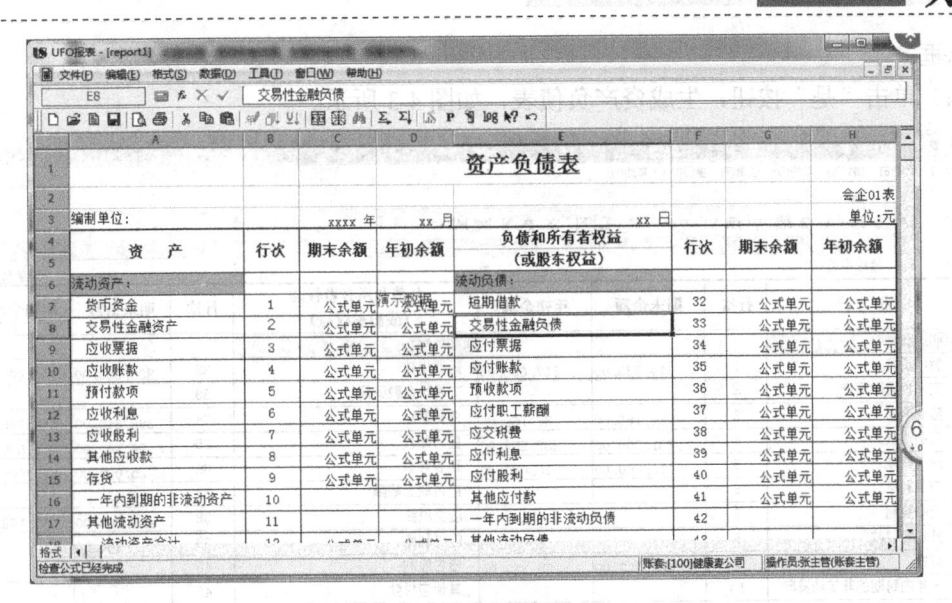

图 4-2 资产负债表模板

> **提示**
> 如果被调用的报表模板的格式或公式与实际需要的报表格式或公式不完全一致，可以在此基础上进行修改。

2. 设置关键字

（1）在报表"格式"状态窗口中，选中 A3 单元，将"编制单位："删除。
（2）仍选中 A3 单元，执行"数据"→"关键字"→"设置"命令，打开"设置关键字"对话框。
（3）将关键字设置为"单位名称"，单击"确定"按钮。

> **提示**
> 通过设置关键字，可以在每次生成报表数据时以录入关键字的形式录入单位名称等信息。

3. 录入关键字并计算报表数据

（1）在报表"格式"状态窗口中，单击"格式"按钮，系统弹出"是否确定全表重算"信息提示框。
（2）单击"否"按钮，进入报表的"数据"状态窗口。
（3）在报表的"数据"状态窗口中，执行"数据"→"关键字"→"录入"命令，打开"录入关键字"对话框。录入各项关键字，单击"确认"按钮，系统弹出"是否重算第 1 页？"信息提示框。

(4) 单击"是"按钮，生成资产负债表，如图 4-3 所示。

资产	行次	期末余额	年初余额	负债和所有者权益（或股东权益）	行次	期末余额	年初余额
流动资产：				流动负债：			
货币资金	1	314,332.00	317,000.00	短期借款	32	300,000.00	300,000.00
交易性金融资产	2			交易性金融负债	33		
应收票据	3	36,160.00	36,160.00	应付票据	34	398,640.00	25,740.00
应收账款	4	3,631,050.00	232,200.00	应付账款	35	56,500.00	56,500.00
预付账款	5	10,000.00	10,000.00	预收账款	36	25,000.00	25,000.00
应收利息	6			应付职工薪酬	37		
应收利利	7			应交税费	38	464,082.00	13,168.00
其他应收款	8		1,000.00	应付利息	39	300.00	
存货	9	465,332.00	135,332.00	应付股利	40		
一年内到期的非流动资产	10			其他应付款	41		
其他流动资产	11			一年内到期的非流动负债	42		
流动资产合计	12	4,456,874.00	731,692.00	其他流动负债	43		
非流动资产：				流动负债合计	44	1,244,522.00	420,408.00
可供出售金融资产	13			非流动负债：			
持有至到期投资	14			长期借款	45	200000.00	200000.00
长期应收款	15			应付债券	46		
长期股权投资	16			长期应付款	47		
投资性房地产	17			专项应付款	48		
固定资产	18	1,056,876.00	1,056,876.00	预计负债	49		
在建工程	19			递延所得税负债	50		
工程物资	20			其他非流动负债	51		
固定资产清理	21			非流动负债合计	52	200000.00	200000.00
生产性生物资产	22			负债合计	53	1444522.00	620408.00
油气资产	23			所有者权益（或股东权益）：			
无形资产	24			实收资本（或股本）	54	910,000.00	910,000.00
开发支出	25			资本公积	55		
商誉	26			减：库存股	56		
长期待摊费用	27			盈余公积	57		
递延所得税资产	28			未分配利润	58	3,159,228.00	258,160.00
其他非流动资产	29			所有者权益（或股东权益）合计	59	4,069,228.00	1,168,160.00
非流动资产合计	30	1056876.00	1056876.00				
资产总计	31	5513750.00	1788568.00	负债和所有者权益（或股东权益）总计	60	5,513,750.00	1,788,568.00

图 4-3　生成的资产负债表

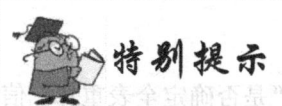

> **特别提示**
>
> 在"格式"状态窗口设置关键字，在"数据"状态窗口录入关键字。录入关键字后系统会弹出"是否重算第 1 页？"信息提示框，可以单击"是"按钮直接进行计算，也可以单击"否"按钮暂不计算。

4. 保存资产负债表

执行"文件"→"保存"命令，在"我的文档"文件夹中，将文件存为"1月资产负债表"。

学习任务 4.2　自定义报表

业务　自定义生成期间费用统计表

业务描述

2021年1月31日，请张主管按表4-1的内容自定义生成期间费用统计表，并保存到"我的文档"文件夹中，名称为"1月期间费用统计表"。

表4-1　期间费用统计表

单位名称：　　　　　　　　　　　　　　　　　　　　　　　　　　　年　　月

期间费用	行　数	本月数	本年累计数
销售费用	1		
管理费用	2		
财务费用	3		
费用合计			

业务操作

1. 设置统计表尺寸

（1）在企业应用平台"业务工作"模块中，执行"财务会计"→"UFO报表"命令，进入UFO报表系统。

（2）执行"文件"→"新建"命令，系统自动生成一张空白表，进入报表"格式"状态窗口。

（3）执行"格式"→"表尺寸"命令，打开"表尺寸"对话框。

（4）设置行数为"8"，列数为"4"，报表行数应包括报表表头、表体和表尾，如图4-4所示。

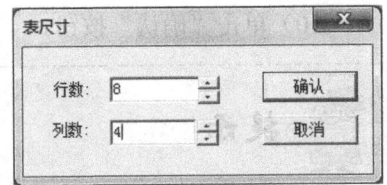

图4-4　表尺寸

（5）单击"确认"按钮，出现8行4列的表格。

> **提示**
>
> 本表的表头部分占三行。

2. 定义行高和列宽

（1）单击选中 A1 单元格，执行"格式"→"行高"命令，打开"行高"对话框。

（2）设置 A1 单元格所在行的行高为"12"，如图 4-5 所示。

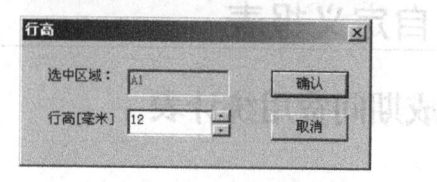

图 4-5　设置行高

（3）单击"确认"按钮。

（4）单击选中 A4 单元格后拖动鼠标指针到 D8 单元格，执行"格式"→"行高"命令，打开"行高"对话框。

（5）设置行高为"6"。

（6）单击"确认"按钮。

（7）单击选中 A1 单元格，执行"格式"→"列宽"命令，打开"列宽"对话框。

（8）设置 A1 单元格所在列的列宽为"100"，如图 4-6 所示。

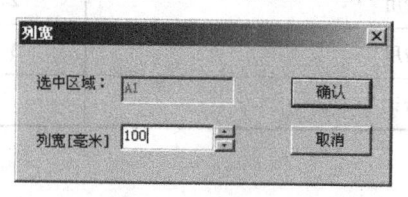

图 4-6　设置列宽

（9）用同样方法，设置 B1 单元格所在列的列宽为"10"，设置 C1 和 D1 单元格所在列的列宽为"32"。

（10）单击"确认"按钮。

> **提示**
>
> 1. 在设置了行高及列宽后，如果觉得不合适，可以直接用鼠标拖动行线及列线改变行高及列宽。
> 2. 设置列宽应以能够放下本栏最宽数据为原则，否则生成报表时会产生数据溢出的问题。

3. 画表格线

单击选中 A4 单元格后拖动鼠标指针到 D8 单元格，执行"格式"→"区域画线"命令，进行画线操作，如图 4-7 所示。

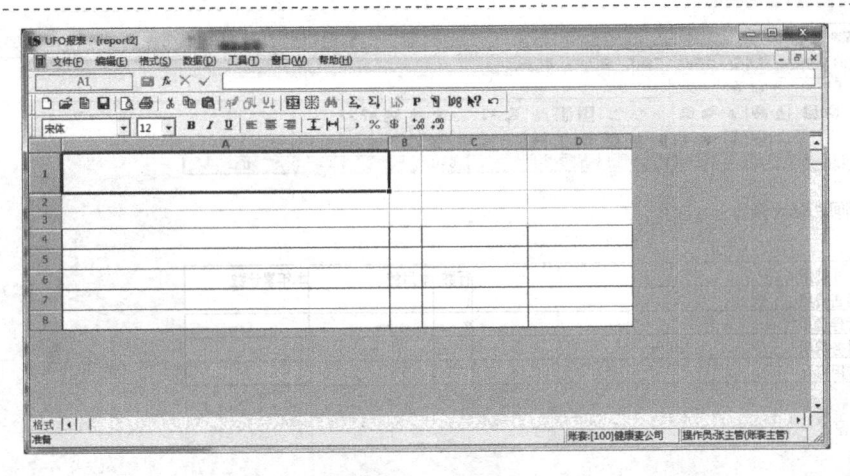

图 4-7 画表格线

> **提示**
> 1. 报表的尺寸设置完之后是没有任何表格线的,为了满足打印的需要,应画出表格线。
> 2. 画表格线时可以根据需要选择不同的画线类型及样式。

4. 定义组合单元

(1) 单击选中 A1 单元格后拖动鼠标指针到 D1 单元格,执行"格式"→"组合单元"命令,打开"组合单元"对话框,如图 4-8 所示。

(2) 单击"按行组合"按钮,将 A1:D1 组合为一个单元。

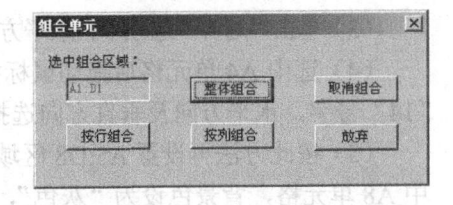

图 4-8 组合单元

> **提示**
> 组合单元格时既可以按行组合,又可以整体组合,即将选中的单元格合并为一个整体。

5. 录入项目内容

根据所给资料直接在对应单元格中录入项目内容,如图 4-9 所示。

> **提示**
> 单位名称和日期无须手工录入,UFO 报表一般将其设置为关键字,后面会讲到关键字的设置方法。

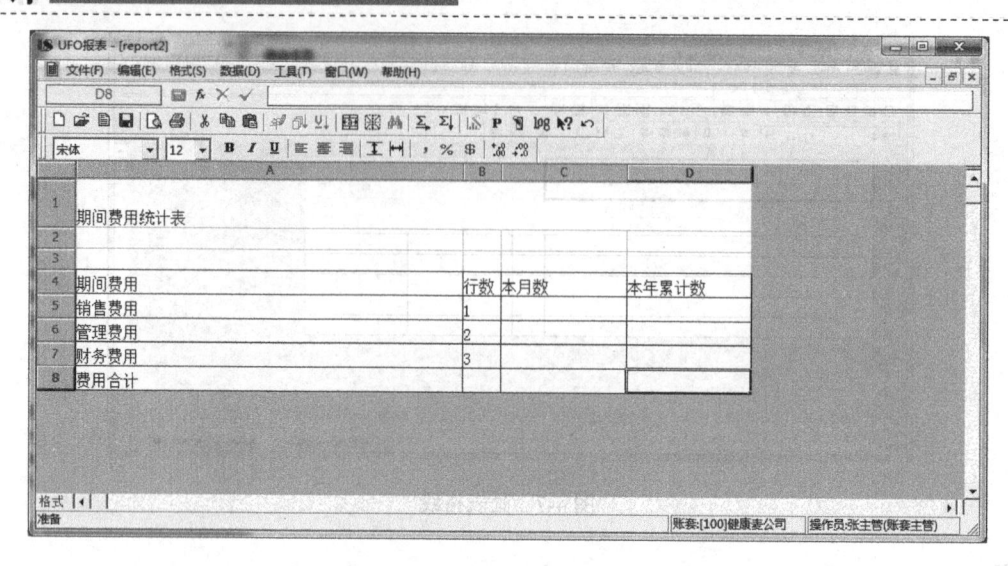

图4-9 录入项目内容

6. 设置单元格属性

（1）选中A1单元格，执行"格式"→"单元属性"命令，打开"单元格属性"对话框。

（2）单击"字体图案"选项卡，选择"字体"下拉列表中的"黑体"，选择"字号"下拉列表中的"28"。

（3）单击"对齐"选项卡，水平方向选择"居中"，垂直方向选择"居中"，单击"确定"按钮。

（4）选中A4单元格后拖动鼠标指针到D4单元格，用同样方法将该区域设置为"宋体""14"号字，水平方向及垂直方向选择"居中"，背景色设为"灰色"。

（5）按此方法再设置A5:D8区域的字体为"宋体"，字号为"14"，单击"确定"按钮，选中A8单元格，背景色设为"灰色"，如图4-10所示。

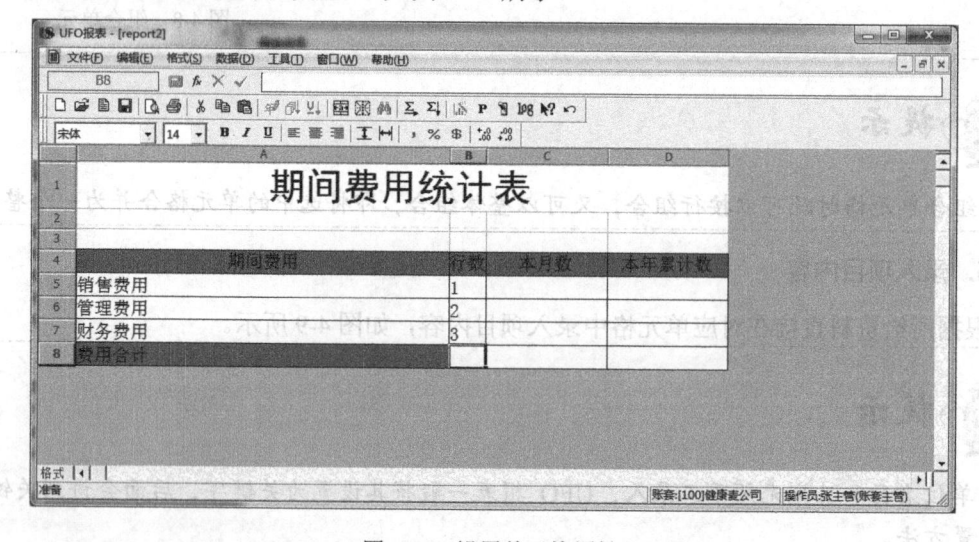

图4-10 设置单元格属性

7. 设置关键字

（1）单击 A3 单元格，执行"数据"→"关键字"→"设置"命令，打开"设置关键字"对话框，如图 4-11 所示。

（2）单击"单位名称"单选按钮，单击"确定"按钮，A3 单元格中显示红色的"单位名称：××××××"，即关键字的意思。

（3）用同样方法，在 C3 单元格中设置关键字"××××年"；在 D3 单元中设置关键字"××月"，如图 4-12 所示。

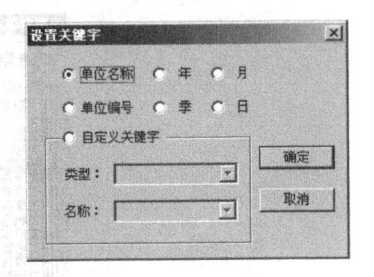

图 4-11　设置关键字

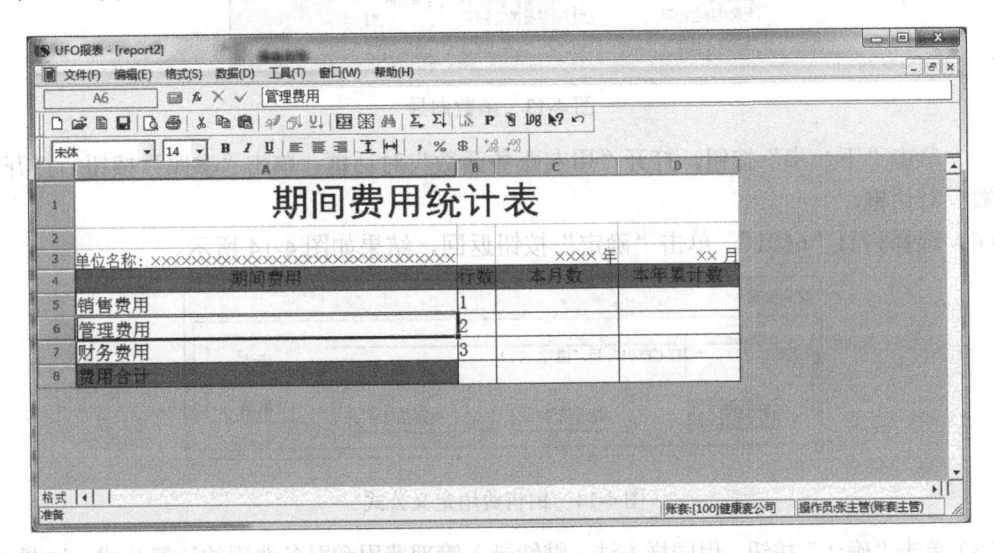

图 4-12　设置关键字

> **提示**
>
> 1. 关键字主要有 6 种，即单位名称、单位编号、年、季、月、日，另外还包括一个自定义关键字，可以根据实际需要任意设置相应的关键字。
> 2. 一个关键字在一个表中只能设置一次，即同一个表中不能有重复的关键字。
> 3. 关键字在"格式"状态窗口下设置，如果设置错误可以取消；关键字的值在"数据"状态窗口下录入，同一个单元格或组合单元格的关键字设置完以后，可能会重叠在一起，如果造成重叠，可以在设置关键字时录入关键字的相对偏移量。偏移量为负数时表示向左移，为正数时表示向右移。

8. 录入单元公式

（1）单击 C5 单元格，执行"数据"→"编辑公式"→"单元公式"命令，打开"定义公式"对话框。

（2）单击"函数向导"按钮，打开"函数向导"对话框，在"函数分类"列表中选择"用友账务函数"，在"函数名"列表中选择"发生（FS）"，如图 4-13 所示。

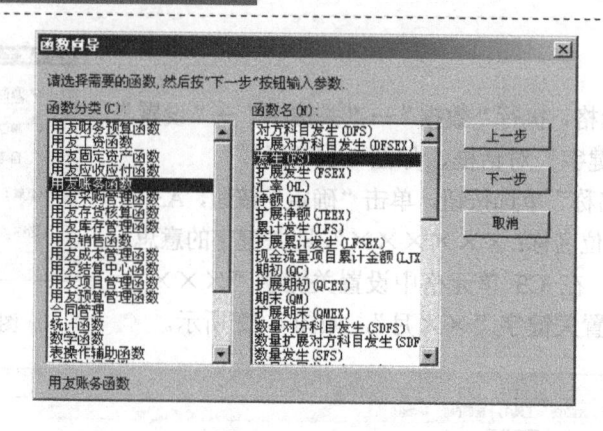

图 4-13 函数向导

（3）单击"下一步"按钮，打开"用友账务函数"对话框。单击"参照"按钮，打开"账务函数"对话框。

（4）选择科目"6601"，单击"确定"按钮返回，结果如图 4-14 所示。

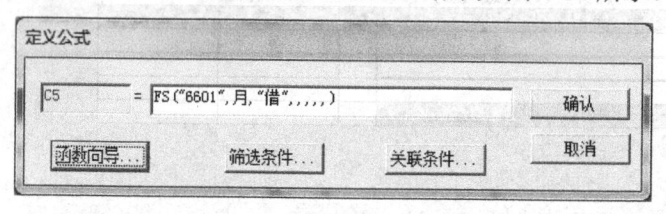

图 4-14 销售费用定义公式

（5）单击"确认"按钮。用同样方法，继续录入管理费用和财务费用的计算公式，如图 4-15、图 4-16 所示。

图 4-15 管理费用定义公式

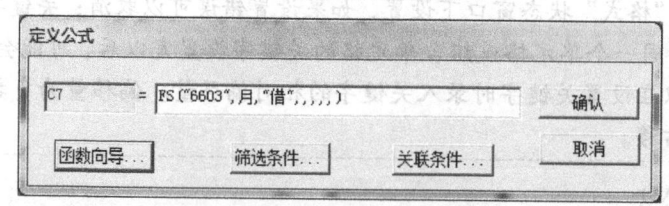

图 4-16 财务费用定义公式

（6）单击 C8 单元格，执行"数据"→"编辑公式"→"单元公式"命令，录入"C5+C6+C7"，如图 4-17 所示。

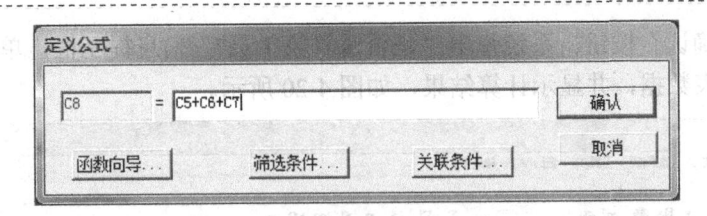

图 4-17　费用合计定义公式

（7）本年累计数公式可以用 LFS 累计发生额函数，方法同 C5 单元格的公式录入，或者单击 C5 单元格，拖动鼠标指针到 D5 单元格，双击 D5 单元格，然后在 FS 函数前面录入"L"（不分大小写），单击"确定"按钮，如图 4-18 所示。用同样方法录入 D6 和 D7 单元格公式，D8 单元格拖动成功后，无须更改。

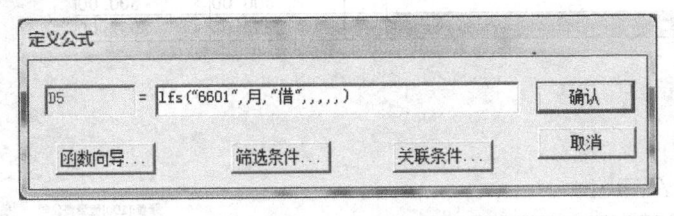

图 4-18　本年累计数的计算公式

> **提示**
> 1. 必须在英文状态下录入公式。
> 2. 公式可以直接录入，也可以利用函数向导参照录入，还可以利用复制、粘贴、修改科目的方法录入。
> 3. 录入的公式必须符合公式的模式，否则会被系统判定为公式错误。

9. 录入关键字并计算报表数据

（1）单击左下角的"格式"按钮，使之变为数据状态。执行"数据"→"关键字"→"录入"命令，打开"录入关键字"对话框。

（2）录入单位名称"健康麦公司"，年"2021"，月"1"，如图 4-19 所示。

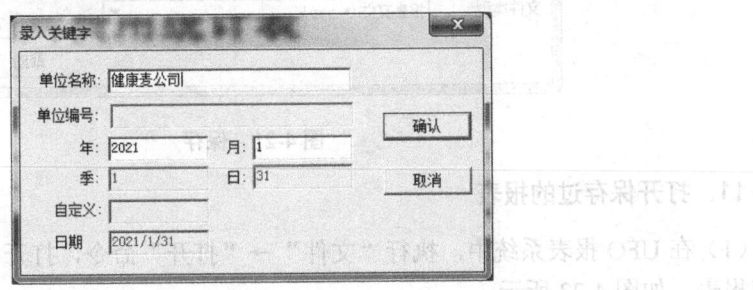

图 4-19　录入关键字

(3) 单击"确认"按钮。系统弹出"是否重算第 1 页?"信息提示框,单击"是"按钮,系统自动计算报表数据,并显示计算结果,如图 4-20 所示。

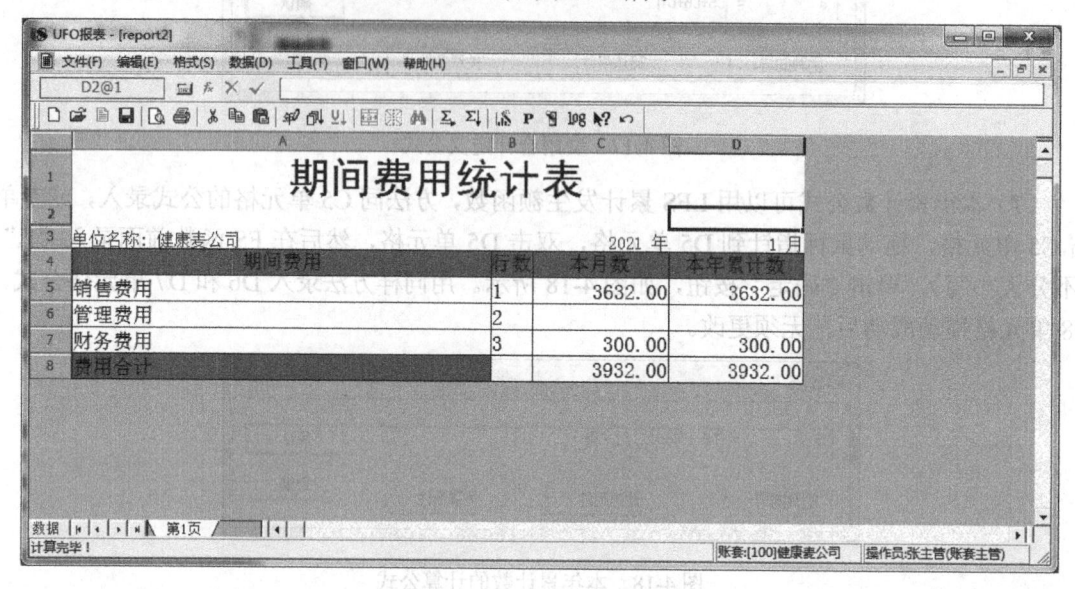

图 4-20 计算报表数据

10. 保存为"1月期间费用统计表"

执行"文件"→"保存"命令,将文件保存在"我的文档"文件夹中,修改文件名为"1月期间费用统计表.rep",单击"保存"或"另存为"按钮,如图 4-21 所示。

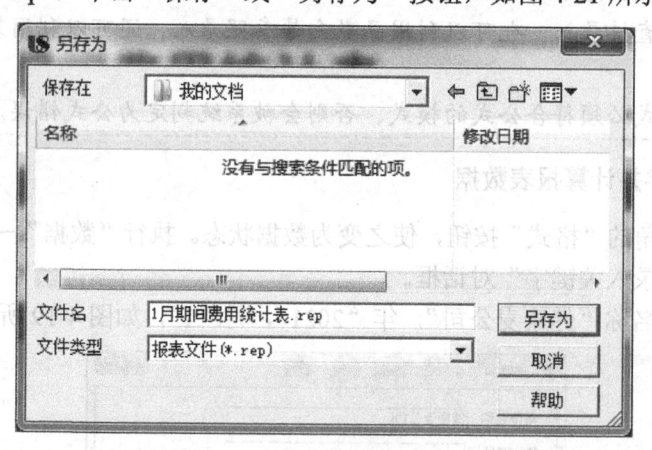

图 4-21 保存

11. 打开保存过的报表

(1) 在 UFO 报表系统中,执行"文件"→"打开"命令,打开"我的文档"文件夹中的相应报表,如图 4-22 所示。

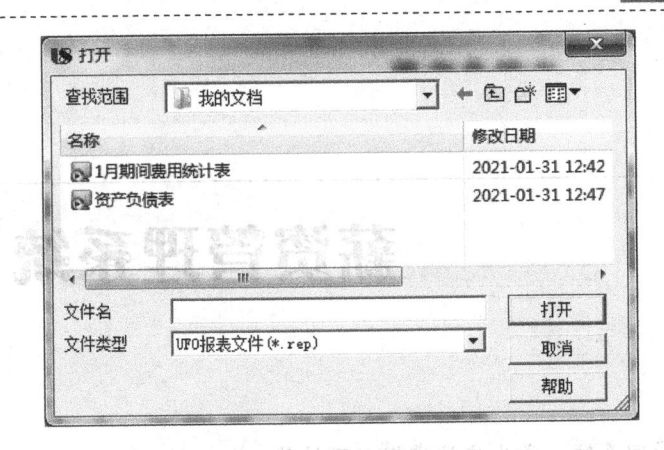

图 4-22 打开已存报表

（2）打开后，自动进入数据处理状态，屏幕左下角的按钮显示为"数据"，即可进行查看。单击"数据"按钮，可切换为"格式"状态，即可进行修改。

项目 5

薪资管理系统

能力目标

通过学习薪资管理系统，学生应该掌握以下技能。
1. 掌握薪资管理系统初始化设置、工资项目设置等基础操作。
2. 掌握工资项目计算公式的设置方法，尤其是一些重要函数的使用方法。
3. 掌握工资的计算、工资的分摊和生成凭证的方法，熟悉有关账表的查询方法。

要求学生能够结合实际工作的需要，灵活应用，熟练掌握个人所得税的计算、工资的计算及工资的相关业务处理。

学习任务 5.1　薪资管理系统初始化

业务 1　设置薪资管理系统初始参数

业务描述

建立工资套，设置工资类别为多个；工资核算本位币为人民币；自动代扣所得税；进行扣零设置且扣零至元。

业务操作

（1）启用薪资管理系统（如已启用，请略过此步骤）：以 001 重新注册，执行"基础设置"→"基本信息"→"系统启用"命令，打开"系统启用"对话框，如图 5-1 所示，选中"WA 薪资管理"复选框，并将启用日期设置为 2021 年 1 月 1 日。

（2）工资套设置：执行"业务工作"→"人力资源"→"薪资管理"命令，打开"建立工资套"对话框，如图 5-2 所示，进行如下设置。

参数设置：工资类别个数选择"多个"，币别选择"人民币 RMB"。

扣税设置：选中"是否从工资中代扣个人所得税"复选框，也就是自动代扣所得税。

扣零设置：选中"扣零"复选框，并选择"扣零至元"选项。

人员编码：无须设置，单击"确定"按钮，完成设置。

薪资管理系统 项目 5

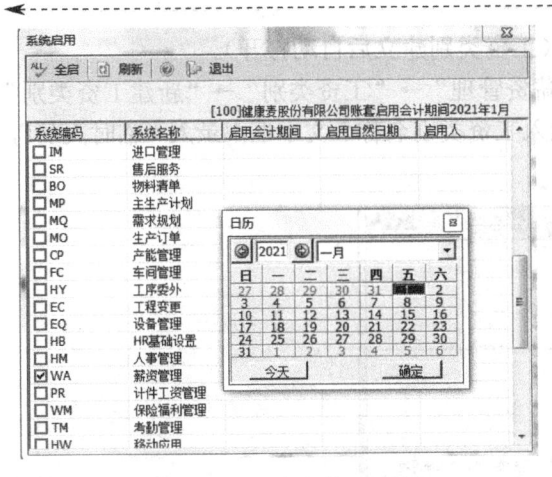

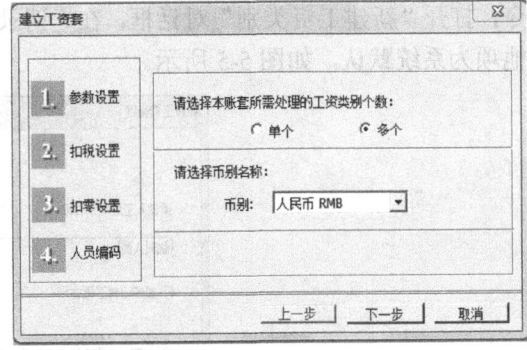

图 5-1　启用薪资管理系统

图 5-2　工资套设置

业务 2　设置工资类别

业务描述

建立两个工资类别，分别为"在职人员"和"临时人员"，在职人员分布在所有部门中，临时人员只分布在行政部。

业务操作

（1）建立"在职人员"工资类别。

① 执行"业务工作"→"人力资源"→"薪资管理"→"工资类别"→"新建工资类别"命令，打开"新建工资类别"对话框，在"请录入工资类别名称"文本框中录入"在职人员"，其他项为系统默认，如图 5-3 所示。

② 单击"下一步"按钮，单击"选定全部部门"按钮，选定全部部门（见图 5-4）。

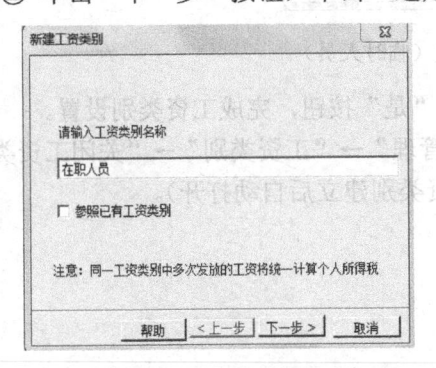

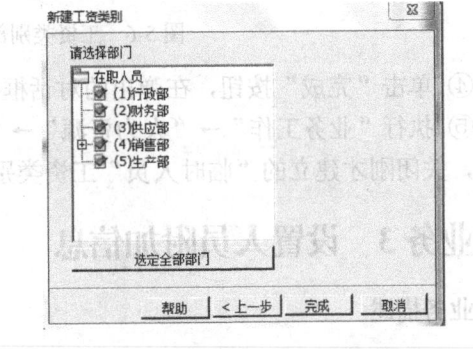

图 5-3　工资类别名称设置（在职人员）　　图 5-4　工资类别部门设置（在职人员）

③ 单击"完成"按钮，在弹出的对话框中再次确认启用日期为"2021 年 1 月 1 日"，单击"是"按钮。

（2）建立"临时人员"工资类别。

① 执行"业务工作"→"人力资源"→"薪资管理"→"工资类别"→"关闭工资类别"

命令，关闭刚才建立的"在职人员"工资类别（工资类别建立后自动打开）。

② 执行"业务工作"→"人力资源"→"薪资管理"→"工资类别"→"新建工资类别"命令，打开"新建工资类别"对话框，在"请录入工资类别名称"文本框中录入"临时人员"，其他项为系统默认，如图5-5所示。

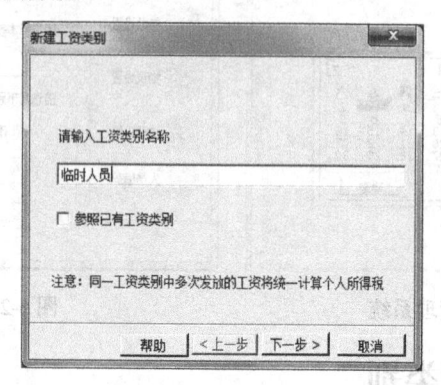

图5-5 工资类别名称设置（临时人员）

③ 单击"下一步"按钮，选中"（1）行政部"复选框，如图5-6所示。

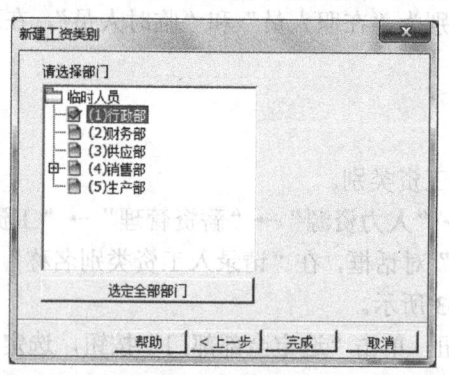

图5-6 工资类别部门设置（临时人员）

④ 单击"完成"按钮，在弹出的对话框中单击"是"按钮，完成工资类别设置。

⑤ 执行"业务工作"→"人力资源"→"薪资管理"→"工资类别"→"关闭工资类别"命令，关闭刚才建立的"临时人员"工资类别（工资类别建立后自动打开）。

业务3 设置人员附加信息

业务描述

统一设置所有工资类别的人员附加信息：增加"性别"和"年龄"。

业务操作

确保打开的工资类别关闭。

(1) 执行"业务工作"→"人力资源"→"薪资管理"→"设置"→"人员附加信息设置"命令，打开"人员附加信息设置"对话框，如图 5-7 所示。

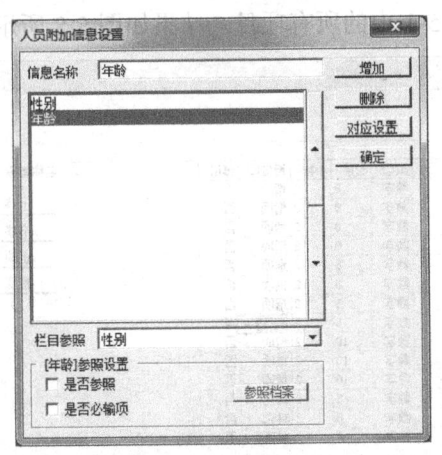

图 5-7　人员附加信息设置

(2) 单击"增加"按钮，在"信息名称"文本框中录入"性别"，单击"增加"按钮。
(3) 在"信息名称"文本框中录入"年龄"，敲击回车键，单击"确定"按钮，完成人员附加信息设置。

业务 4　设置所有工资类别的工资项目

业务描述

统一设置所有工资类别的工资项目（见表 5-1）。

表 5-1　工资项目

工资项目名称	增 减 项	工资项目名称	增 减 项
基本工资	增项	奖金	增项
职务补贴	增项	缺勤扣款	减项
福利补贴	增项	住房公积金	增项
交通补贴	增项	缺勤天数	其他

业务操作

确保没有打开任何工资类别。
(1) 执行"业务工作"→"人力资源"→"薪资管理"→"设置"→"工资项目设置"命令，打开"工资项目设置"对话框。
注意：对话框中显示的工资项目为系统项目，无须再添加同样名称的工资项目，系统项目不要删除、更改。
(2) 单击"增加"按钮，添加一个空项目，在"工资项目名称"文本框中录入"基本工资"，设置增减项为"增项"，其他项为系统默认。

（3）再单击"增加"按钮，添加一个空项目，在"工资项目名称"文本框中录入"职务补贴"，设置增减项为"增项"，其他项为系统默认。

（4）按以上方法添加表5-1中的所有项目，结果如图5-8所示。

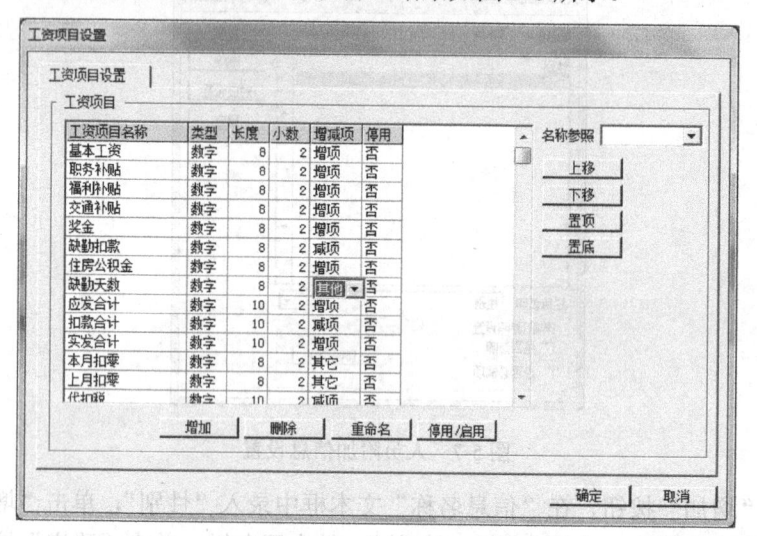

图5-8 设置所有工资类别的工资项目

（5）单击"确定"按钮，完成工资项目设置。

系统弹出"工资项目已经改变，请确认各工资类别的公式是否正确。否则计算结果可能不正确"信息提示框，如图5-9所示。单击"确定"按钮。

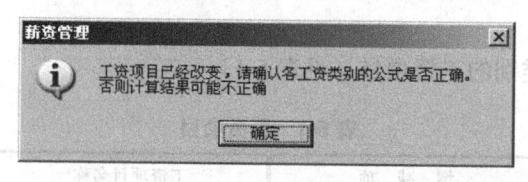

图5-9 信息提示框

业务5 设置银行档案

业务描述

银行名称为"中国农业银行"，个人账号长度为11位，录入时自动带出账号长度为8位。

业务操作

（1）执行"基础设置"→"基础档案"→"收付结算"→"银行档案"命令，打开"银行档案"窗口。

（2）选择"中国农业银行"，单击工具栏上"修改"按钮，在"修改银行档案"对话框中按要求设置（见图5-10）。

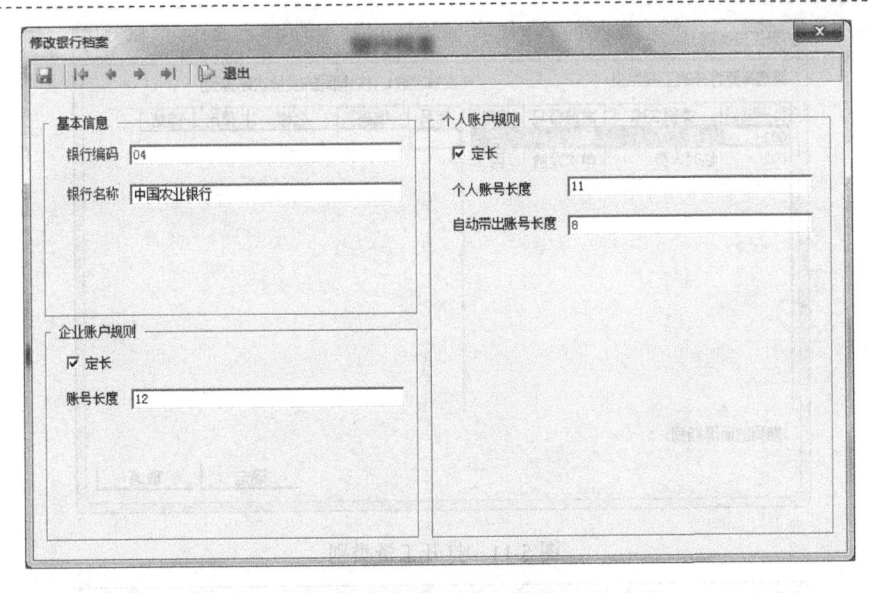

图 5-10　设置银行档案

(3) 单击"保存"按钮。
(4) 单击"退出"按钮，关闭窗口，出现信息提示框，选择"否"。

业务 6　设置不同工资类别的工资项目

业务描述

设置"在职人员"类别的工资项目为前面录入的所有工资项目。
设置"临时人员"类别的工资项目为"基本工资"和"住房公积金"两个工资项目。

业务操作

1. 设置"在职人员"的工资项目

(1) 执行"业务工作"→"人力资源"→"薪资管理"→"工资类别"→"打开工资类别"命令，打开"打开工资类别"对话框，如图 5-11 所示。选中"在职人员"行，单击"确定"按钮。
(2) 执行"业务工作"→"人力资源"→"薪资管理"→"设置"→"工资项目设置"命令，打开"工资项目设置"对话框。
(3) 选择第一行"应发合计"，单击"增加"按钮，添加一空行。
(4) 在"名称参照"下拉列表中选择"基本工资"。
(5) 选中"基本工资"行，单击"上移"按钮，直至将其移动到第一行。
(6) 再单击"增加"按钮，添加一空行。
(7) 在"名称参照"下拉列表中选择"职务补贴"。
(8) 选中"职务补贴"行，单击"上移"按钮，直至将其移动到第二行，再按以上方法将所有的工资项目都设置好，结果如图 5-12 所示。
(9) 单击"确定"按钮，关闭窗口。

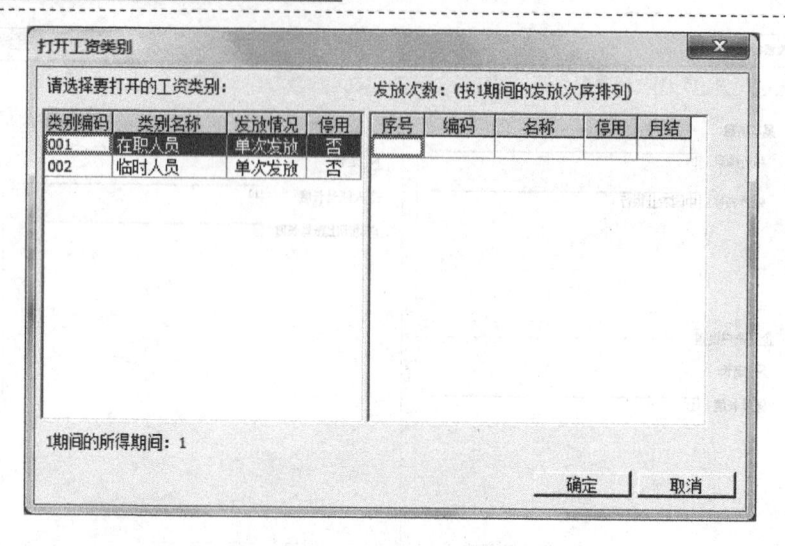

图 5-11 打开工资类别

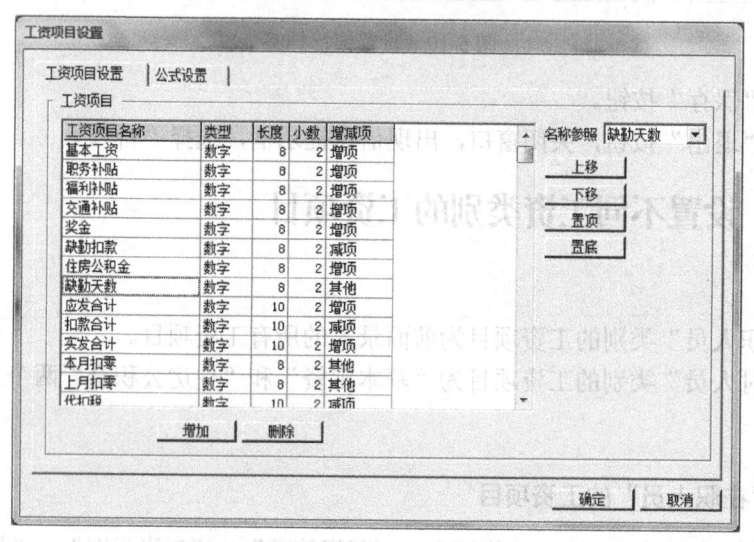

图 5-12 设置"在职人员"的工资项目

2. 设置"临时人员"的工资项目

（1）执行"业务工作"→"人力资源"→"薪资管理"→"工资类别"→"关闭工资类别"命令，关闭当前打开的"在职人员"工资类别。

（2）执行"业务工作"→"人力资源"→"薪资管理"→"工资类别"→"打开工资类别"命令，打开"临时人员"工资类别。

（3）按照设置"在职人员"工资项目的方法，设置"临时人员"的两个工资项目——"基本工资"和"住房公积金"（见图5-13）。

（4）单击"确定"按钮，关闭窗口，完成设置。

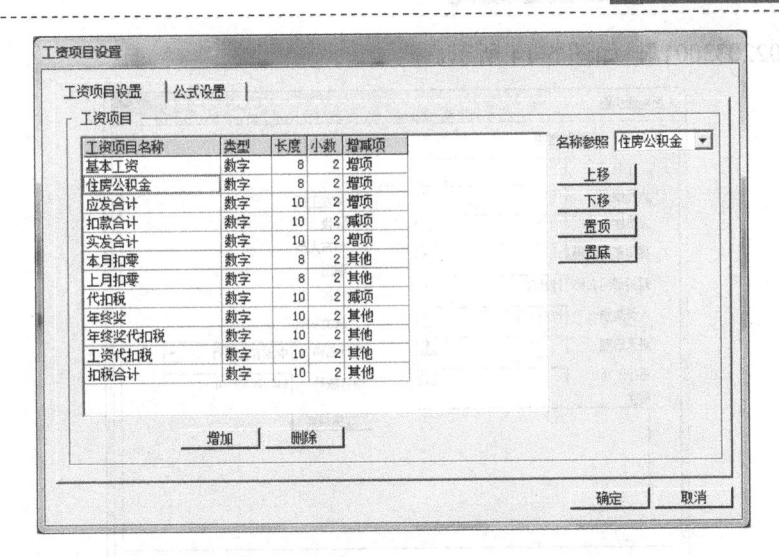

图 5-13 设置"临时人员"的工资项目

业务 7 设置"在职人员"的人员档案

业务描述

设置"在职人员"的人员档案,具体如表 5-2 所示。

表 5-2 "在职人员"的人员档案

人员编码	人员姓名	性 别	年龄/岁	人员类别	行政部门	银行代发账号
001	刘力	男	25	行政人员	行政部	11022033001
002	张主管	男	30	行政人员	财务部	11022033002
003	张会计	男	26	行政人员	财务部	11022033003
004	张出纳	女	35	行政人员	财务部	11022033004
005	周贝	男	30	购销人员	供应部	11022033005
006	刘销售	女	25	购销人员	销售一科	11022033006
007	韩销售	男	28	购销人员	销售二科	11022033007
008	李阳	男	40	车间管理人员	生产部	11022033008
009	张山	男	40	车间工人	生产部	11022033009

业务操作

(1)打开"在职人员"工资类别。

(2)执行"业务工作"→"人力资源"→"薪资管理"→"设置"→"人员档案"命令,打开"人员档案"窗口。

(3)单击"增加"按钮,打开"人员档案明细"对话框。

(4)在"基本信息"选项卡中,单击"人员姓名"栏后的参照按钮,选择"刘力",带出其他相关信息,选择"银行名称"下拉列表中的"中国农业银行"选项,在"银行账号"文本框中录入"11022033001",如图5-14所示。

图5-14 设置人员档案

(5) 单击"附加信息"选项卡,在"性别"文本框中录入"男",在"年龄"文本框中录入"25"。

(6) 单击"确定"按钮保存。

(7) 依照上述方法,依次添加其他人员档案。

注意:除了逐个增加人员档案,我们也可以在"人员档案"窗口单击"批增"按钮,打开"人员批量增加"对话框,然后选中所有部门,单击"查询"按钮,查询出所有人员,单击"全选"按钮,再单击"确定"按钮,一次添加所有人员档案,如图5-15所示。

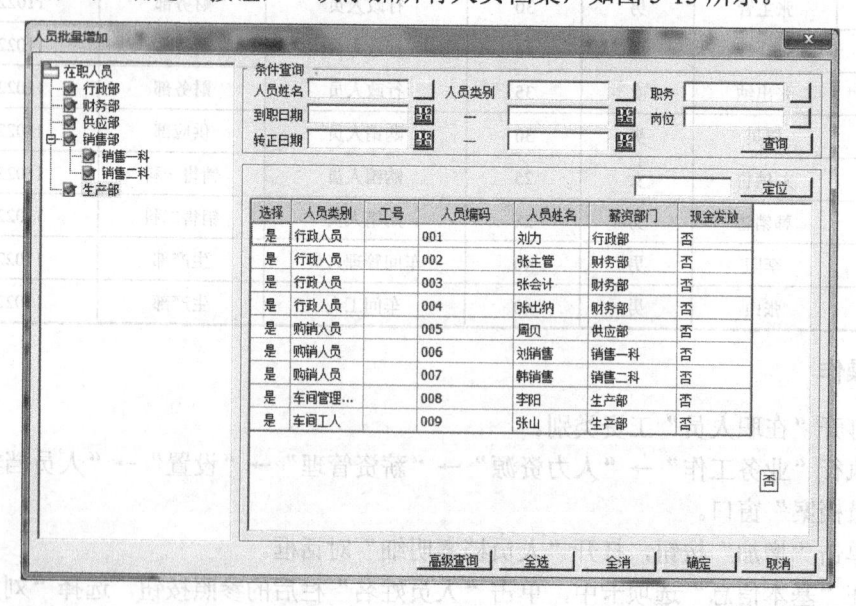

图5-15 批量增加人员档案

（8）录入完成之后如图5-16所示。

人员编码	人员姓名	人员类别	账号	中方人员	是否计税	工资停发	核算计件工资	现金发放	进入日期	离开日期	性别	年龄
001	刘力	行政人员	11022033001	是	是	否	否	否			男	25
002	张主管	行政人员	11022033002	是	是	否	否	否			男	30
003	张会计	行政人员	11022033003	是	是	否	否	否			男	26
004	张出纳	行政人员	11022033004	是	是	否	否	否			女	35
005	周贝	购销人员	11022033005	是	是	否	否	否			男	30
006	刘纳售	购销人员	11022033006	是	是	否	否	否			女	25
007	韩纳售	购销人员	11022033007	是	是	否	否	否			男	28
008	李阳	车间管理人员	11022033008	是	是	否	否	否			男	40
009	张山	车间工人	11022033009	是	是	否	否	否			男	40

图5-16 人员档案录入完成

业务8 设置"在职人员"的工资项目计算公式

业务描述

设置"在职人员"相关工资项目的计算公式，要求如下。
（1）缺勤扣款=基本工资/22*缺勤天数。
（2）行政人员和购销人员的交通补助为每月100元，其他人员的交通补助为每月50元。
（3）住房公积金=（基本工资+职务补贴+福利补贴+交通补贴+奖金）*0.08。

业务操作

确保"在职人员"工资类别打开。

1. 设置"缺勤扣款"和"住房公积金"的公式

（1）执行"业务工作"→"人力资源"→"薪资管理"→"设置"→"工资项目设置"命令，打开"工资项目设置"对话框，单击"公式设置"选项卡。
（2）单击"增加"按钮，在列表框中选择"缺勤扣款"。
（3）单击"缺勤扣款公式定义"区域，在下方的"工资项目"列表中选择"基本工资"选项，单击运算符区域中的"/"，在"缺勤扣款公式定义"区域中继续录入"22"，单击运算符区域中的"*"，再选择"工资项目"列表中的"缺勤天数"选项，如图5-17所示。
（4）单击"公式确认"按钮，完成"缺勤扣款"的公式设置。
（5）按上述方法，设置"住房公积金"的公式，如图5-18所示。

2. 设置"交通补贴"的计算公式

（1）在"工资项目设置"对话框中，单击"公式设置"选项卡，单击"增加"按钮，从列表框中选择"交通补贴"。
（2）单击"函数公式向导输入"按钮，打开"函数向导——步骤之1"对话框。

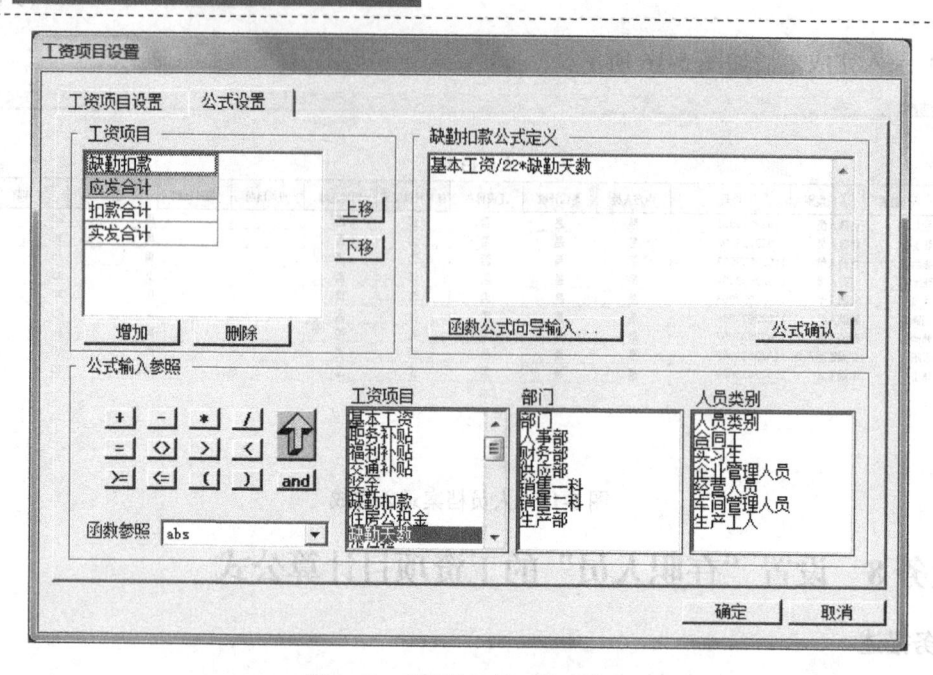

图 5-17 "缺勤扣款"公式设置

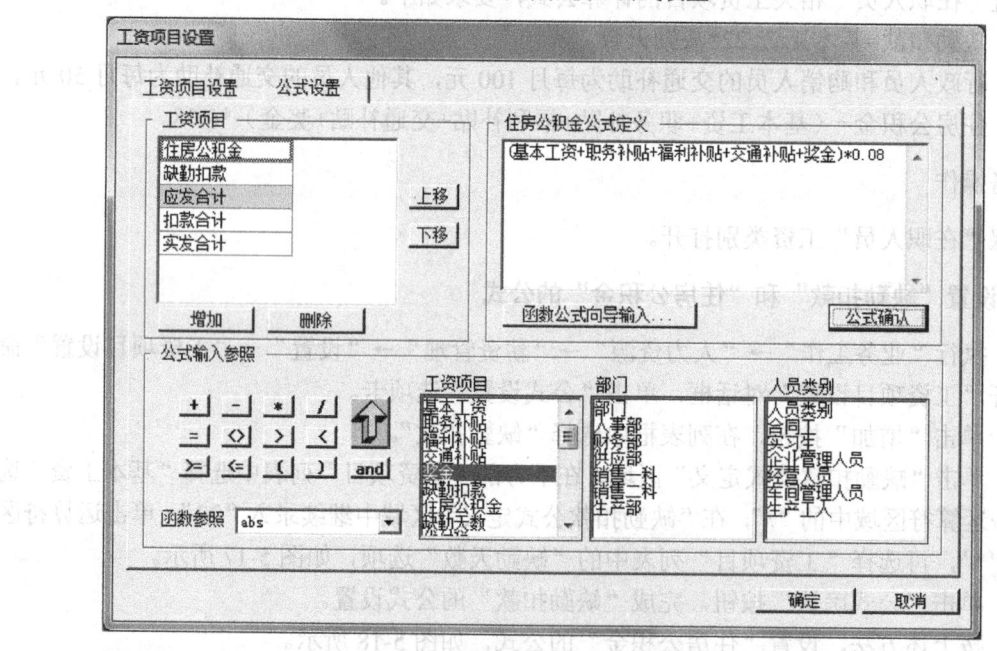

图 5-18 "住房公积金"公式设置

（3）选择"函数名"下拉列表中的"iff"选项，如图 5-19 所示。
（4）单击"下一步"按钮，打开"函数向导——步骤之 2"对话框，如图 5-20 所示。

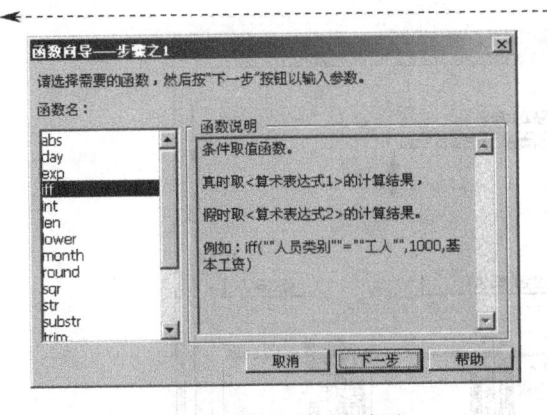

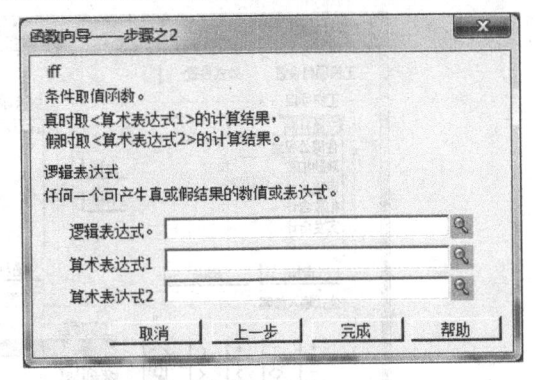

图 5-19　函数向导——步骤 1

图 5-20　函数向导——步骤 2

（5）单击"逻辑表达式"栏的参照按钮，打开"参照"对话框。
（6）选择"参照列表"下拉列表中的"人员类别"选项，再选中"行政人员"，如图 5-21 所示。

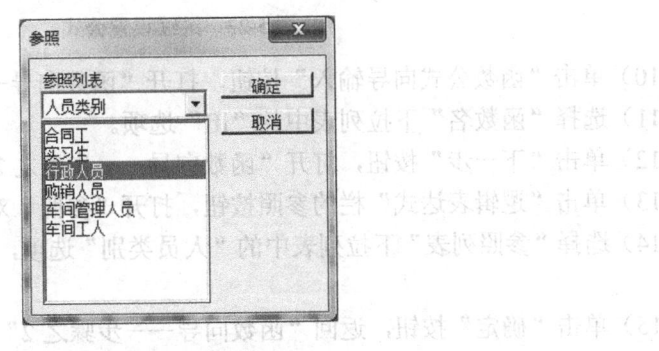

图 5-21　设置参照

（7）单击"确定"按钮，返回"函数向导——步骤之 2"对话框。
（8）在"算术表达式 1"文本框中录入"100"，如图 5-22 所示。

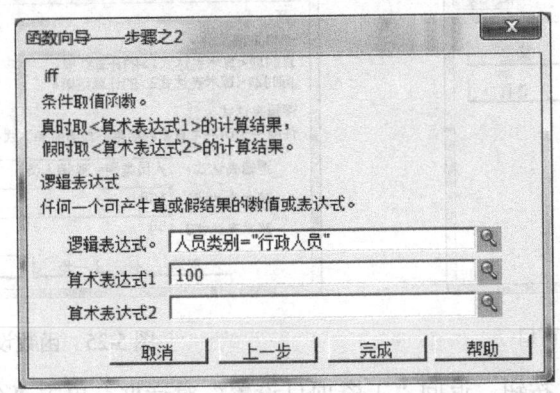

图 5-22　设置算术表达式

（9）单击"完成"按钮，返回"工资项目设置"对话框，然后把光标放在后半个括号的前面，如图 5-23 所示。

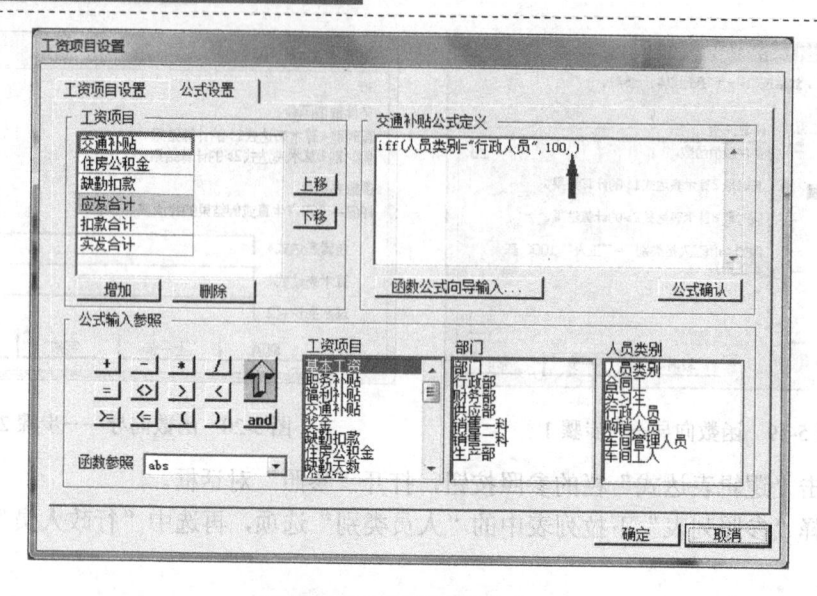

图 5-23 继续设置公式

（10）单击"函数公式向导输入"按钮，打开"函数向导——步骤之 1"对话框。
（11）选择"函数名"下拉列表中的"iff"选项。
（12）单击"下一步"按钮，打开"函数向导——步骤之 2"对话框。
（13）单击"逻辑表达式"栏的参照按钮，打开"参照"对话框。
（14）选择"参照列表"下拉列表中的"人员类别"选项，再选中"购销人员"，如图 5-24 所示。
（15）单击"确定"按钮，返回"函数向导——步骤之 2"对话框。
（16）在"算术表达式 1"文本框中录入"100"，在"算术表达式 2"文本框中录入"50"，如图 5-25 所示。

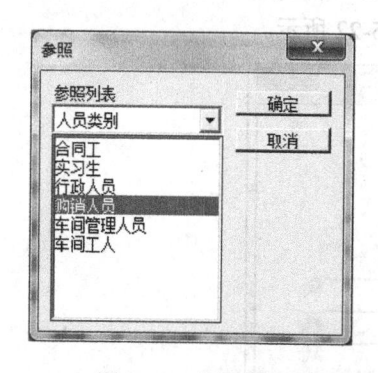

图 5-24 参照窗口　　　图 5-25 函数设置

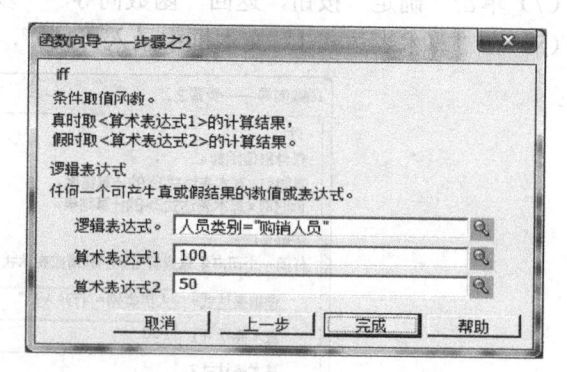

（17）单击"完成"按钮，返回"工资项目设置"对话框，单击"公式确认"按钮。
（18）单击"确定"按钮，完成"交通补贴"的公式设置。

> **提示**
>
> 1. 工资套与企业核算账套是不同的概念，工资套是企业核算账套的一个组成部分。
> 2. 如果单位中有多种不同类别（部门）的人员，工资项目不尽相同，计算公式也不相同，但需要进行统一工资核算管理，应选择"多个"工资类别。反之，如果单位中所有人员工资按统一标准进行管理，而且人员的工资项目、工资计算公式全部相同，则选择"单个"工资类别。
> 3. 选择代扣个人所得税后，系统将自动生成工资项目"代扣税"，并自动进行代扣税金的计算。
> 4. 扣零处理是指每次发放工资时将零头扣下，积累取整，在下次发放工资时补上，系统在计算工资时将依据扣零类型（扣零至元、扣零至角、扣零至分）进行扣零计算。
> 5. 建账完成后，部分建账参数可以在"选项"中进行修改。

学习任务 5.2 薪资日常业务处理

业务 1 更改个人所得税税率

业务描述

将个人所得税进行如下设置：计税项目为"实发合计"，扣除基数为 5 000 元，税率为 7 级超额累进税率，如表 5-3 所示。

表 5-3 个人所得税税率表 单位：元

应纳税所得额下限	应纳税所得额上限	税率/%	速算扣除数
0	3 000	3	0
3 000	12 000	10	210
12 000	25 000	20	1 410
25 000	35 000	25	2 660
35 000	55 000	30	4 410
55 000	80 000	35	7 160
80 000		45	15 160

业务操作

（1）打开"在职人员"工资类别。

（2）执行"业务工作"→"人力资源"→"薪资管理"→"设置"→"选项"命令，打开"选项"对话框，单击"扣税设置"选项卡，单击"编辑"按钮，选择"实发合计"，如图 5-26 所示。

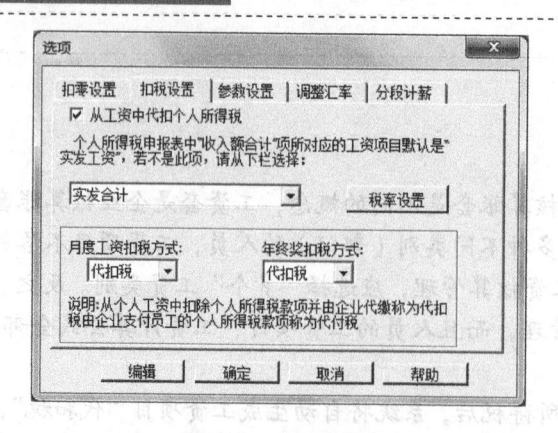

图 5-26 扣税设置

（3）单击"税率设置"按钮，打开"个人所得税申报表——税率表"对话框，设置"基数"为"5 000.00"，附加费用为默认值。

（4）选中最后一行，单击"删除"按钮，重复此操作直到剩下 7 行。

（5）按照表 5-3 的内容设置税率，结果如图 5-27 所示。

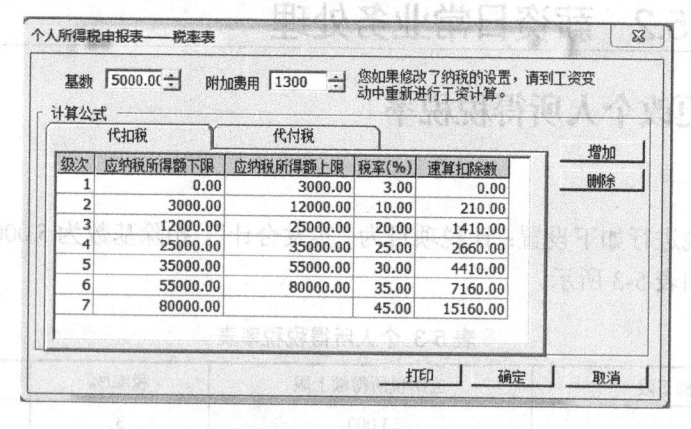

图 5-27 设置税率

（6）单击"确定"按钮，完成税率设置。

业务 2　录入工资数据

业务描述

2021 年 1 月有关的工资数据如表 5-4 所示。之后，将本月车间工人奖金加 500 元。

表 5-4　2021 年 1 月有关的工资数据

人员编码	人员姓名	基本工资/元	职务补贴/元	福利补贴/元	奖金/元	缺勤天数/天
001	刘力	4 000	3 000	700	1 300	
002	张主管	3 300	2 500	700	1 300	
003	张会计	2 800	2 000	700	1 300	3

续表

人员编码	人员姓名	基本工资/元	职务补贴/元	福利补贴/元	奖金/元	缺勤天数/天
004	张出纳	3 300	2 000	700	1 300	
005	周贝	2 500	1 900	700	1 500	
006	刘销售	2 500	1 900	700	1 700	
007	韩销售	2 500	1 900	700	1 700	
008	李阳	2 500	2 000	700	1 600	
009	张山	2 200		700	1 500	2

业务操作

打开"在职人员"工资类别。

（1）执行"业务工作"→"人力资源"→"薪资管理"→"业务处理"→"工资变动"命令，打开"工资变动"窗口。

（2）按照表5-4的内容录入基本工资、职务补贴、奖金和缺勤天数的相关数据，如图5-28所示。

图5-28 录入工资数据

（3）"福利补贴"的数值是一样的，我们可以利用替换功能来快速录入。

① 单击"全选"按钮，使所有"选择"栏中都显示"Y"，如图5-29所示。

图5-29 选中所有工资数据行

② 单击"替换"按钮，打开"工资项数据替换"对话框，将工资项目"福利补贴"替换成"700"，如图5-30所示。

③ 单击"确定"按钮，系统弹出"数据替换后将不可恢复，是否继续？"信息提示框，单击"是"按钮，系统继续弹出"9条记录被替换，是否重新计算？"信息提示框，单击"是"按钮返回，如图5-31所示。

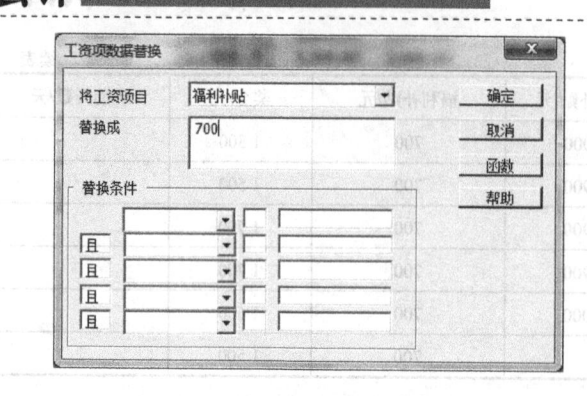

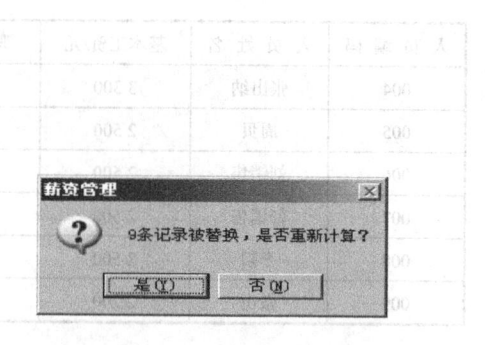

图 5-30 替换"福利补贴"

图 5-31 替换提示

（4）单击"计算"按钮，单击"汇总"按钮，系统会按照前面设置好的公式自动计算出"缺勤扣款""住房公积金""应发合计"等项目的金额，如图 5-32 所示。

人员编码	姓名	部门	人员类别	基本工资	职务补贴	福利补贴	交通补贴	奖金	缺勤扣款	住房公积金	缺勤天数	应发合计	扣款合计	实发合计
001	刘力	行政部	行政人员	4,000.00	3,000.00	700.00	100.00	1,300.00		728.00		9,828.00	272.80	9,550.00
002	张主管	财务部	行政人员	3,300.00	2,500.00	700.00	100.00	1,300.00		632.00		8,532.00	143.20	8,380.00
003	张会计	财务部	行政人员	2,800.00	2,000.00	700.00	100.00	1,300.00	381.82	552.00	3.00	7,452.00	443.93	7,000.00
004	张出纳	财务部	行政人员	3,300.00	2,000.00	700.00	100.00	1,300.00		592.00		7,992.00	89.76	7,900.00
005	周贝	供应部	购销人员	2,500.00	1,900.00	700.00	100.00	1,500.00		536.00		7,236.00	67.08	7,160.00
006	刘销售	销售一科	购销人员	2,500.00	1,900.00	700.00	100.00	1,700.00		552.00		7,452.00	73.56	7,370.00
007	韩销售	销售二科	购销人员	2,500.00	1,900.00	700.00	100.00	1,700.00		552.00		7,452.00	73.56	7,370.00
008	李阳	生产部	车间管理人员	2,500.00	2,000.00	700.00	50.00	1,600.00		548.00		7,398.00	71.94	7,320.00
009	张山	生产部	车间工人	2,200.00		700.00	50.00	1,500.00	200.00	356.00	2.00	4,806.00	204.38	5,140.00
				25,600.00	17,200.00	6,300.00	800.00	13,200.00	581.82	5,048.00	5.00	68,148.00	1,440.21	67,190.00

图 5-32 全部工资项目

（5）将本月车间工人的奖金增加 500 元，可以手动更改，但是现实中如果车间工人很多，可以全选后使用替换功能，要注意填写替换条件，替换操作如图 5-33 所示。替换后，张山的奖金数为 2000 元。

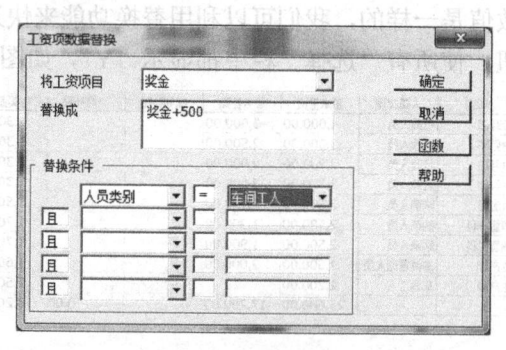

图 5-33 替换奖金

（6）单击"计算"按钮，单击"汇总"按钮。

注意：

在修改了某些数据、重新设置了计算公式、进行了数据替换或在个人所得税中选择了自动扣税等操作，必须使用"计算"和"汇总"功能对个人工资数据重新进行计算，以保证数据的正确性。

业务3 查看扣缴所得税和银行代发一览表

业务描述

工资数据录入完成后，系统会自动进行个人所得税的扣缴，我们可以查询所得税的扣缴情况；系统也会自动生成银行代发一览表供用户查看。

业务操作

1. 查看扣缴所得税

（1）执行"业务工作"→"人力资源"→"薪资管理"→"业务处理"→"扣缴所得税"命令，打开"个人所得税申报模板"对话框。

（2）选择"个人所得税年度申报表"选项，单击"打开"按钮，进入"所得税申报"窗口，系统扣缴个人所得税年度申报表如图5-34所示。

系统扣缴个人所得税年度申报表
2021年1月 – 2021年1月

总人数：9

姓名	证…	所得…	所属期间	所属期间	收入额	减费用额	应纳税所…	税率	速算…	应纳税额	已扣缴税款
刘力		工资	20210101	20211231			4828.00	10	210.00	272.80	272.80
张主管		工资	20210101	20211231			3532.00	10	210.00	143.20	143.20
张会计		工资	20210101	20211231			2070.18	3	0.00	62.11	62.11
张出纳		工资	20210101	20211231			2992.00	3	0.00	89.76	89.76
周贝		工资	20210101	20211231			2236.00	3	0.00	67.08	67.08
刘销售		工资	20210101	20211231			2452.00	3	0.00	73.56	73.56
韩销售		工资	20210101	20211231			2452.00	3	0.00	73.56	73.56
李阳		工资	20210101	20211231			2398.00	3	0.00	71.94	71.94
张山		工资	20210101	20211231			146.00	3	0.00	4.38	4.38
合计							23106.18		420.00	858.39	858.39

图5-34 个人所得税年度申报表

2. 查看银行代发一览表

（1）执行"业务工作"→"人力资源"→"薪资管理"→"业务处理"→"银行代发"命令，打开"请选择部门范围"对话框（见图5-35），选择所有部门，单击"确定"按钮。

（2）在弹出的"银行文件格式设置"对话框中，选择"中国农业银行"，如图5-36所示，单击"确定"按钮，在出现的信息提示框中单击"是"按钮。

（3）生成如图5-37所示的银行代发一览表。

注意：如果银行名称选择错误，将不能生成数据。可以单击"格式"按钮，重新选择银行名称。

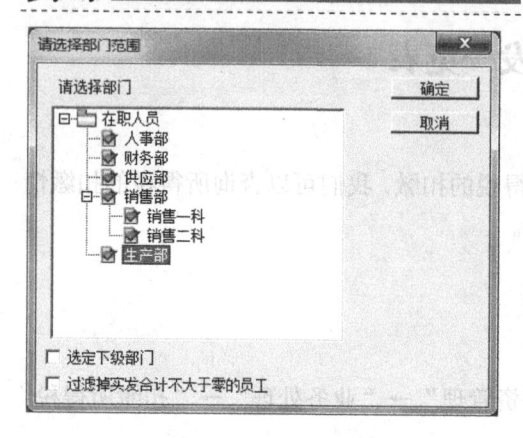

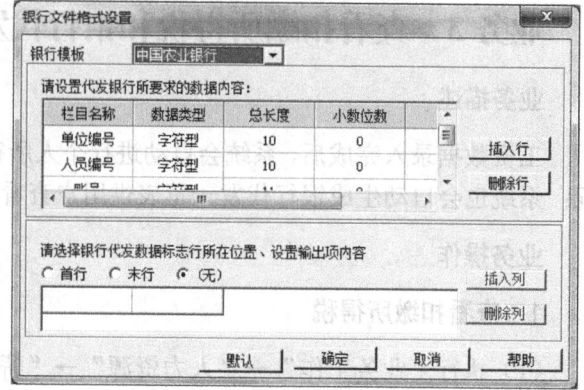

图 5-35 选择部门范围　　　　图 5-36 设置银行文件格式

银行代发一览表

名称：中国农业银行　　　　　　　　　　　　　　　　　　　　　人数：9

单位编号	人员编号	账号	金额	录入日期
1234934325	001	11022033001	9550.00	20220323
1234934325	002	11022033002	8380.00	20220323
1234934325	003	11022033003	7000.00	20220323
1234934325	004	11022033004	7900.00	20220323
1234934325	005	11022033005	7160.00	20220323
1234934325	006	11022033006	7370.00	20220323
1234934325	007	11022033007	7370.00	20220323
1234934325	008	11022033008	7320.00	20220323
1234934325	009	11022033009	5140.00	20220323
合计			67,190.00	

图 5-37 银行代发一览表

业务 4　工资分摊设置

业务描述

月末要将工资数据进行分摊，计入成本费用，同时计入应付职工薪酬。本书要求按表 5-5 来分摊应付工资和应付福利费，应付福利费按工资的 14% 计提。

表 5-5　工资分摊设置

计提类型	部门	人员类别	借方科目	贷方科目
应付工资	行政部、财务部	行政人员	管理费用——工资	应付职工薪酬——工资
	供应部、销售部	购销人员	销售费用	
	生产部	车间管理人员	制造费用	
	生产部	车间工人	生产成本	
应付福利费	行政部、财务部	行政人员	管理费用——福利费	应付职工薪酬——福利费
	供应部、销售部	购销人员	销售费用	
	生产部	车间管理人员	制造费用	
	生产部	车间工人	生产成本	

业务操作

确保打开"在职人员"工资类别。

(1) 执行"业务工作"→"人力资源"→"薪资管理"→"业务处理"→"工资分摊"命令,打开"工资分摊"对话框,如图 5-38 所示。

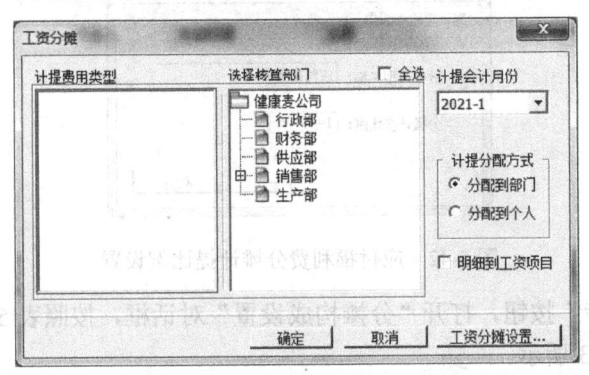

图 5-38 "工资分摊"对话框

(2) 单击"工资分摊设置..."按钮,打开"分摊类型设置"对话框,如图 5-39 所示。
(3) 单击"增加"按钮,打开"分摊计提比例设置"对话框,如图 5-40 所示。

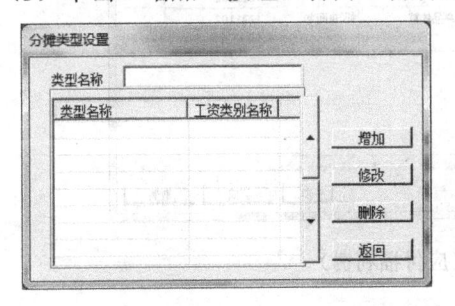

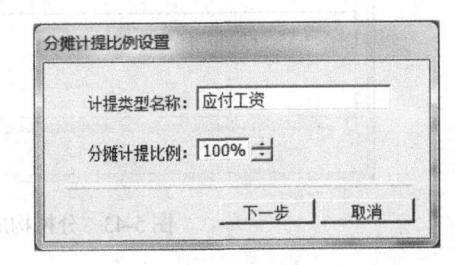

图 5-39 "分摊类型设置"对话框   图 5-40 应付工资分摊计提比例设置

(4) 在"计提类型名称:"文本框中录入"应付工资","分摊计提比例:"文本框中录入"100%",单击"下一步"按钮,打开"分摊构成设置"对话框,如图 5-41 所示。

部门名称	人员类别	工资项目	借方科目	借方项目大类	借方项目	贷方科目	贷方
行政部,财务部	行政人员	应发合计	660203			221101	
供应部,销售一科,销售二科	购销人员	应发合计	6601			221101	
生产部	车间管理人员	应发合计	5101			221101	
生产部	车间工人	应发合计	500102	产品核算	奶油面包	221101	

图 5-41 分摊构成设置(应付工资)

（5）在"分摊构成设置"对话框中，按照表5-5的内容录入分摊设置内容，单击"完成"按钮，返回"分摊类型设置"对话框。

（6）再单击"增加"按钮，打开"分摊计提比例设置"对话框，在"计提类型名称："文本框中录入"应付福利费"，"分摊计提比例："文本框中录入"14%"，如图5-42所示。

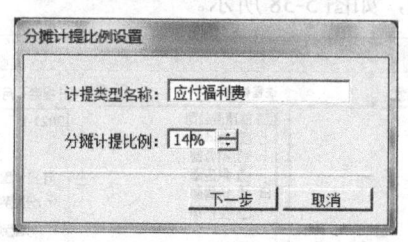

图5-42 应付福利费分摊计提比例设置

（7）单击"下一步"按钮，打开"分摊构成设置"对话框，按照表5-5的内容对应付福利费进行设置，如图5-43所示。

图5-43 分摊构成设置（应付福利费）

业务5 进行工资分摊并生成记账凭证

业务描述

将本月的工资数据依照前面的工资分摊设置进行分摊，计入成本费用和应付工资，并生成记账凭证。

业务操作

（1）在企业应用平台，执行"业务工作"→"人力资源"→"薪资管理"→"业务处理"→"工资分摊"命令，打开"工资分摊"对话框。

（2）分别选中"应付工资"及"应付福利费"复选框，并选中全部部门，选中"明细到工资项目"复选框，如图5-44所示。

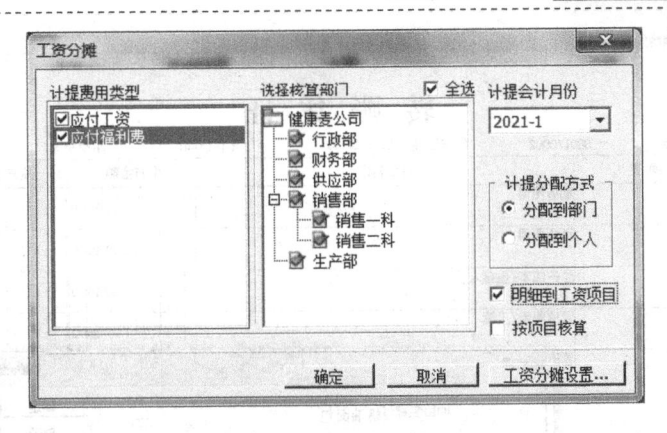

图 5-44 工资分摊

(3) 单击"确定"按钮，进入"应付工资一览表"界面，如图 5-45 所示。

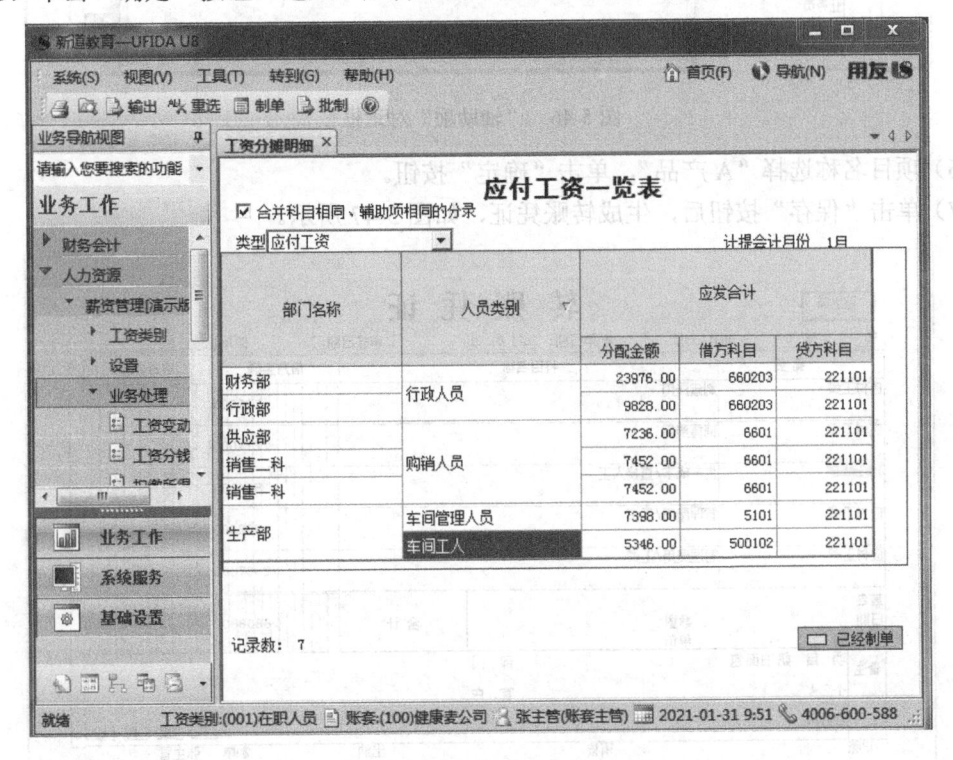

图 5-45 应付工资一览表

(4) 选中"合并科目相同、辅助项相同的分录"复选框。

(5) 单击"制单"按钮，设置凭证类别为"转"，单击"保存"按钮。此时会弹出"第3条分录：项目核算科目的项目不能为空"信息提示框，关闭信息提示框，单击第三条分录（生产成本/直接人工）前的摘要，然后将鼠标移动到下方"项目"后面，当鼠标变成笔的形状后，双击打开"辅助项"对话框，如图 5-46 所示。

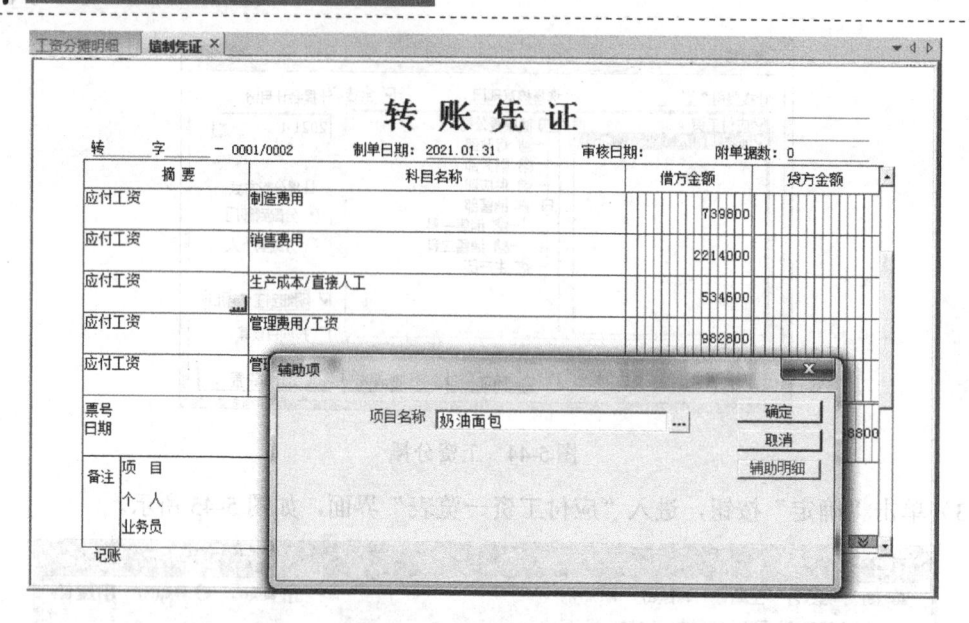

图 5-46 "辅助项"对话框

（6）项目名称选择"A产品"，单击"确定"按钮。
（7）单击"保存"按钮后，生成转账凭证，如图 5-47 所示。

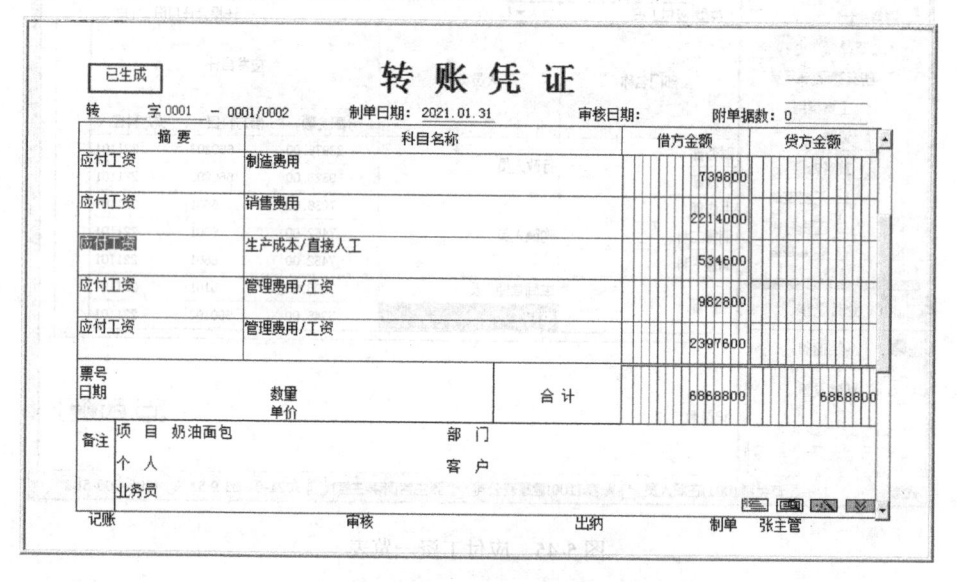

图 5-47 应付工资生成的转账凭证

（8）单击"退出"按钮，返回"应付工资一览表"界面。
（9）选择"类型"下拉列表中的"应付福利费"，选中"合并科目相同、辅助项相同的分录"复选框。
（10）单击"制单"按钮，设置凭证类别为"转"，单击"保存"按钮。此时会弹出"第3条分录：项目核算科目的项目不能为空"信息提示框，处理方式同前，最后生成应付福利费转账凭证，如图 5-48 所示。

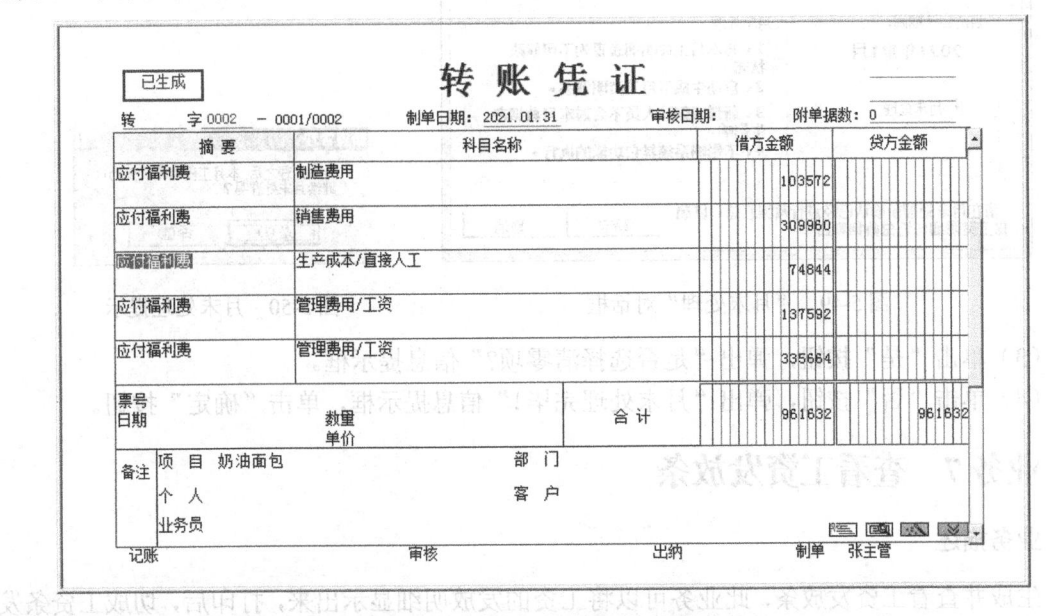

图 5-48 应付福利费生成的转账凭证

> **提示**
>
> 1. 工资分摊应按类型依次进行分摊。
> 2. 进行工资分摊时，如果不选中"合并科目相同、辅助项相同的分录"复选框，则生成凭证时每一条分录都对应一个贷方科目；如果单击"批制"按钮，可以一次将所有参与分摊的"分摊类型"所对应的凭证全部生成。
> 3. 如果凭证生成错误，想重新生成凭证，需要删掉之前生成的凭证，执行"薪资管理"→"统计分析"→"凭证查询"命令，打开"凭证查询"窗口，选中要删除的凭证，单击"删除"按钮。

业务 6　月末处理

业务描述

进行薪资管理系统的月末处理，月末处理后本月工资将不允许变动。

业务操作

（1）在企业应用平台，执行"业务工作"→"人力资源"→"薪资管理"→"业务处理"→"月末处理"命令，打开"月末处理"对话框，如图 5-49 所示。

（2）单击"确定"按钮，弹出"月末处理之后，本月工资将不许变动！继续月末处理吗？"信息提示框，如图 5-50 所示。

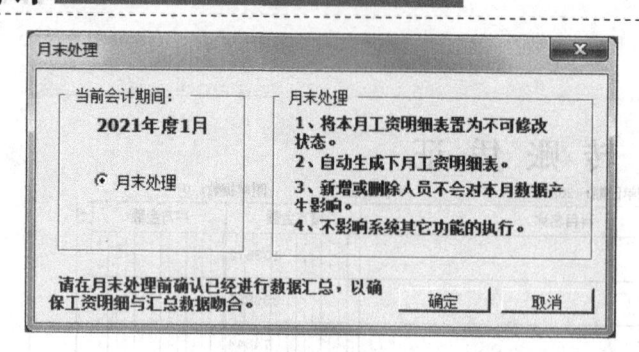

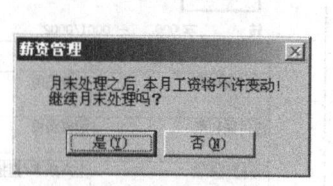

图5-49 "月末处理"对话框　　　图5-50 月末处理提示

（3）单击"是"按钮，弹出"是否选择清零项?"信息提示框。
（4）单击"否"按钮，弹出"月末处理完毕!"信息提示框，单击"确定"按钮。

业务7　查看工资发放条

业务描述

生成并查看工资发放条，此业务可以将工资的发放明细显示出来，打印后，切成工资条发放给员工，使员工能够清楚地知道自己的工资明细情况。

业务操作

（1）在企业应用平台，执行"业务工作"→"人力资源"→"薪资管理"→"统计分析"→"账表"→"工资表"命令，打开"工资表"对话框，如图5-51所示。

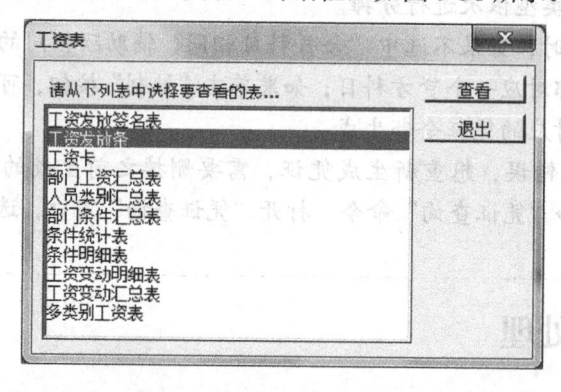

图5-51 "工资表"对话框

（2）单击"查看"按钮，打开"工资发放条"对话框。
（3）单击选中各个部门，包括下级部门。
（4）单击"确定"按钮，进入"工资发放条"窗口，如图5-52所示。
（5）单击"退出"按钮，完成工资发放条的查看。

工资发放条
2021 年 01 月

部门 全部　　　　　会计月份 一月

人员编号	姓名	基本工资	职务补贴	福利补贴	交通补贴	奖金	缺勤扣款	住房公积金	缺勤天数	应发合计	扣款合计	实发合计	本月扣零	代扣税
001	刘力	4,000.00	3,000.00	700.00	100.00	1,300.00		728.00		9,828.00	272.80	9,550.00	5.20	272.80
002	张主管	3,300.00	2,500.00	700.00	100.00	1,300.00		632.00		8,532.00	143.20	8,380.00	8.80	143.20
003	张会计	2,800.00	2,000.00	700.00	100.00	1,300.00	381.82	552.00	3.00	7,452.00	443.93	7,000.00	8.07	62.11
004	张出纳	3,300.00	2,000.00	700.00	100.00	1,300.00		592.00		7,992.00	89.76	7,900.00	2.24	89.76
005	周贝	2,500.00	1,900.00	700.00	100.00	1,500.00		536.00		7,236.00	67.08	7,160.00	8.92	67.08
006	刘销售	2,500.00	1,900.00	700.00	100.00	1,700.00		552.00		7,452.00	73.56	7,370.00	8.44	73.56
007	韩销售	2,500.00	1,900.00	700.00	100.00	1,700.00		552.00		7,452.00	73.56	7,370.00	8.44	73.56
008	李阳	2,500.00	2,000.00	700.00	50.00	1,600.00		548.00		7,398.00	71.94	7,320.00	6.06	71.94
009	张山	2,200.00		700.00	50.00	2,000.00	200.00	396.00	2.00	5,346.00	204.38	5,140.00	1.62	4.38
合计		25,600.00	17,200.00	6,300.00	800.00	13,700.00	581.82	5,088.00	5.00	68,688.00	1,440.21	67,190.00	57.79	858.39

图 5-52 "工资发放条"窗口

项目 6

固定资产系统

能力目标

通过学习固定资产系统，学生应该掌握以下技能。
1. 掌握固定资产系统的初始化设置，部门对应折旧科目、固定资产类别等参数的设置。
2. 掌握固定资产原始卡片的录入方法，并保证与总账系统的平衡关系。
3. 掌握固定资产增加业务、减少业务、变动业务的处理方法。
4. 掌握固定资产折旧的处理方法，要求能够熟练地利用固定资产系统进行资产管理、计提折旧等。

学习任务 6.1　固定资产系统初始化

业务 1　启用固定资产账套进行初始参数设置

业务描述

设置固定资产账套初始参数。

（1）固定资产账套的启用月份为"2021 年 1 月 1 日"。

（2）固定资产采用"平均年限法（一）"计提折旧，折旧汇总分配周期为一个月；当"月初已计提月份=可使用月份-1"时，将剩余折旧全部提足。

（3）资产类别编码长度为"2-1-1-2"；固定资产编码方式采用自动编码方式，编码方式为"类别编号+序号"；序号长度为"5"。

（4）将固定资产系统与总账系统进行对账；固定资产对账科目为"1601 固定资产"；累计折旧对账科目为"1602 累计折旧"；对账不平衡的情况下不允许固定资产月末结账。

业务操作

（1）启用固定资产系统（如已启用，请略过此步骤）：以 001 注册登录，执行"基础设置"→"基本信息"→"系统启用"命令，打开"系统启用"对话框，如图 6-1 所示，选中"FA 固定资产"复选框，并将启用日期设置为"2021 年 1 月 1 日"。

（2）在企业应用平台中，执行"业务工作"→"财务会计"→"固定资产"命令，弹出"这是第一次打开此账套，还未进行过初始化，是否进行初始化?"信息提示框，如图 6-2 所示。

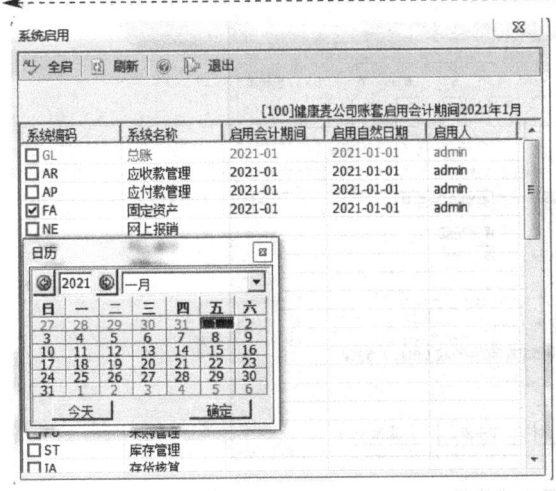

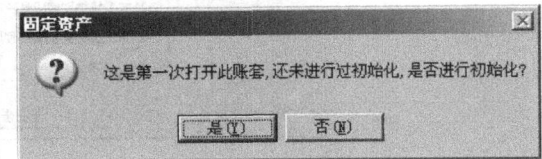

图 6-1　固定资产启用　　　　　　　图 6-2　初始化提示

（3）单击"是"按钮，打开"初始化账套向导——约定及说明"界面。

（4）单击"我同意"单选按钮，单击"下一步"按钮，打开"初始化账套向导——启用月份"界面。

（5）单击"下一步"按钮，打开"初始化账套向导——折旧信息"界面，如图 6-3 所示。

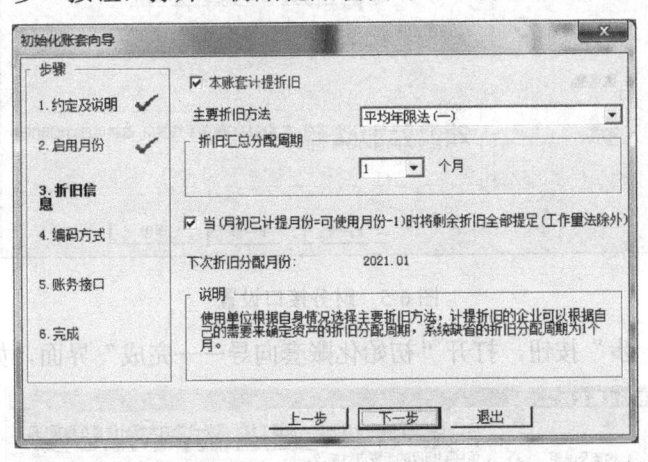

图 6-3　折旧信息设置

（6）主要折旧方法选择"平均年限法（一）"，单击"下一步"按钮，打开"初始化账套向导——编码方式"界面。单击"自动编码"单选按钮，在其右边的下拉列表中选择"类别编码+序号"选项，设置序号长度为"5"，如图 6-4 所示。

（7）单击"下一步"按钮，打开"初始化账套向导——财务接口"界面。在"固定资产对账科目"文本框中录入"1601,固定资产"，在"累计折旧对账科目"文本框中录入"1602,累计折旧"，如图 6-5 所示。

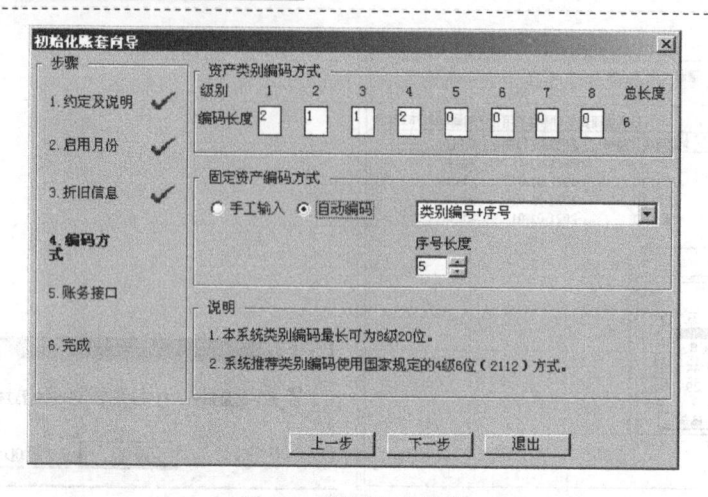

图6-4 编码方式设置

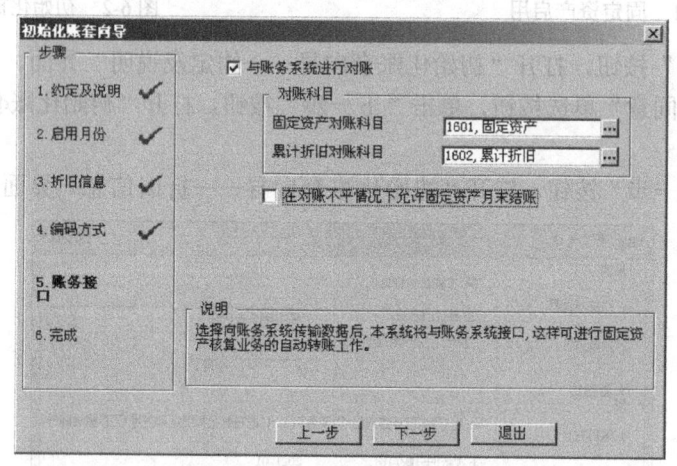

图6-5 财务接口设置

（8）单击"下一步"按钮，打开"初始化账套向导——完成"界面，如图6-6所示。

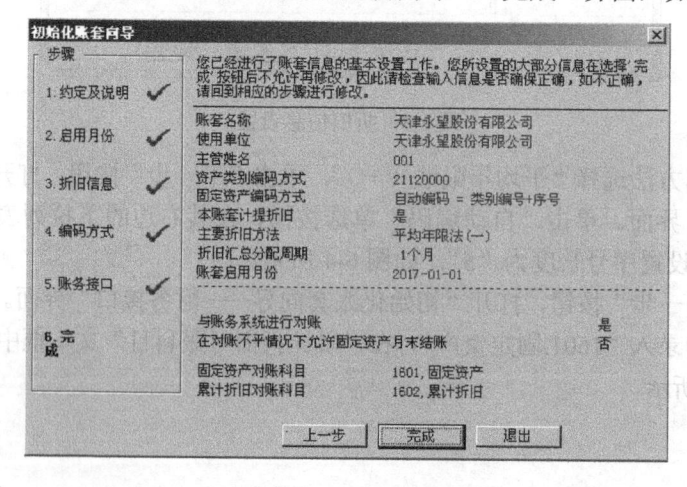

图6-6 完成设置

(9)单击"完成"按钮,弹出"已经完成了新账套的所有设置工作,是否确定所设置的信息完全正确并保存对新账套的所有设置?"信息提示框。

(10)单击"是"按钮,弹出"已成功初始化本固定资产账套!"信息提示框。

(11)单击"确定"按钮,固定资产账套初始化完成。

业务 2　固定资产选项设置

业务描述

完成以下内容的设置。

固定资产缺省入账科目为"1601 固定资产"。

累计折旧缺省入账科目为"1602 累计折旧"。

减值准备缺省入账科目为"1603 固定资产减值准备"。

增值税进项税额缺省入账科目为"22210101 进项税额"。

固定资产清理缺省入账科目为"1606 固定资产清理"。

业务发生后立即制单。

业务操作

(1)执行"业务工作"→"财务会计"→"固定资产"→"设置"→"选项"命令,打开"选项"对话框,从此处可以看到我们之前在"业务1"中所设置的那些内容,在这里可以再次进行编辑。

(2)单击"编辑"按钮,单击"与财务系统接口"选项卡,设置固定资产缺省入账科目为"1601,固定资产",累计折旧缺省入账科目为"1602,累计折旧",减值准备缺省入账科目为"1603,固定资产减值准备",增值税进项税额缺省入账科目为"22210101,进项税额",固定资产清理缺省入账科目为"1606,固定资产清理",选中"业务发生后立即制单"复选框,如图6-7所示。

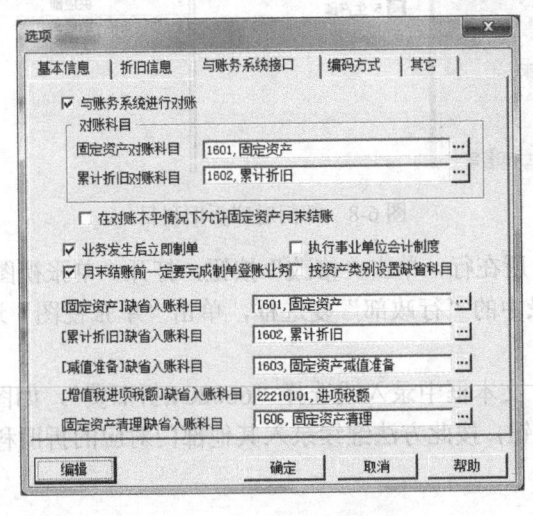

图6-7　固定资产选项设置

(3)单击"确定"按钮返回。

业务3 设置部门对应折旧科目

业务描述

固定资产需要计提折旧,不同部门使用的固定资产计提的折旧也要计入不同的科目中,本业务要求按表6-1的内容设置部门对应折旧科目。

表6-1 部门对应折旧科目

部 门 名 称	贷 方 科 目
行政部	管理费用——折旧费
财务部	管理费用——折旧费
供应部	销售费用
销售部	销售费用
生产部	制造费用

业务操作

(1)在企业应用平台,执行"业务工作"→"财务会计"→"固定资产"→"设置"→"部门对应折旧科目"命令,打开"部门对应折旧科目"界面,如图6-8所示。

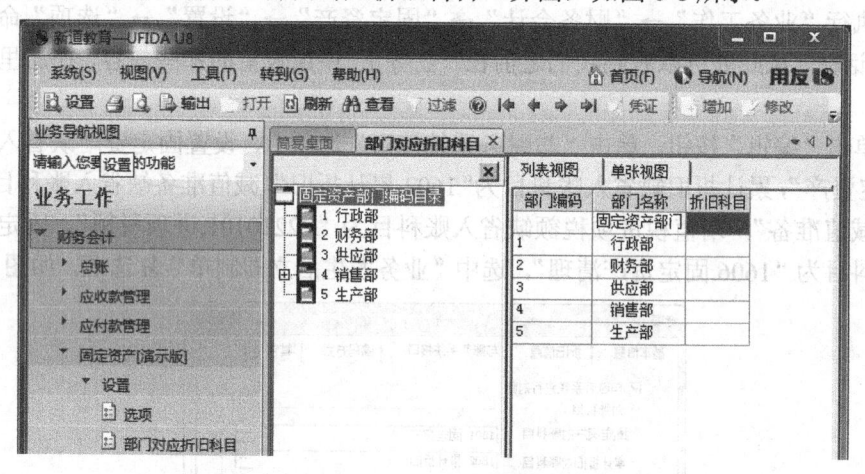

图6-8 部门对应折旧科目

(2)选择"行政部"所在行,单击"修改"按钮,打开"单张视图"界面(也可以直接选中固定资产部门编码目录中的"行政部"复选框,单击"单张视图"选项卡,再单击"修改"按钮)。

(3)在"折旧科目"文本框中录入或选择"660204,折旧费",如图6-9所示。

(4)单击"保存"按钮,按此方法继续录入其他部门对应的折旧科目。销售一科、销售二科要分别设置。

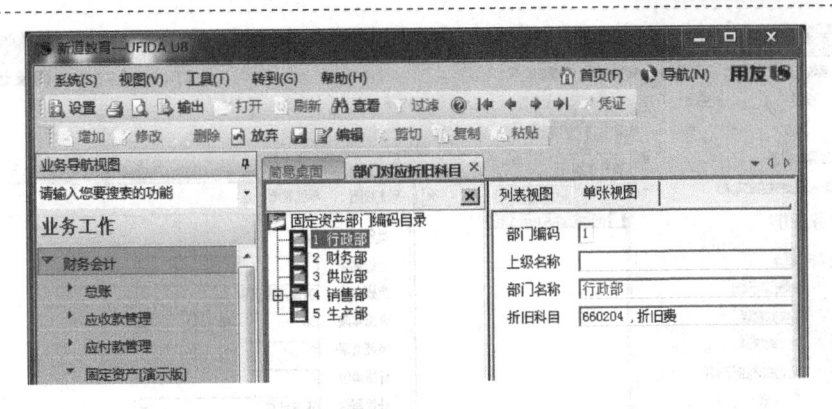

图 6-9　设置行政部对应折旧科目

> **提示**
>
> 当为销售部设置对应折旧科目为"6601 销售费用"时,系统会弹出"是否将销售部的所有下级部门的折旧科目替换为'销售费用'?"信息提示框。如果选择"是",会将销售部的两个下级部门对应的折旧科目一并设置为销售费用。

业务 4　固定资产类别设置

业务描述

企业固定资产类别如表 6-2 所示。

表 6-2　固定资产类别

类别编码	类别名称	使用年限	净残值率	折旧方法
01	房屋及建筑物	30 年	2%	平均年限法(一)
011	办公楼	30 年	2%	平均年限法(一)
012	厂房	30 年	2%	平均年限法(一)
02	机器设备			平均年限法(一)
021	生产线	10 年	3%	平均年限法(一)
022	办公设备	5 年	3%	平均年限法(一)

业务操作

(1) 在企业应用平台,执行"业务工作"→"财务会计"→"固定资产"→"设置"→"资产类别"命令,打开"资产类别——列表视图"界面。

(2) 单击"增加"按钮,打开"类别编码——单张视图"界面。

(3) 在"类别名称"文本框中录入"房屋及建筑物",在"使用年限"文本框中录入"30",在"净残值率"文本框中录入"2",如图 6-10 所示。

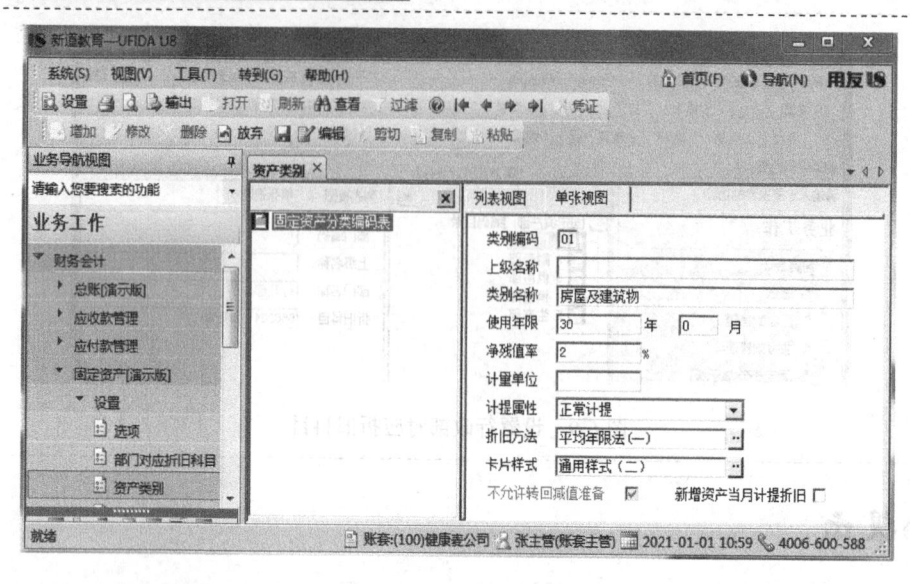

图 6-10 设置资产类别

（4）单击"保存"按钮，继续录入 02 号资产的类别名称"机器设备"，单击"保存"按钮。

（5）单击"放弃"按钮，弹出"是否取消本次操作"信息提示框，单击"是"按钮，返回"资产类别——列表视图"界面。

（6）选中"固定资产分类编码表"下的"01 房屋及建筑物"，再单击"增加"按钮，在"类别名称"文本框中录入"办公楼"，注意类别编码为两级，如图 6-11 所示。

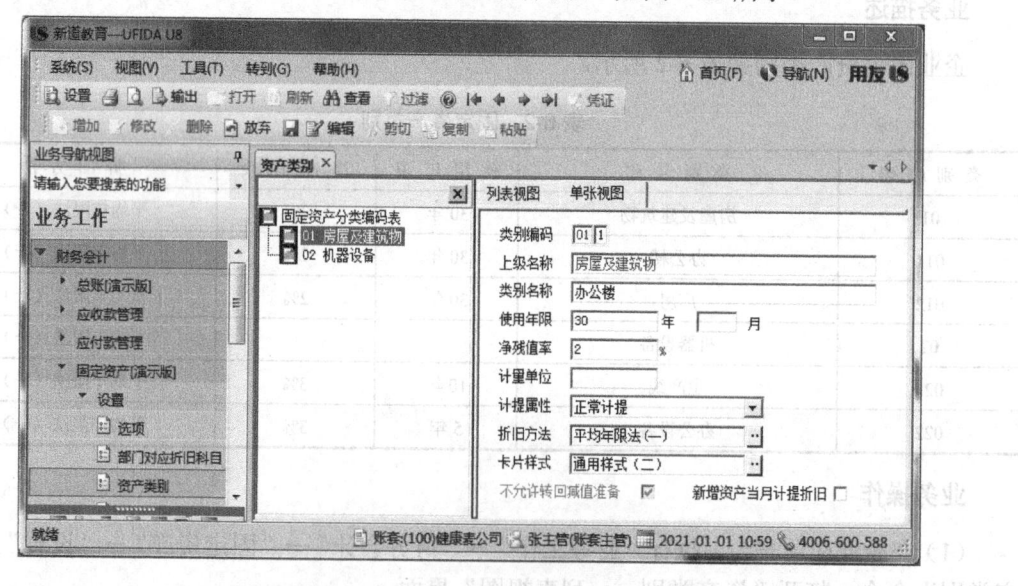

图 6-11 房屋及建筑物下级类别

（7）单击"保存"按钮，完成类别"011 办公楼"的录入，依照此方法录入其他资产类别。

项目6 固定资产系统

> **提示**
>
> 应先建立上级固定资产类别后再建立下级资产类别。由于在建立上级类别"房屋与建筑物"时就设置了使用年限、净残值率,其下级类别如果与上级类别设置相同,自动继承不用修改;如果下级类别与上级类别设置不同,则需要修改。

业务5 设置固定资产增减方式对应入账科目

业务描述

企业增加固定资产包括直接购入、盘盈、投资者投入、捐赠及在建工程转入等多种不同的形式,不同的形式会对应不同的入账科目;企业减少固定资产也是一样的。我们需要将其设定到固定资产系统中,具体如表 6-3 所示。

表 6-3 固定资产增减方式对应入账科目

增加方式	对应入账科目	减少方式	对应入账科目
直接购入	100201 银行存款——工行存款	出售	1606 固定资产清理
盘盈	190101 待处理财产损溢——待处理固定资产损溢	盘亏	190101 待处理财产损溢——待处理固定资产损溢
投资者投入	4001 实收资本	投资转出	151101 长期股权投资——其他股权投资
捐赠	6301 营业外收入	捐赠转出	1606 固定资产清理
在建工程转入	1604 在建工程	报废	1606 固定资产清理

业务操作

(1)在企业应用平台,执行"业务工作"→"财务会计"→"固定资产"→"设置"→"增减方式"命令,打开"增减方式——列表视图"界面。

(2)选中左侧列表中"直接购入"复选框,单击"修改"按钮,打开"增减方式——单张视图"界面,在"对应入账科目"文本框中录入"100201,工行存款",如图 6-12 所示,也可单击"对应入账科目"文本框右侧的参照按钮选取科目。

(3)单击"保存"按钮,按此方法继续设置其他增减方式对应的入账科目。

(4)如果要选取的科目不存在(如录入"待处理财产损溢——待处理固定资产损溢"),则可以单击"对应入账科目"文本框右侧的参照按钮,在"科目参照"对话框中单击"编辑"按钮,增加会计科目"190101 待处理固定资产损溢",如图 6-13 所示。

注意:要增加会计科目的上级科目不能被使用,否则不允许增加。只有去掉使用状态才能增加下级科目。

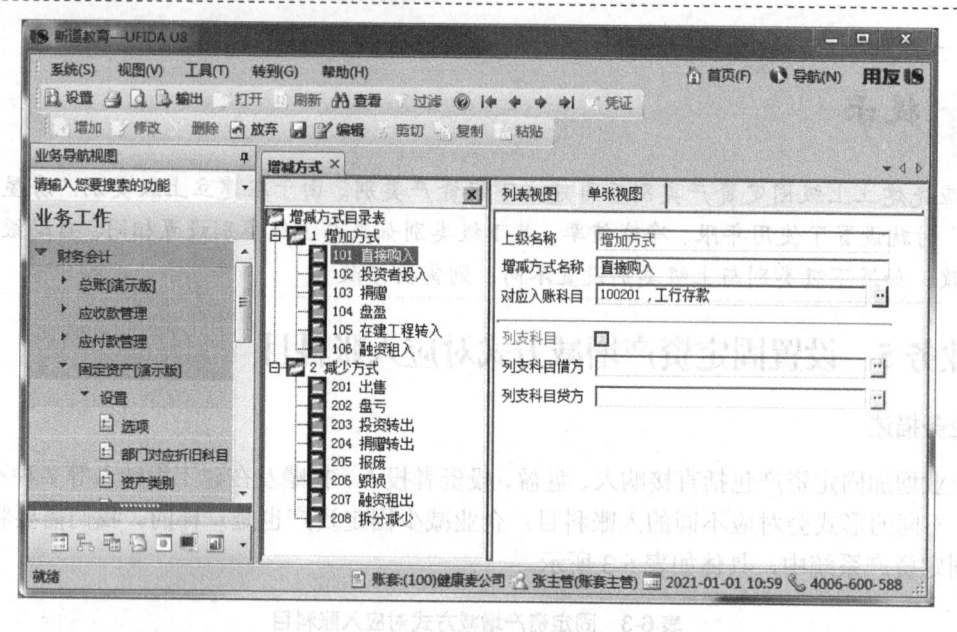

图6-12 设置对应入账科目

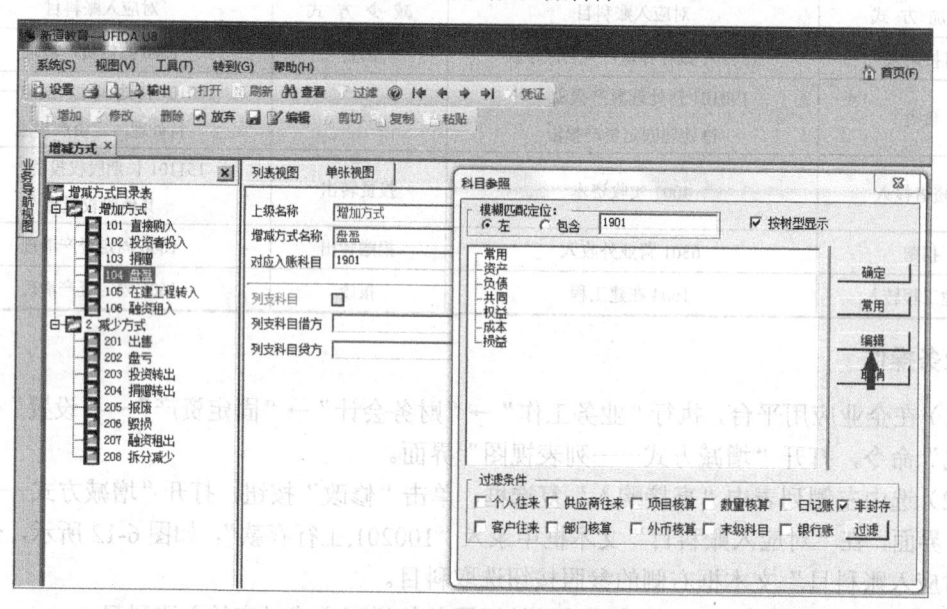

图6-13 增加会计科目

业务6 录入固定资产原始卡片

业务描述

需要录入的固定资产原始卡片如表6-4所示。

表 6-4　固定资产原始卡片

卡片编号	00001	00002	00003	00004	00005
固定资产编号	01100001	01200001	02100001	02100002	02200001
固定资产名称	行政楼	生产楼	1号生产线	2号生产线	复印机
类别编号	011	012	021	021	022
类别名称	办公楼	厂房	生产线	生产线	办公设备
部门名称	行政部	生产部	生产部	生产部	财务部
增加方式	在建工程转入	在建工程转入	在建工程转入	在建工程转入	在建工程转入
使用状况	在用	在用	在用	在用	在用
使用年限/年	30	30	10	10	5
折旧方法	平均年限法（一）	平均年限法（一）	平均年限法（一）	平均年限法（一）	平均年限法（一）
开始使用日期	2019-09-08	2019-10-10	2019-08-02	2019-05-08	2018-06-01
原值/元	412 000	450 000	150 000	180 000	20 000
净残值率/%	2	2	3	3	3
净残值/元	8 240	9 000	4 500	5 400	600
累计折旧/元	37 800	25 515	39 375	45 198	7 236
月折旧率	0.0027	0.0027	0.0081	0.0081	0.0162
月折旧额/元	1 112.4	1 215	1 215	1 458	324
净值/元	374 200	424 485	110 625	134 802	12 764

业务操作

（1）在企业应用平台，执行"业务工作"→"财务会计"→"固定资产"→"卡片"→"录入原始卡片"命令，打开"固定资产类别档案"窗口，如图 6-14 所示。

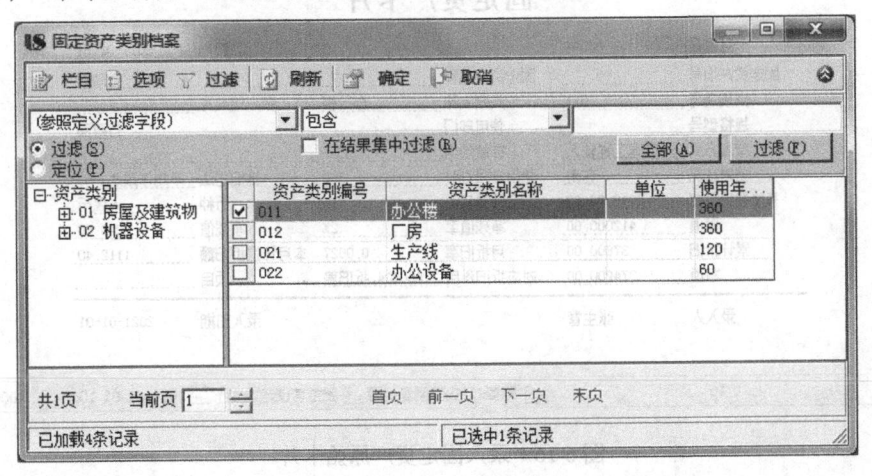

图 6-14　固定资产类别档案

（2）选中"011 办公楼"复选框，单击"确定"按钮，进入"固定资产卡片[录入原始卡片：

00001号卡片]"窗口。

（3）在"固定资产名称"文本框中录入"行政楼"，"类别编号"文本框中录入"011"，单击"使用部门"栏，再单击"部门名称"按钮，打开"固定资产"对话框，如图6-15所示。

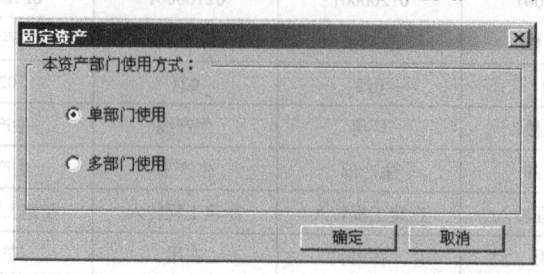

图6-15 本资产部门使用方式设置

（4）单击"单部门使用"单选按钮，单击"确定"按钮，打开"部门参照"窗口，选择"行政部"选项，单击"确认"按钮。

（5）单击"增加方式"栏，再单击"增加方式"按钮，打开"固定资产增减方式"对话框，选择"在建工程转入"选项，单击"确认"按钮。

（6）单击"使用状况"栏，再单击"使用状况"按钮，打开"使用状况参照"对话框，默认"在用"，单击"确定"按钮。

（7）在"开始使用日期"文本框中录入"2019-09-08"，在"原值"文本框中录入"412 000"，在"累计折旧"文本框中录入"37 800"，月折旧额、月折旧率（本可计提折旧额）等项目由系统自动填充，如图6-16所示。

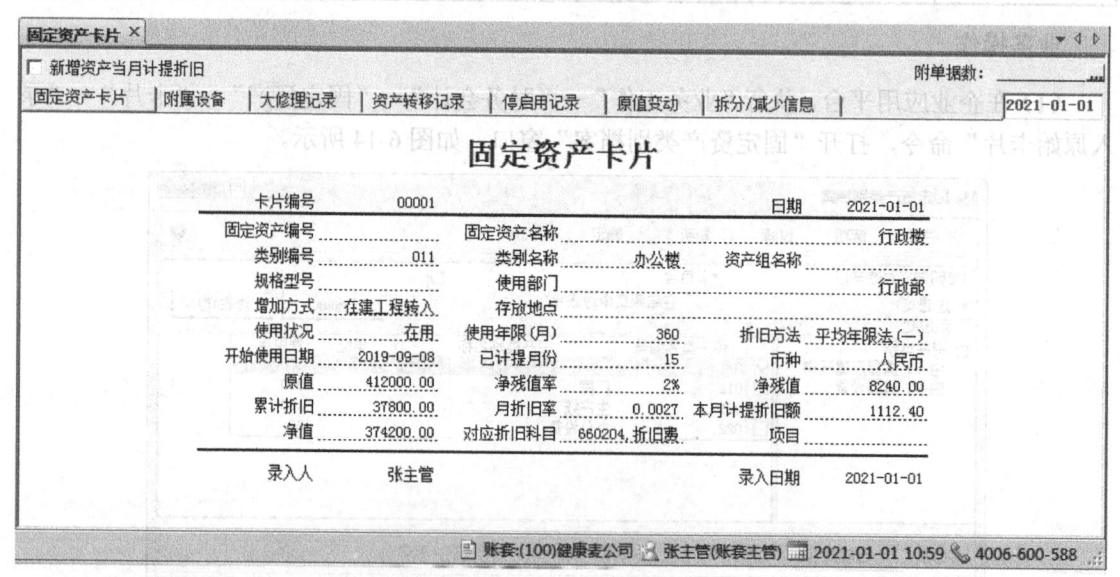

图6-16 录入固定资产原始卡片

（8）单击"保存"按钮，弹出"数据成功保存！"信息提示框。

（9）单击"确定"按钮，按此方法继续录入表6-4中的其他4个固定资产原始卡片。

学习任务 6.2　固定资产日常业务处理

业务 1　修改固定资产卡片

业务描述

2021 年 1 月 15 日，将卡片编号为"00003"的固定资产（1 号生产线）的使用状况由"在用"修改为"大修理停用"。

业务操作

（1）在企业应用平台，执行"业务工作"→"财务会计"→"固定资产"→"卡片"→"卡片管理"命令，打开"查询条件选择-卡片管理"对话框，如图 6-17 所示。

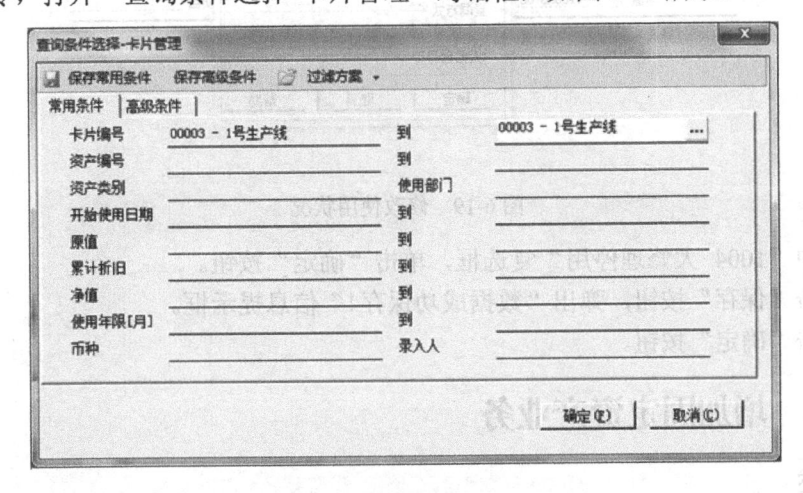

图 6-17　查询条件选择

（2）"卡片编号"选择"00003-1 号生产线"（如果不选则将查询出所有的卡片），开始使用日期不选，单击"确定"按钮，打开"卡片管理"界面，如图 6-18 所示。

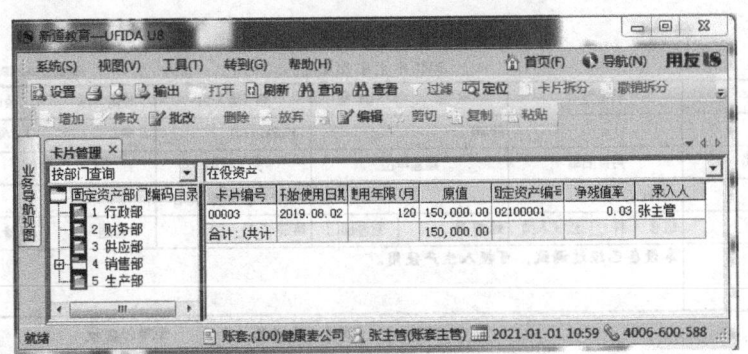

图 6-18　"卡片管理"界面

（3）选中"00003"所在行，单击"修改"按钮，进入"固定资产卡片[编辑卡片：00003 号卡片]"窗口。

（4）单击"使用状况"栏，再单击"使用状况"按钮，打开"使用状况参照"对话框，如图 6-19 所示。

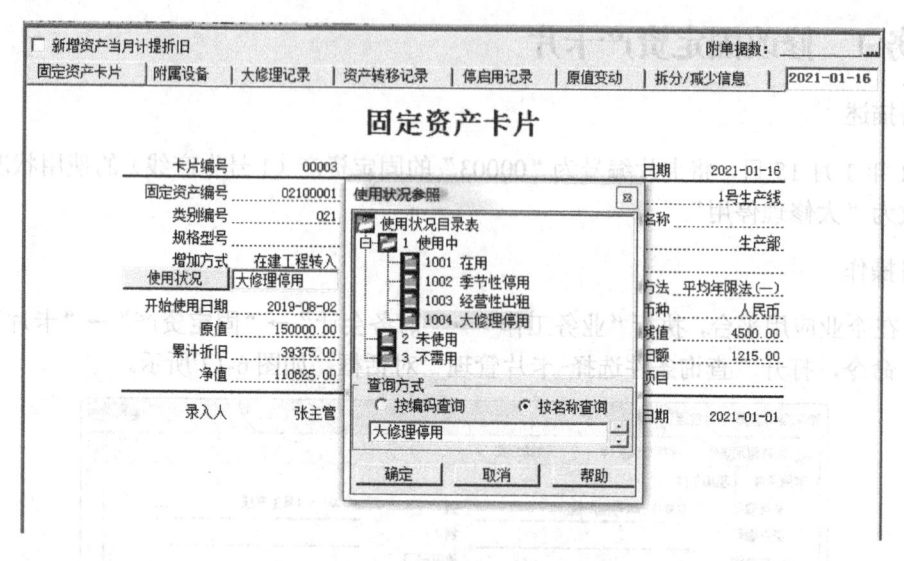

图 6-19 修改使用状况

（5）选中"1004 大修理停用"复选框，单击"确定"按钮。
（6）单击"保存"按钮，弹出"数据成功保存！"信息提示框。
（7）单击"确定"按钮。

业务 2 增加固定资产业务

业务描述

2021 年 1 月 16 日，直接购入并交付销售二科一台电脑，预计使用年限为 5 年，原值为 6 000 元，净残值为 3%，采用"年数总和法"计提折旧。固定资产验收单如图 6-20 所示。

图 6-20 固定资产验收单

业务操作

（1）在企业应用平台，执行"业务工作"→"财务会计"→"固定资产"→"卡片"→"资产增加"命令，打开"固定资产类别档案"窗口，如图 6-21 所示。

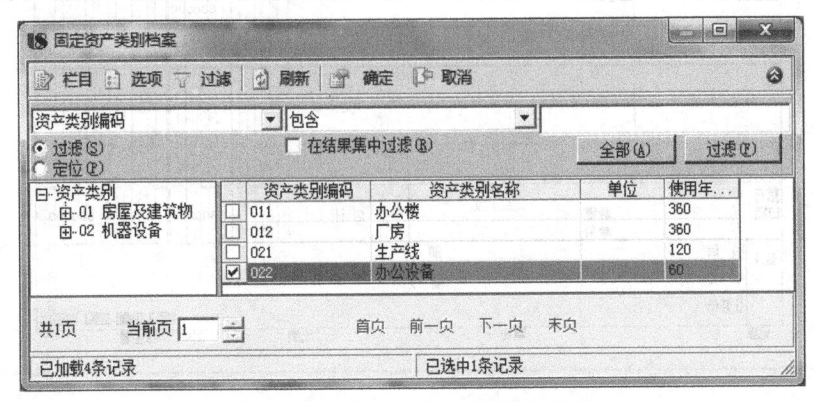

图 6-21 "固定资产类别档案"窗口

（2）双击"022 办公设备"，进入"固定资产卡片[新增资产：00006 号卡片]"窗口。

（3）在"固定资产名称"文本框中录入"电脑"，使用部门选择"销售二科"，增加方式选择"直接购入"，使用状况选择"在用"，折旧方法选择"年数总和法"，在"原值"文本框中录入"6 000"，如图 6-22 所示。

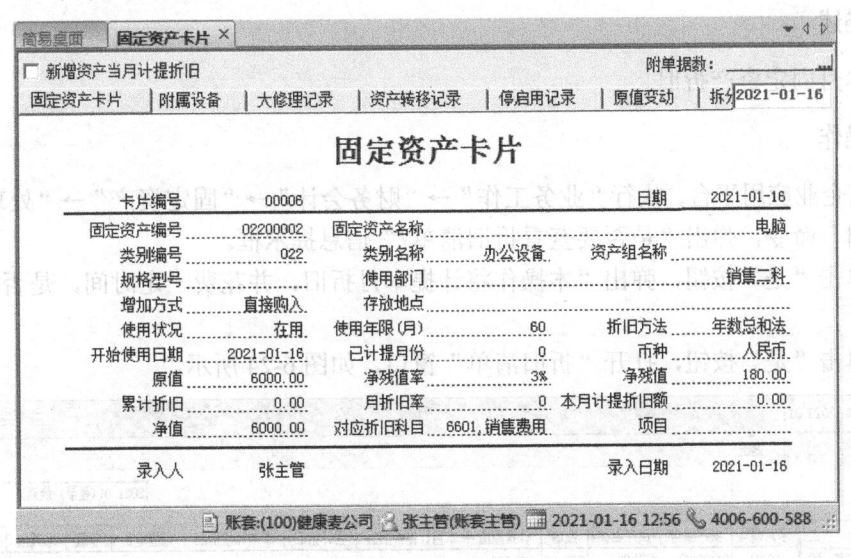

图 6-22 增加新资产

（4）单击"保存"按钮，弹出"数据成功保存！"信息提示框，如果前面系统参数设置选中"业务发生后立即制单"复选框，则会弹出如下制单窗口，如图 6-23 所示，如果没有选中可以通过"批量制单"命令手动选择制单。

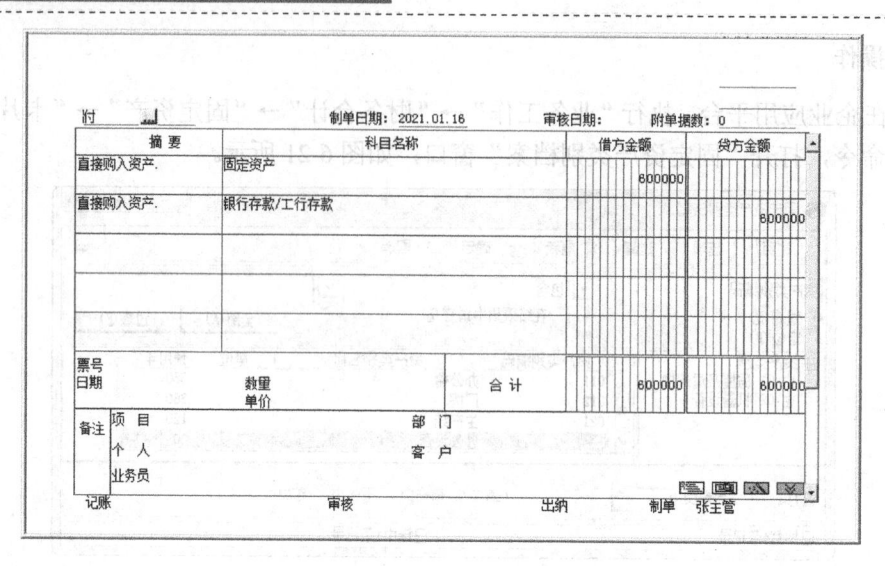

图 6-23 制单窗口

（5）检查分录无误后，单击"保存"按钮，出现"已生成"标识，表示凭证已经保存成功，单击"关闭"按钮退出。

业务 3 计提固定资产折旧业务

业务描述

计提本月固定资产折旧。

业务操作

（1）在企业应用平台，执行"业务工作"→"财务会计"→"固定资产"→"处理"→"计提本月折旧"命令，弹出"是否要查看折旧清单？"信息提示框。

（2）单击"是"按钮，弹出"本操作将计提本月折旧，并花费一定时间，是否继续？"信息提示框。

（3）单击"是"按钮，打开"折旧清单"窗口，如图 6-24 所示。

卡片编号	资产编号	资产名称	原值	计提原值	本月计提折旧额	累计折旧	本年计提折旧	减值准备	净值	净残值	折旧率
00001	01100001	行政楼	000.00	412,000.00	1,112.40	38,912.40	1,112.40	0.00	087.60	8,240.00	0.0027
00002	01200001	生产楼	000.00	450,000.00	1,215.00	26,730.00	1,215.00	0.00	270.00	9,000.00	0.0027
00003	02100001	1号生产线	000.00	150,000.00	1,215.00	40,590.00	1,215.00	0.00	410.00	4,500.00	0.0081
00004	02100002	2号生产线	000.00	180,000.00	1,458.00	46,656.00	1,458.00	0.00	344.00	5,400.00	0.0081
00005	02200001	复印机	000.00	20,000.00	324.00	7,560.00	324.00	0.00	440.00	600.00	0.0162
合计			000.00	212,000.00	5,324.40	160,448.40	5,324.40	0.00	551.60	7,740.00	

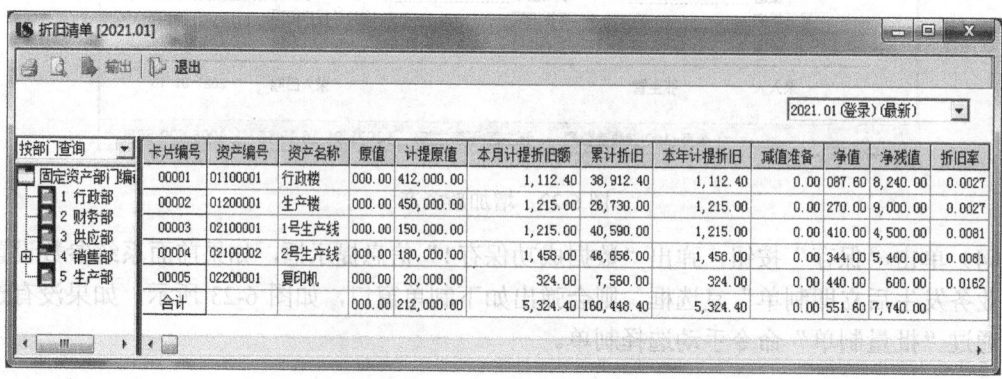

图 6-24 折旧清单

（4）单击"退出"按钮，打开"折旧分配表"界面，如图6-25所示。

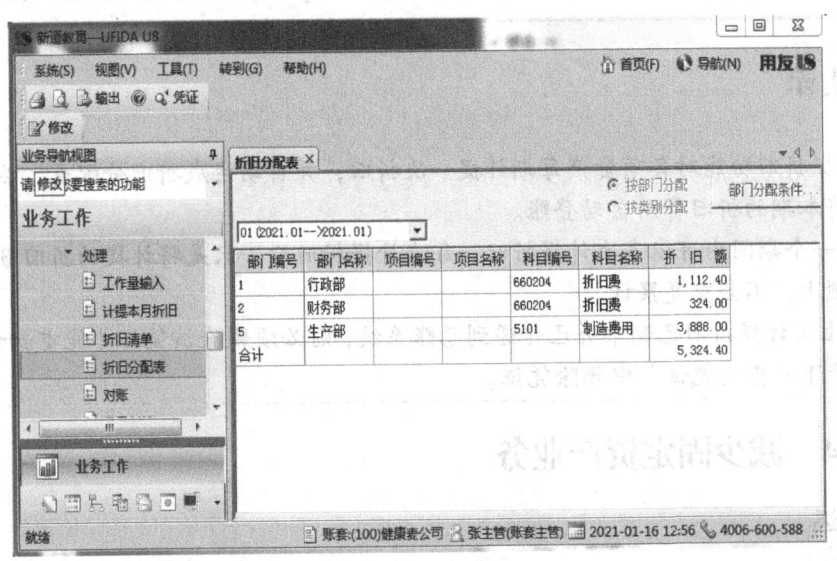

图6-25 折旧分配表

（5）单击"凭证"按钮，生成一张记账凭证。
（6）修改凭证类别为"转账凭证"。
（7）单击"保存"按钮，凭证左上角出现"已生成"字样，表示凭证已传递到总账系统，如图6-26所示。

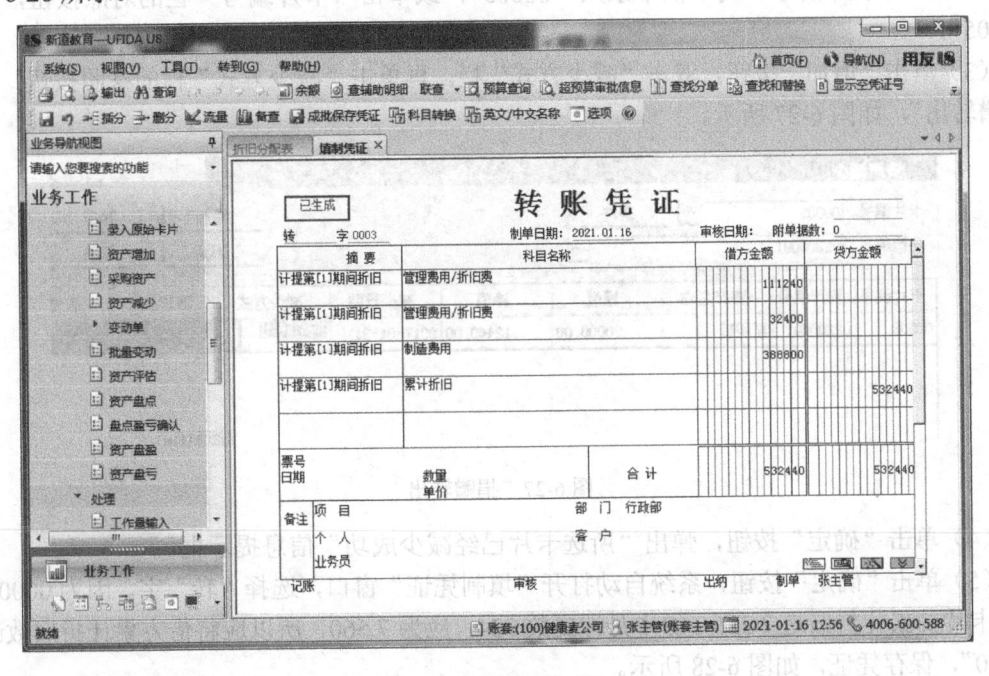

图6-26 生成记账凭证

(8) 单击"退出"按钮。

> **提示**
>
> 1. 计提折旧功能对各项资产每期计提一次折旧，并自动生成折旧分配表，然后生成记账凭证，将本期的折旧费用自动登账。
> 2. 在一个期间内可以多次计提折旧，每次计提折旧后，只是将计提的折旧额累加到月初的折旧额上，不会重复累计。
> 3. 若上次计提折旧已制单并已传递到总账系统，则必须删除该凭证才能重新计提折旧。在固定资产下"查询凭证"中删除凭证。

业务 4　减少固定资产业务

业务描述

2021年1月31日，将财务部使用的复印机"00005"号固定资产捐赠给希望工程。

业务操作

（1）在企业应用平台，执行"业务工作"→"财务会计"→"固定资产"→"卡片"→"资产减少"命令，打开"资产减少"窗口。

（2）在"卡片编号"文本框中录入"00005"，或单击"卡片编号"栏的对照按钮，选择"00005"。

（3）单击"增加"按钮，双击"减少方式"栏，再单击"减少方式"栏的参照按钮，选择"捐赠转出"，如图6-27所示。

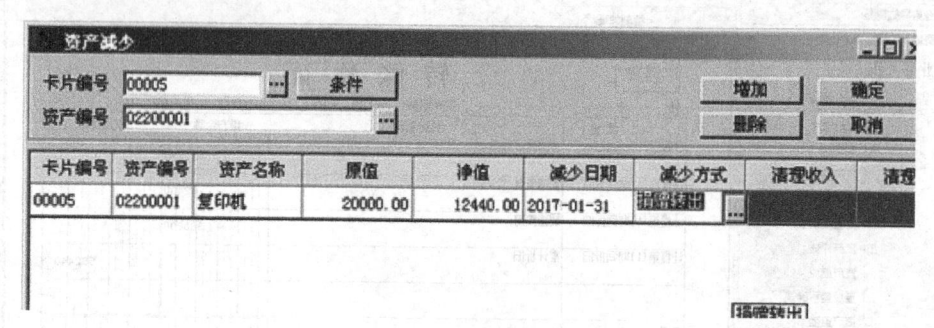

图6-27　捐赠转出

（4）单击"确定"按钮，弹出"所选卡片已经减少成功"信息提示框。

（5）单击"确定"按钮，系统自动打开"填制凭证"窗口，选择"转"字。因为00005号原始卡片的累计折旧是7 236，加本月计提数324，应为7 560，所以应将借方累计折旧数改为"7 560"，保存凭证，如图6-28所示。

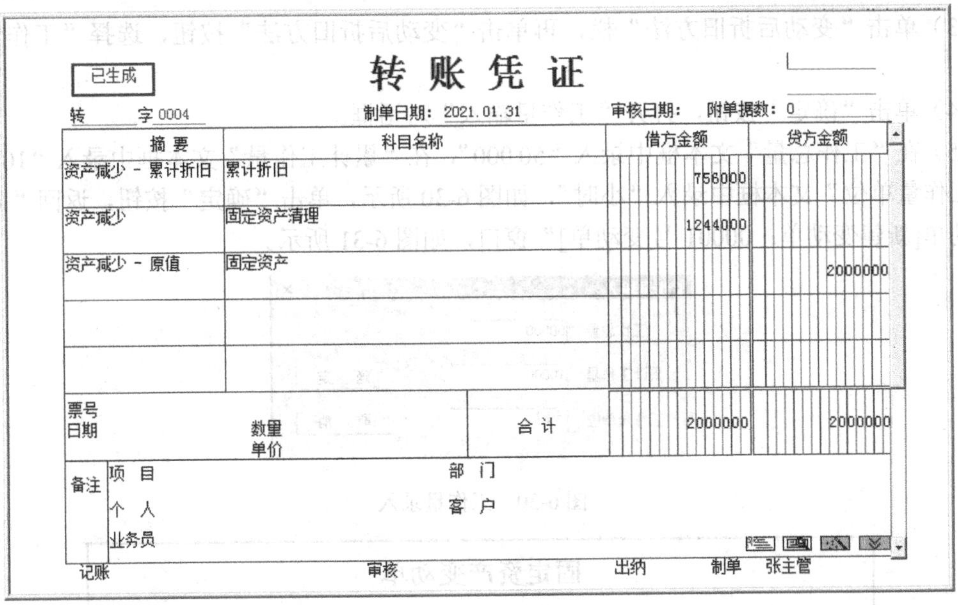

图 6-28 生成记账凭证

业务 5　固定资产变动

业务描述

2021年1月28日，根据企业需要，将卡片编号为"00004"号的固定资产（2号生产线）的折旧方法由"平均年限法（一）"更改为"工作量法"。工作总量为50 000小时，累计工作量为10 000小时。

业务操作

（1）在企业应用平台，执行"业务工作"→"财务会计"→"固定资产"→"卡片"→"变动单"→"折旧方法调整"命令，打开"固定资产变动单[新建变动单：00001号变动单]"窗口，如图6-29所示。

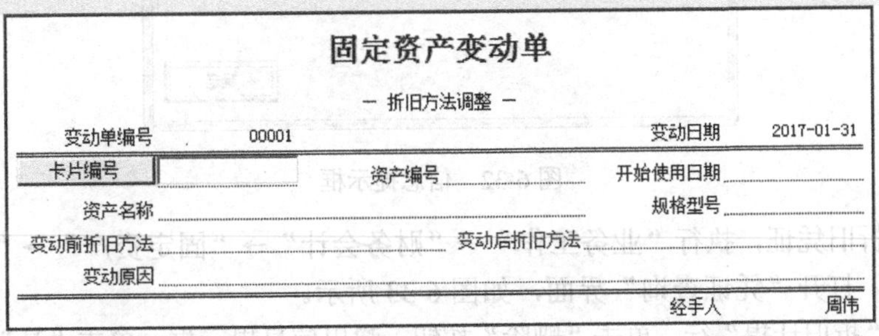

图 6-29　固定资产变动单

（2）在"卡片编号"文本框中录入"00004"。

(3)单击"变动后折旧方法"栏，再单击"变动后折旧方法"按钮，选择"工作量法"选项。

(4)单击"确定"按钮，打开"工作量输入"对话框。

(5)在"工作总量"文本框中录入"50 000"，在"累计工作量"文本框中录入"10 000"，在"工作量单位"文本框中录入"小时"，如图6-30所示，单击"确定"按钮，返回"固定资产变动单[新建变动单：00001号变动单]"窗口，如图6-31所示。

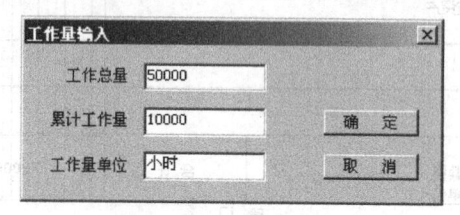

图6-30 工作量录入

图6-31 固定资产变动单

(6)在"变动原因"文本框中录入"工作需要"。

(7)单击"保存"按钮后，弹出信息提示框，如图6-32所示，单击"确定"按钮。

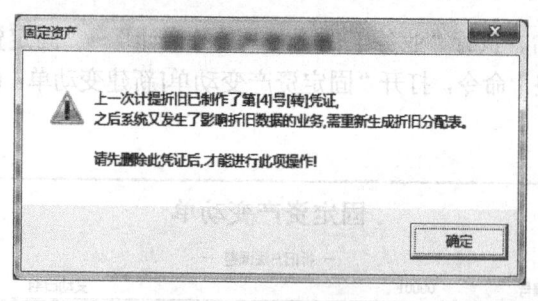

图6-32 信息提示框

(8)删除折旧凭证，执行"业务工作"→"财务会计"→"固定资产"→"处理"→"凭证查询"命令，打开"凭证查询"界面，如图6-33所示。

(9)选中"折旧计提"行，单击"删除"按钮，弹出信息提示框，单击"是"按钮。删除折旧凭证，关闭"凭证查询"界面，返回"固定资产变动单[新建变动单：00001号变动单]"窗口。

注意：此折旧凭证并没有真正删除，只是加上了"作废"标识，需要执行"总账"→"凭证"→"填制凭证"命令，打开"填制凭证"窗口，单击"整理凭证"按钮，从而真正删除此张凭证。

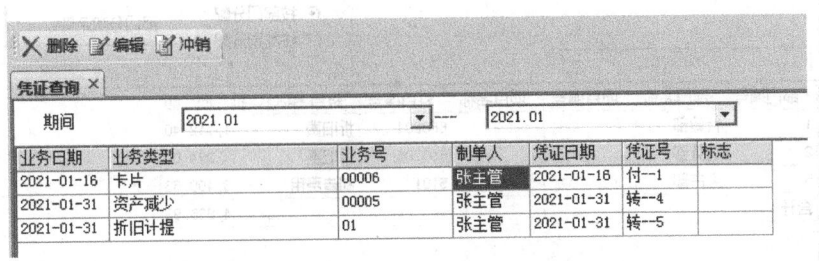

图 6-33 "凭证查询"界面

（10）再次单击"保存"按钮，弹出"数据保存成功！"信息提示框，完成变动。

业务 6　设置固定资产本月工作量

业务描述

卡片编号为"00004"的固定资产（2 号生产线）本月累计工作量是 300 小时。

业务操作

（1）在企业应用平台，执行"业务工作"→"财务会计"→"固定资产"→"处理"→"工作量录入"命令，打开"工作量录入"窗口，如图 6-34 所示。

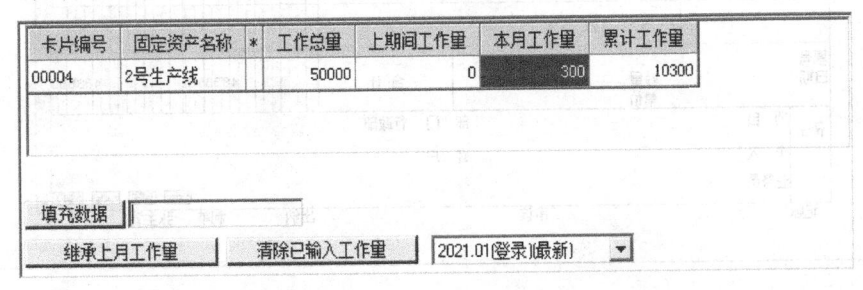

图 6-34 "工作量录入"窗口

（2）在"本月工作量"文本框中录入"300"。

（3）单击"保存"按钮，弹出"数据成功保存"信息提示框，完成本月工作量设置。

业务 7　重新计提月折旧

业务描述

由于卡片编号为"00004"的固定资产折旧方法变成了工作量法，前面利用平均年限法（一）计提的折旧已不正确，需要重新计提折旧。

业务操作

(1) 依照前述计提折旧的方法，重新计提折旧，重新生成的折旧分配表如图 6-35 所示。

图 6-35 折旧分配表

(2) 单击"凭证"按钮，重新生成记账凭证，如图 6-36 所示。

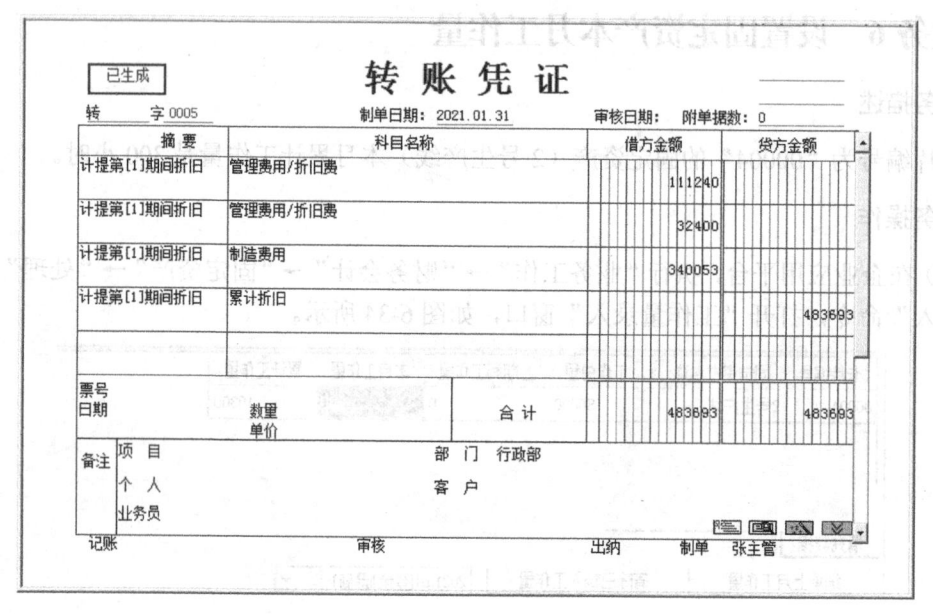

图 6-36 记账凭证

(3) 单击"保存"按钮保存凭证，完成折旧计提。

注意：
- 固定资产生成的凭证，只能在固定资产系统下修改、删除。
- 已记账的固定资产凭证不能删除，只能在固定资产系统中冲销。

业务 8 记账对账业务

业务描述

月末，将固定资产系统所生成的三张凭证审核并记账，并与总账系统进行对账。

业务操作

（1）以张出纳身份进入总账系统，对固定资产系统生成的出纳凭证进行出纳签字，如图 6-37 所示。

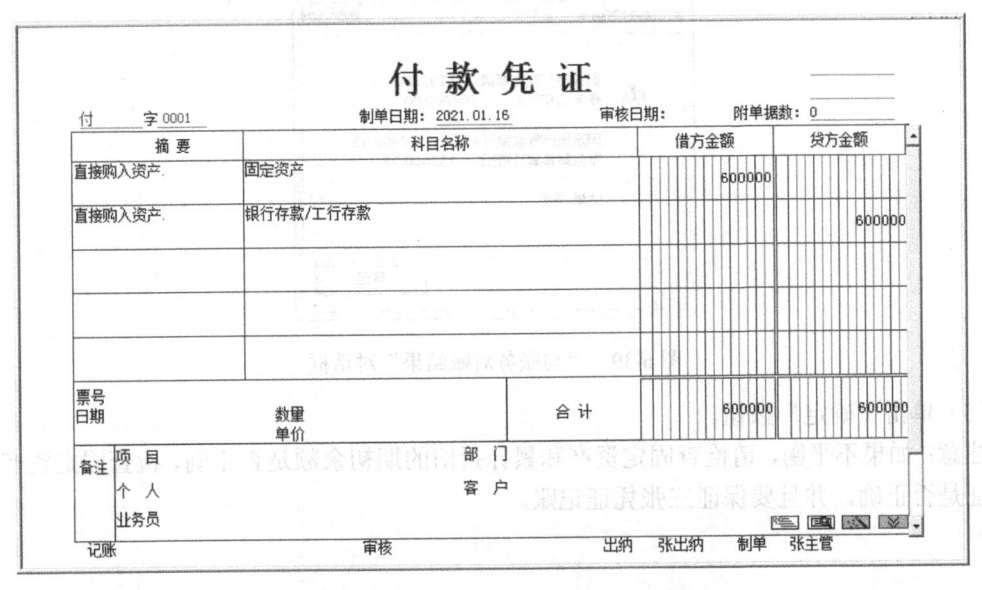

图 6-37　对购入固定资产凭证进行出纳签字

（2）以张会计身份进入总账系统，审核三张记账凭证，如图 6-38 所示。若张会计没有审核权，请授权，并分配数字权限。

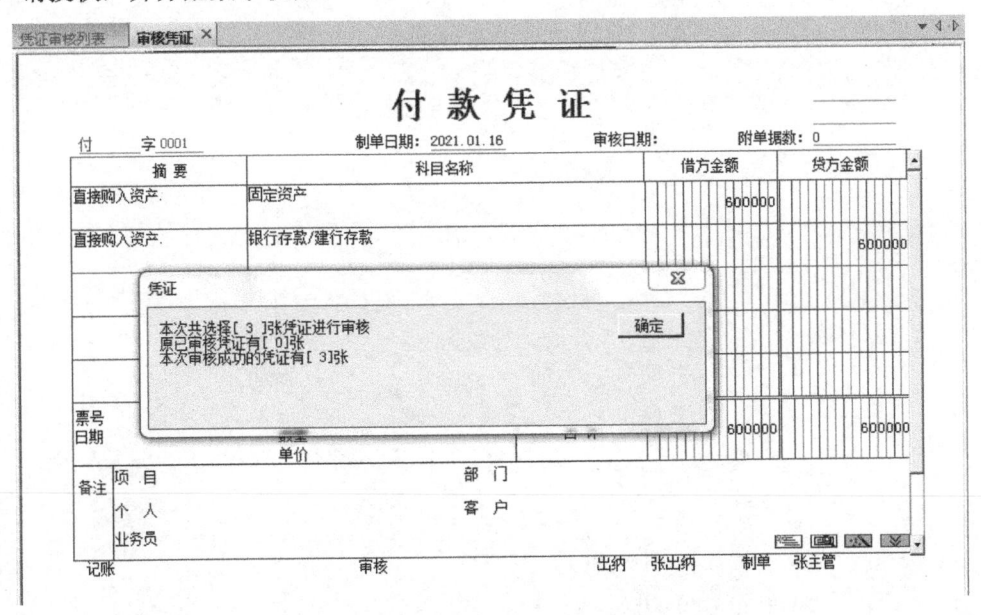

图 6-38　审核三张固定资产系统生成的凭证

（3）将固定资产系统生成的凭证记账。

（4）执行"处理"→"对账"命令，打开"与账务对账结果"对话框，结果应为平衡，如图6-39所示。

与账务对账结果

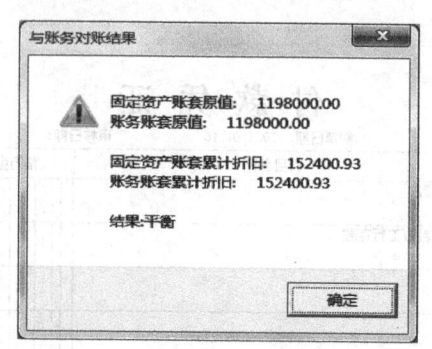

固定资产账套原值：　1198000.00
账务账套原值：　　　1198000.00

固定资产账套累计折旧：　152400.93
账务账套累计折旧：　　　152400.93

结果:平衡

图6-39　"与账务对账结果"对话框

（5）单击"确定"按钮。

注意：如果不平衡，请检查固定资产和累计折旧的期初余额是否正确、检查固定资产的三张凭证是否正确，并且要保证三张凭证记账。

项目 7

应收款管理系统

能力目标

通过学习应收款管理系统，学生应该掌握以下技能。

1. 应收款管理系统的初始化设置。
2. 应收款系统对应的存货设置方法及会计科目设置方法。
3. 通过学习应收款管理系统中的销售专用发票、其他应收单等单据录入方法，掌握应收款管理系统中单据处理，往来款项收回，转账、坏账处理的操作方法。
4. 掌握企业与客户之间业务往来款项的核算管理，并能够了解购销存系统与应收款管理系统之间的数据传递流程。

学习任务 7.1　应收款管理系统初始化

业务 1　启用应收款管理系统进行初始参数设置

业务描述

启用应收款管理系统，设置单据审核日期依据为"单据日期"，坏账处理方式为"应收余额百分比法"，代垫费用类型为"其他应收单"，应收账款核算类型为"详细核算"；设置受控科目制单依据为"明细到客户"，非受控科目制单方式为"汇总方式"；启用客户权限，并且按信用方式根据单据提前 7 天自动报警；设置应收款核销方式为"按单据"。

业务操作

（1）启用应收款管理系统（如已启用，请忽略此步）：以账套主管身份注册登录，执行"基础设置"→"基本信息"→"系统启用"命令，选择"AR 应收款管理"选项，并将启用日期设置为"2021 年 1 月 1 日"。

（2）执行"业务工作"→"财务会计"→"应收款管理"→"设置"→"选项"命令，打开"账套参数设置"对话框。

（3）单击"编辑"按钮，在"常规"选项卡中，选择"坏账处理方式"下拉列表中的"应收余额百分比法"选项，设置代垫费用类型为"其他应收单"，应收账款核算类型为"详细核算"，如图 7-1 所示。

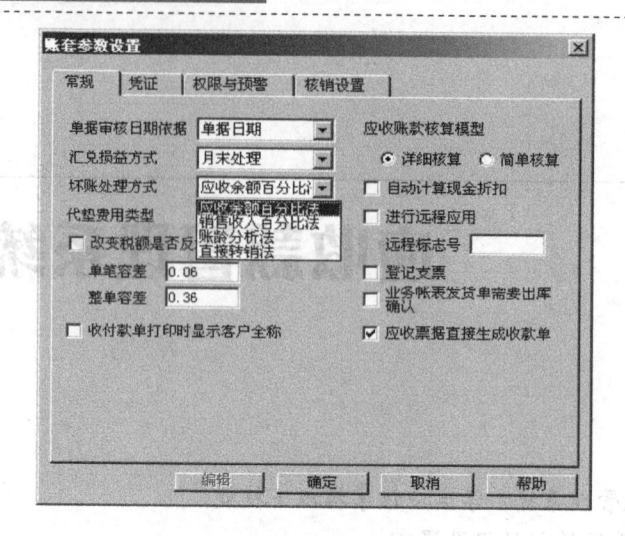

图 7-1 账套参数设置

(4) 单击"凭证"选项卡,设置受控科目制单依据为"明细到客户",非受控科目制单方式为"汇总方式"。

(5) 单击"权限与预警"选项卡,设置按信用方式根据单据提前 7 天自动报警。

(6) 单击"核销设置"选项卡,设置应收款核销方式为"按单据"。

(7) 单击"确定"按钮,完成设置,更改完成后,需要重新注册才可生效。

业务 2 设置存货分类

业务描述

存货分类如表 7-1 所示。

表 7-1 存货分类

分类编码	分类名称
01	原料及主要材料
02	包装物
03	库存商品
04	运输劳务

业务操作

(1) 在企业应用平台,执行"基础设置"→"基础档案"→"存货"→"存货分类"命令,打开"存货分类"窗口。

(2) 单击"增加"按钮,将表 7-1 的内容录入其中,如图 7-2 所示。

(3) 录入完后,单击"退出"按钮。

图 7-2 设置存货分类

业务 3　设置计量单位

业务描述

先设置计量单位组为"主要计量单位组",然后在主要计量单位组下设置如表 7-2 所示的计量单位。

表 7-2　计量单位

计量单位组	计 量 单 位	计量单位编码
主要计量单位组（01）	公斤	01
	件	02
	台	03
	千米	04
	吨	05

业务操作

（1）在企业应用平台,执行"基础设置"→"基础档案"→"存货"→"计量单位"命令,打开"计量单位"窗口。

（2）单击"分组"按钮,打开"计量单位组"对话框。

（3）单击"增加"按钮,录入计量单位组编码"01",计量单位组名称"主要计量单位组",选择"计量单位组类别"下拉列表中的"无换算率"选项,如图 7-3 所示。

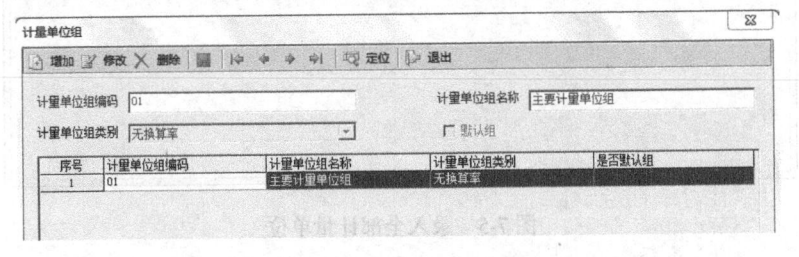

图 7-3　设置计量单位组

(4) 设置完毕后单击"保存"按钮,再单击"退出"按钮,返回"计量单位"窗口。
(5) 单击"单位"按钮,进入"计量单位"对话框。
(6) 单击"增加"按钮,录入计量单位编码"01",计量单位名称"公斤",如图7-4所示,单击"保存"按钮。

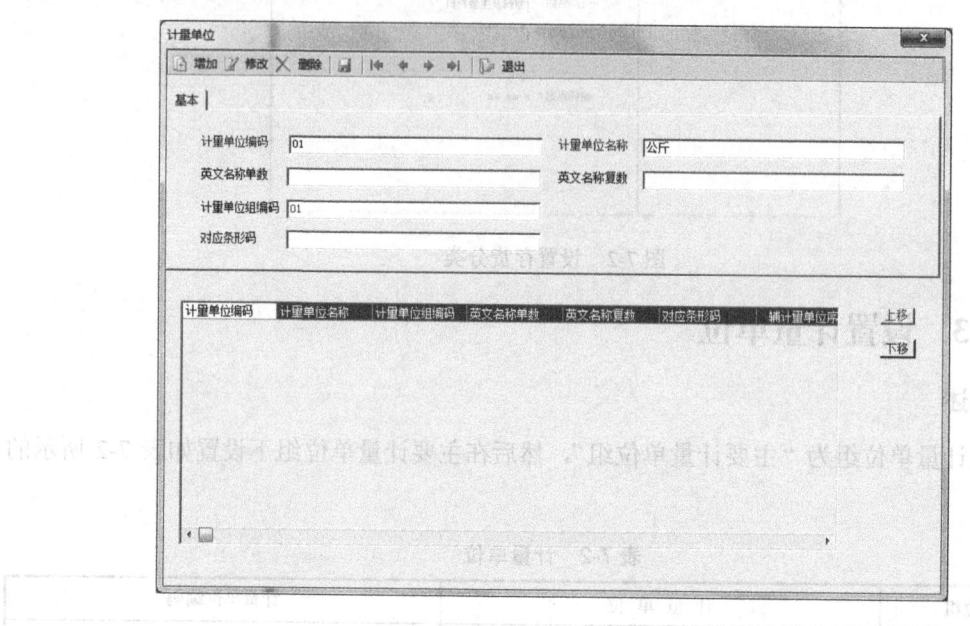

图7-4 录入计量单位

(7) 继续录入其他计量单位,如图7-5所示,录入完后,单击"退出"按钮。

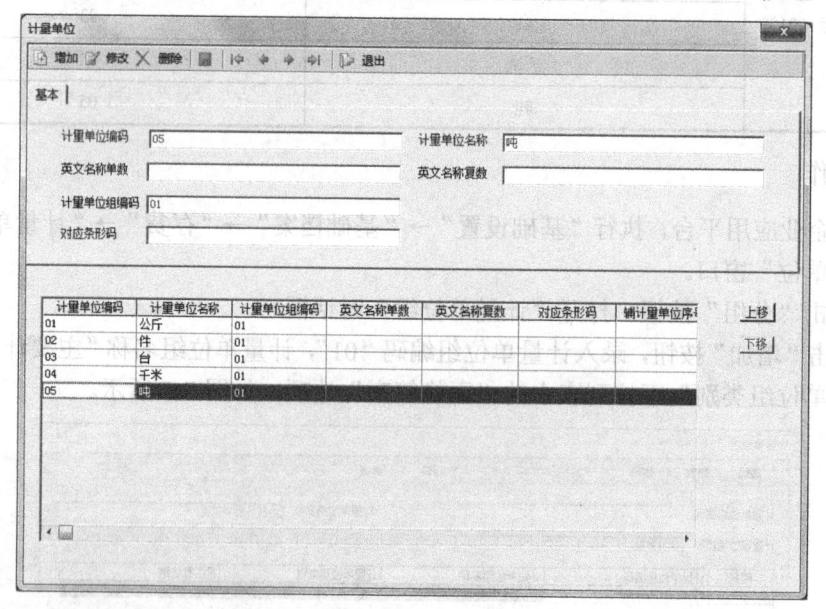

图7-5 录入全部计量单位

业务 4 设置存货档案

业务描述

要求设置的存货档案如表 7-3 所示。

表 7-3 存货档案

存货编码	存货名称	所属分类	计量单位	税率/%	存货属性
001	面粉	01	公斤	13	外购、生产耗用
002	鸡蛋	01	公斤	13	外购、生产耗用
003	黄油面包	03	公斤	13	自制、内销
004	奶油面包	03	公斤	13	自制、内销
005	苏打饼干	03	公斤	13	自制、内销
006	鸳鸯饼干	03	公斤	13	自制、内销
007	运输费	04	千米	9	外购、内销、应税劳务

业务操作

（1）在企业应用平台，执行"基础设置"→"基础档案"→"存货"→"存货档案"命令，打开"存货档案"窗口。

（2）单击存货分类中的"1-原料及主要材料"，再单击"增加"按钮，打开"增加存货档案"窗口，录入存货编码"001"，存货名称"面粉"，单击"计量单位组"栏的参照按钮，选择"01-主要计量单位组"，单击"主计量单位"栏的参照按钮，选择"01-公斤"，选中"外购"和"生产耗用"复选框，如图 7-6 所示。

（3）单击"保存并新增"按钮，继续录入其他存货档案信息。

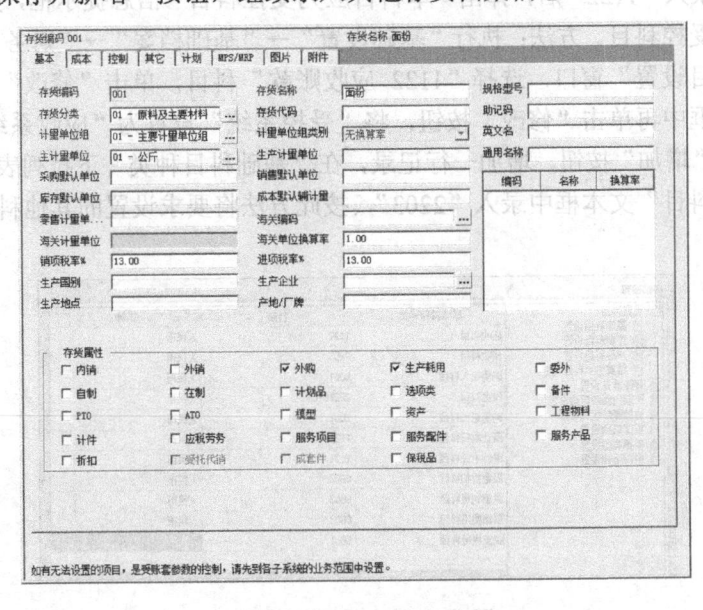

图 7-6 增加存货档案

业务 5　设置基本会计科目

业务描述

设置应收科目为"1122 应收账款",预收科目为"2203 预收账款",销售收入科目为"6001 主营业务收入",税金科目为"22210102 应交税费——应交增值税(销项税额)",销售退回科目为"6001 主营业务收入",商业承兑科目为"1121 应收票据",银行承兑科目为"1121 应收票据",现金折扣科目为"6603 财务费用",票据利息科目为"6603 财务费用",票据费用科目为"6603 财务费用",收支费用科目为"6601 销售费用"。

业务操作

(1)在企业应用平台,执行"业务工作"→"财务会计"→"应收款管理"→"设置"→"初始设置"命令,打开"初始设置"对话框。

(2)执行"设置科目"→"基本科目设置"命令,单击"增加"按钮,增加一行记录,在"基础科目种类"下拉列表中选择"应收科目"选项,在"科目"文本框中录入"1122",敲击回车键,如图 7-7 所示。

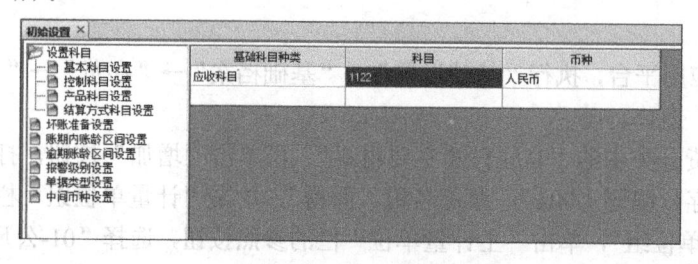

图 7-7　基本科目设置

注意:如果录入"1122"后,弹出"本科目应为受控科目"信息提示框,则需要将"1122"设置为应收系统受控科目。方法:执行"基础设置"→"基础档案"→"财务"→"会计科目"命令,打开"科目设置"窗口,选择"1122 应收账款"科目,单击"修改"按钮,在"修改会计科目"对话框中再单击"修改"按钮,将"受控系统"设置为"应收系统"。

(3)再单击"增加"按钮,增加一行记录,在"基础科目种类"下拉列表中选择"预收科目"选项,在"科目"文本框中录入"2203",按此方法将要求设置的其他科目都设置完毕,如图 7-8 所示。

图 7-8　基本科目设置完毕

业务6　结算方式科目设置

业务描述

设置现金结算方式科目为"1001库存现金",现金支票结算方式科目为"100201工行存款",转账支票结算方式科目为"100201工行存款",信汇结算方式科目为"100201工行存款",电汇结算方式科目为"100201工行存款",银行汇票结算方式科目为"100201工行存款"。

业务操作

(1) 在企业应用平台,执行"业务工作"→"财务会计"→"应收款管理"→"设置"→"初始设置"命令,打开"初始设置"对话框。

(2) 执行"设置科目"→"结算方式科目设置"命令,单击"增加"按钮,增加一条记录,设置结算方式为"现金",币种为"人民币",科目为"1001"。按此方法设置所有结算方式科目,如图7-9所示。

结算方式	币　种	本单位账号	科　目
1 现金	人民币		1001
2 现金支票	人民币		100201
3 转账支票	人民币		100201
4 信汇	人民币		100201
5 电汇	人民币		100201
6 银行汇票	人民币		100201

图7-9　结算方式科目设置

(3) 本章将用到"银行汇票"结算方式,请新增结算方式,再进行科目设置。

业务7　坏账准备、账龄区间及开户银行设置

业务描述

(1) 坏账准备:提取比率为"0.5%",坏账准备期初余额为"0",坏账准备科目为"1231坏账准备",对方科目为"6702信用减值损失"。

(2) 账龄区间:账期内账龄区间设置总天数分别为10天、30天、60天、90天;逾期账龄区间设置总天数分别为30天、60天、90天和120天。

(3) 本单位开户银行:本单位开户银行为工商银行太原杏花岭支行,账号为"410088800003",所属银行编码为"01-中国工商银行"。

业务操作

1. 坏账准备设置

在应收款管理系统中,执行"设置"→"初始设置"→"坏账准备设置"命令,打开"坏

账准备设置"窗口，录入提取比率"0.5"，坏账准备期初余额"0"，坏账准备科目"1231"，对方科目"6702"，如图 7-10 所示，单击"确定"按钮，弹出"储存完毕"信息提示框，单击"确定"按钮。

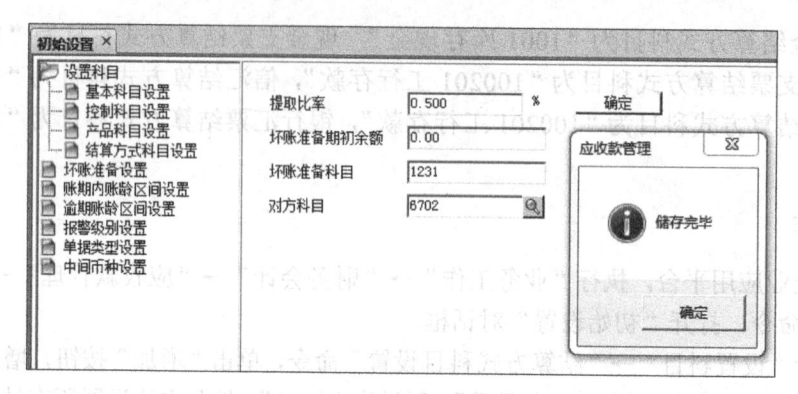

图 7-10　坏账准备设置

2. 账龄区间设置

（1）在应收款管理系统中，执行"设置"→"初始设置"→"账期内账龄区间设置"命令，打开"账期内账龄区间设置"窗口。

（2）在"总天数"文本框中录入"10"，敲击回车键，再在下一行"总天数"文本框中录入"30"后敲击回车键，按此方法继续录入其他总天数，如图 7-11 所示。

图 7-11　账期内账龄区间设置

（3）按同样方法设置逾期账龄区间。

3. 开户银行设置

（1）在企业应用平台，执行"基础设置"→"基础档案"→"收付结算"→"本单位开户银行"命令，进入"本单位开户银行"窗口。

（2）单击"增加"按钮，打开"增加本单位开户银行"对话框。

（3）在"增加本单位开户银行"对话框的"编码"文本框中录入"1"，在"银行账号"文本框中录入"410088800003"，币种选择"人民币"，在"开户银行"文本框中录入"工商银行太原杏花岭支行"，所属银行编码选择"01-中国工商银行"，如图 7-12 所示。

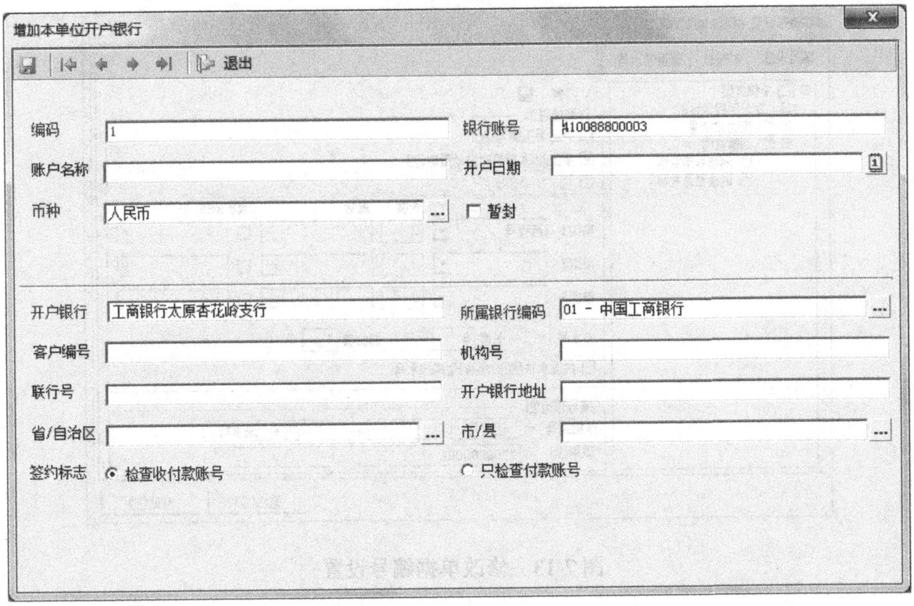

图7-12 开户银行设置

（4）单击"保存"按钮，再单击"退出"按钮。

业务8　单据编号设置

业务描述

将销售专用发票、销售普通发票、其他应收单、付款单及收款单等都设置为手工改动，重号时自动重取，其他为系统默认。

业务操作

（1）在企业应用平台，执行"基础设置"→"单据设置"→"单据编号设置"命令，进入"单据编号设置"窗口。

（2）依次单击"单据类型""销售管理""销售专用发票"前的"+"，打开"单据编号设置-[销售专用发票]"对话框。

（3）在"单据编号设置-[销售专用发票]"对话框中，单击" "按钮，选中"手工改动，重号时自动重取"复选框，如图7-13所示。

（4）单击"保存"按钮，保存设置。

（5）按此方法，设置其他单据。

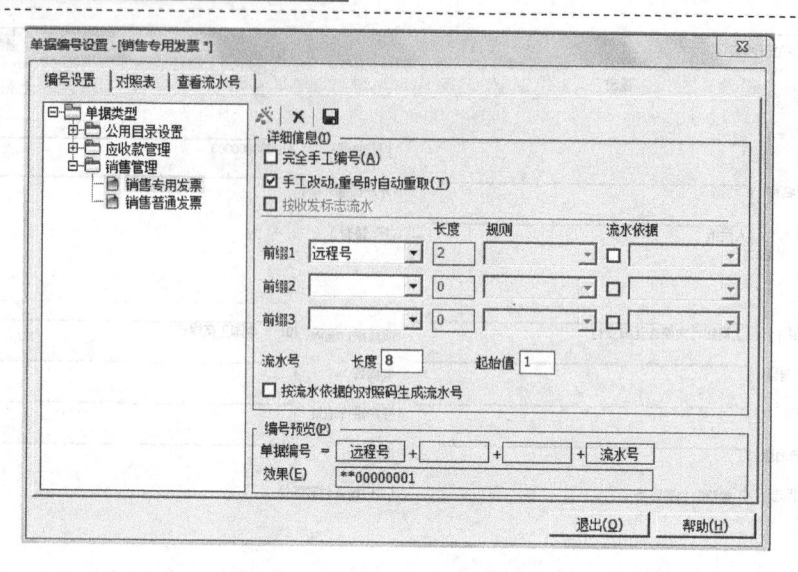

图7-13 修改单据编号设置

业务9 设置期初余额

业务描述

存货税率均为13%，开票日期均为2020年10月，期初余额如表7-4所示。

表7-4 期初余额

单据名称	客户名称	摘要	科目	不含税单价	价税合计/元
销售专用发票	兴隆公司	16日，销售一科销售黄油面包5 000公斤，发票号0007	1122	20元/公斤	113 000
销售专用发票	星辰公司	22日，销售一科销售黄油面包5 000公斤，发票号0008	1122	20元/公斤	113 000
销售专用发票（商业汇票结算）	星辰公司	26日，销售一科销售奶油面包1 280公斤，发票号0009	1121	25元/公斤	36 160
其他应收单	星辰公司	26日，销售一科，代垫运费，单据编号001	1122		6 200
预收款单（银行汇票）	兴隆公司	30日，销售二科，单据编号111	2203		25 000

业务操作

1. 录入销售专用发票

（1）在应收款管理系统中，执行"设置"→"期初余额"命令，进入"期初余额-查询"对话框。

（2）单击"确定"按钮，打开"期初余额明细表"窗口。

（3）单击"增加"按钮，打开"单据类别"对话框。

（4）选择单据名称为"销售发票"，单据类型为"销售专用发票"，如图 7-14 所示。单击"确定"按钮，进入"销售专用发票"窗口。

（5）单击"增加"按钮，生成一张新发票，修改开票日期为"2020-10-16"，在"发票号"文本框中录入"0007"，在"客户名称"文本框中录入"兴隆公司"，或单击"客户名称"栏的参照按钮，选择"兴隆公司"，系统自动带出客户相关信息，在"税率（%）"文本框中录入"13"，在"科目"文本框中录入"1122"，或单击"科目"栏的参照按钮，选择"1122 应收账款"。在销售专用发票下半部分中的"货物编号"文本框中录入"003"，或单击"货物编号"栏的参照按钮，选择"黄油面包"，在"数量"文本框中录入"5000"，在"无税单价"文本框中录入"20"，如图 7-15 所示。

图 7-14 单据类别

图 7-15 录入销售专用发票

（6）单击"保存"按钮。依照此方法继续录入第 2 张和第 3 张销售专用发票。

2. 录入其他应收单

（1）在应收款管理系统中，执行"设置"→"期初余额"命令，打开"期初余额-查询"窗口。

（2）单击"确定"按钮，打开"期初余额明细表"窗口。

（3）单击"增加"按钮，打开"单据类别"对话框。

（4）选择单据名称为"应收单"，单据类型为"其他应收单"，如图 7-16 所示。

图 7-16 单据类别

（5）单击"确定"按钮，打开"应收单"窗口。

（6）单击"增加"按钮，增加一张新的应收单，修改单据编号为"001"，修改单据日期为"2016-10-26"，在"客户名称"文本框中录入"星辰公司"，或单击"客户"栏的参照按钮，选择"星辰公司"，系统自动带出相关信息，在"本币金额"文本框中录入"6 200"，在"摘要"文本框中录入"代垫运费"，如图 7-17 所示。

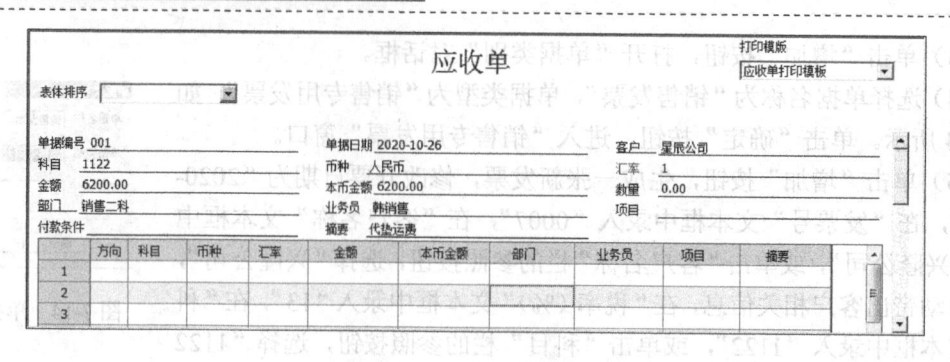

图7-17 录入应收单

（7）单击"保存"按钮。

3．录入预收款单

（1）在"期初余额明细表"窗口中，单击"增加"按钮，打开"单据类别"对话框。

（2）选择单据名称为"预收款"，单据类型为"收款单"，如图7-18所示。

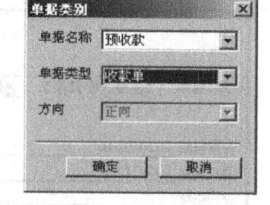

（3）单击"确定"按钮，打开"收款单"窗口。

图7-18 收款单

（4）修改日期为"2016-10-30"，在"客户"文本框中录入"兴隆公司"，或单击"客户"栏的参照按钮，选择"兴隆公司"，在"结算方式"文本框中录入"银行汇票"，或单击"结算方式"栏的参照按钮，选择"银行汇票"，在"金额"文本框中录入"25 000"，在"摘要"文本框中录入"预收货款"。在收款单下半部分中的"科目"文本框中录入"2203"，或单击"科目"栏的参照按钮，选择"2203 预收账款"，如图7-19所示。

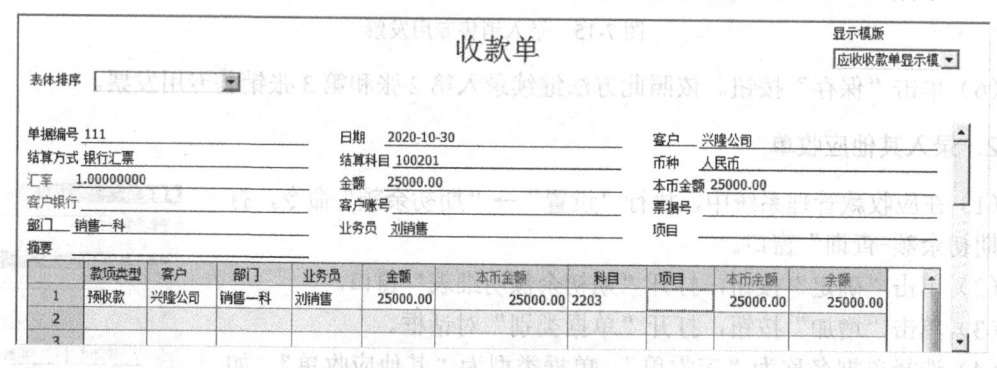

图7-19 录入预收款单

（5）单击"保存"按钮。

4．应收款系统与总账系统对账

（1）在"期初余额明细表"窗口中，单击"对账"按钮，打开"期初对账"窗口，如图7-20所示，应收款系统和总账的对账应该是平衡的、无差额的。

科目		客户	应收期初		总账期初		差额	
编号	名称	名称	原币	本币	原币	本币	原币	本币
1121	应收票据		36,160.00	36,160.00	36,160.00	36,160.00	0.00	0.00
1122	应收账款		232,200.00	232,200.00	232,200.00	232,200.00	0.00	0.00
2203	预收账款		-25,000.00	-25,000.00	-25,000.00	-25,000.00	0.00	0.00
	合计			243,360.00		243,360.00		0.00

图 7-20　期初对账窗口

（2）检查对账是否平衡，单击"退出"按钮。

学习任务 7.2　单据处理

业务 1　填制销售专用发票和应收单据

业务描述

（1）2021 年 1 月 15 日，向兴隆公司销售黄油面包 200 公斤，无税单价为 20 元/公斤，增值税税率为 13%（销售专用发票号码：0000000001），如图 7-21 所示。

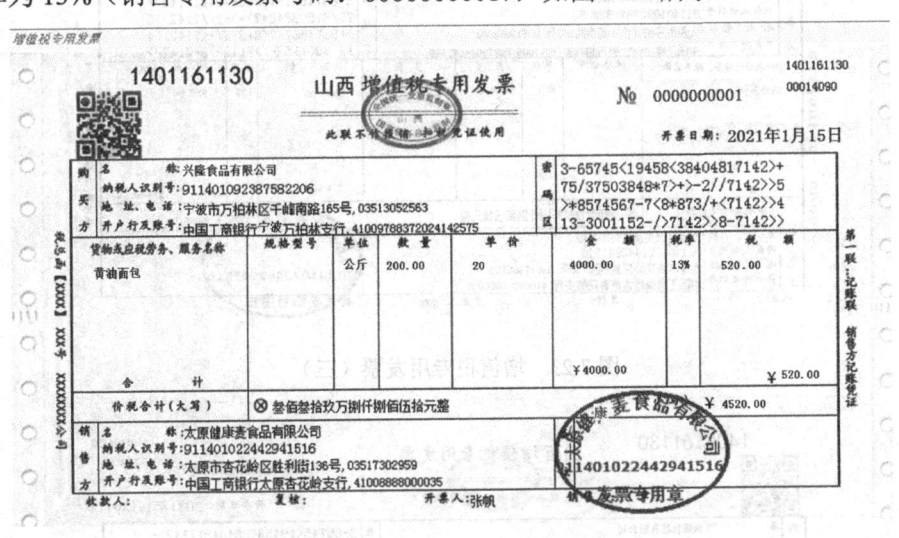

图 7-21　增值税专用发票（一）

（2）2021 年 1 月 19 日，向兴隆公司销售黄油面包 500 公斤，无税单价为 22 元/公斤，增值税税率为 13%（销售专用发票号码：0000000002），如图 7-22 所示。

（3）2021 年 1 月 20 日，向齐旺公司销售奶油面包 200 公斤，无税单价为 25 元/公斤，增值税税率为 13%（销售专用发票号码：0000000003），如图 7-23 所示，并以转账支票代垫运费 200 元。

（4）2021 年 1 月 20 日，向兴隆公司销售奶油面包 100 公斤，无税单价为 24 元/公斤，增值税税率为 13%（销售专用发票号码 0000000004），如图 7-24 所示，并以现金代垫运费 100 元。

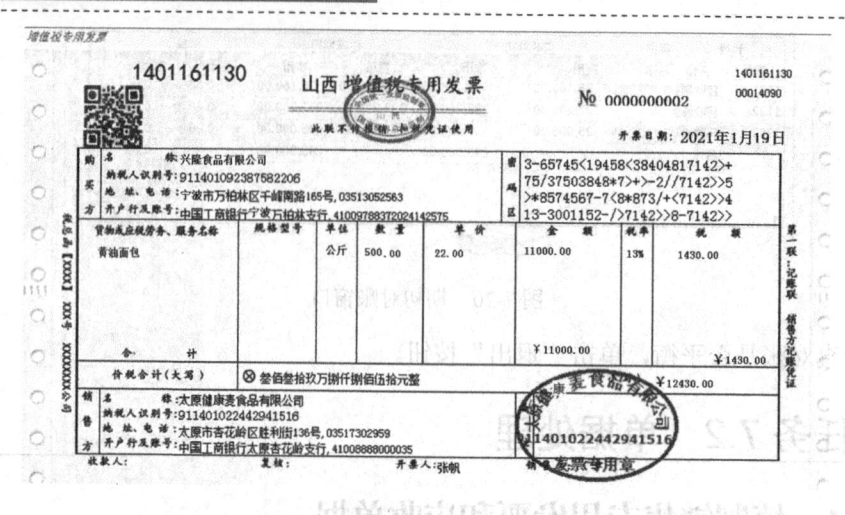

图 7-22　增值税专用发票（二）

图 7-23　增值税专用发票（三）

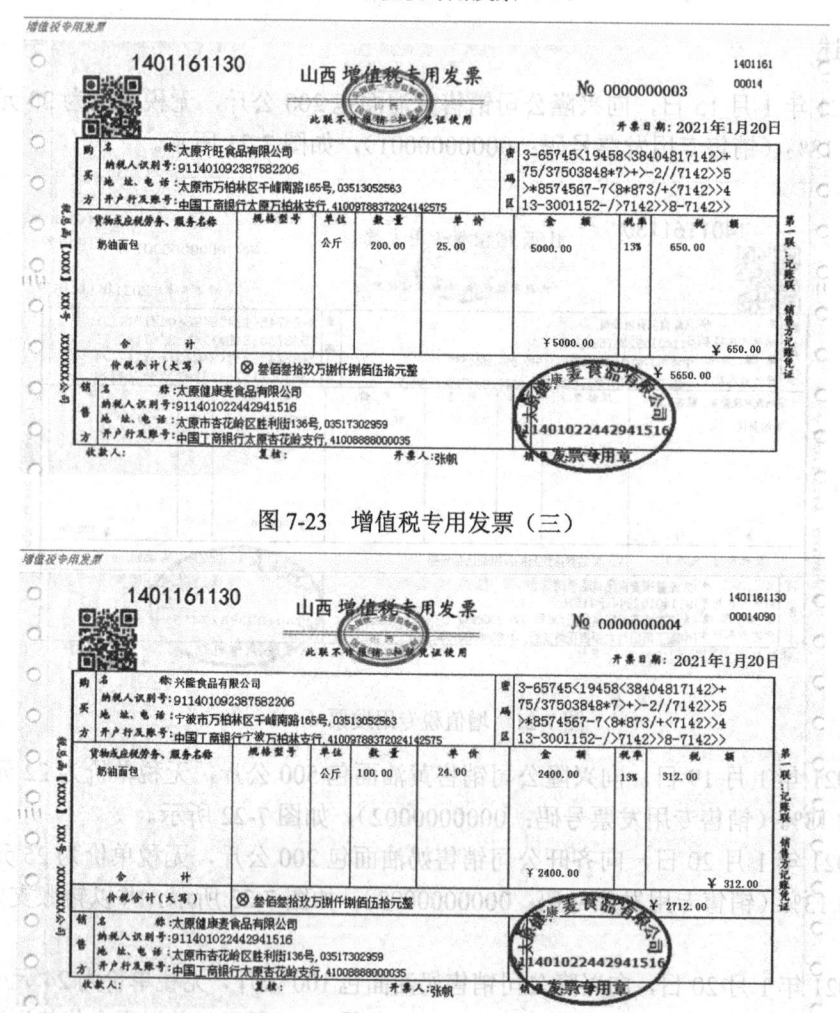

图 7-24　增值税专用发票（四）

业务操作

1. 填制第一笔业务的销售专用发票

（1）在应收款管理系统中，执行"应收单据处理"→"应收单据录入"命令，打开"单据类别"对话框。

（2）选择单据名称为"销售发票"，单据类型为"销售专用发票"，单击"确定"按钮，打开"销售专用发票"窗口。

（3）单击"增加"按钮，生成一张新的销售专用发票，修改开票日期为"2021-01-15"，录入发票号"0000000001"。

（4）录入"销售类型"时需要添加销售类型，添加方法：单击"销售类型"的参照按钮，打开"销售类型基本参照"窗口；单击"编辑"按钮，打开"销售类型"窗口；单击"增加"按钮，增加一条记录，在"销售类型编码"文本框中录入"01"，"销售类型名称"文本框中录入"经销"；再单击"出库类别"的参照按钮，打开"收发类别档案基本参照"窗口，单击"编辑"按钮，打开"收发类别"窗口，单击"增加"按钮，在"收发类别编码"文本框中录入"1"，"收发类别名称"文本框中录入"正常出库"，"收发标志"选择"发"，单击"保存"按钮后返回。

（5）继续在"客户简称"文本框中录入"兴隆公司"，或单击"客户简称"栏的参照按钮，选择"兴隆公司"。在销售专用发票下半部分中的"存货编码"文本框中录入"003"，或单击"存货编码"栏的参照按钮，选择"003"，在"数量"文本框中录入"200"，在"无税单价"文本框中录入"20"，如图7-25所示。

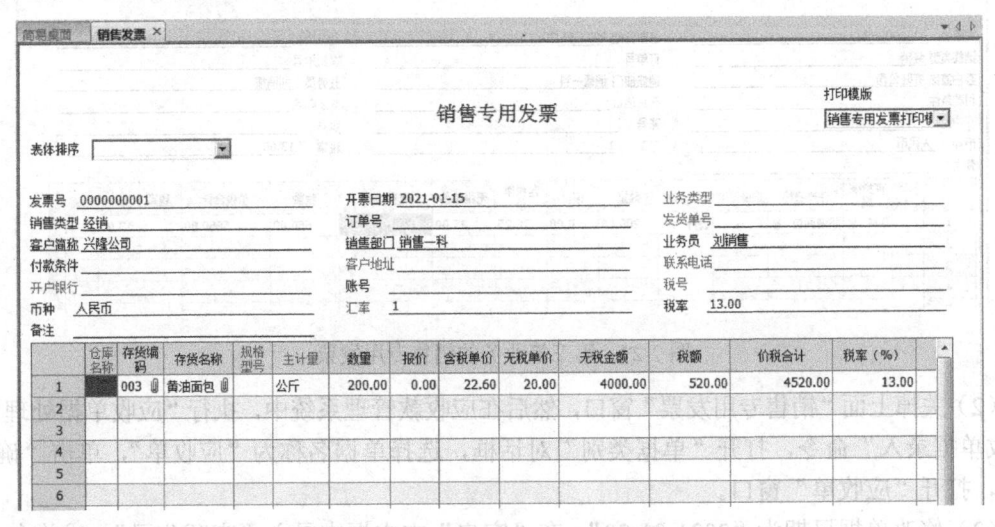

图7-25 第一笔业务的销售专用发票

（6）单击"保存"按钮。

2. 填制第二笔业务的销售专用发票

单击"增加"按钮，按第一笔业务销售专用发票的录入方法录入第二笔业务的销售专用发票，如图 7-26 所示。

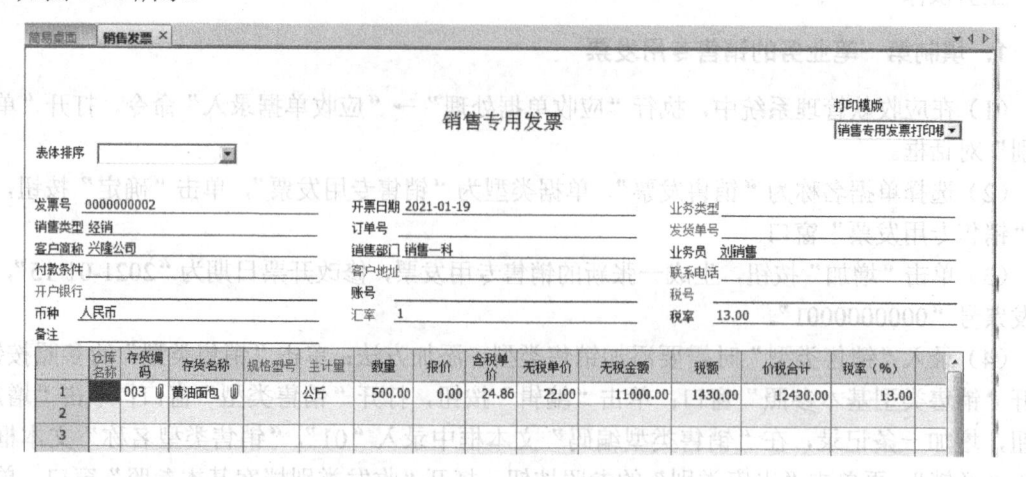

图 7-26　第二笔业务的销售专用发票

3. 填制第三笔业务的销售专用发票和应收单

（1）按上述录入方法录入第三笔业务的销售专用发票，如图 7-27 所示。

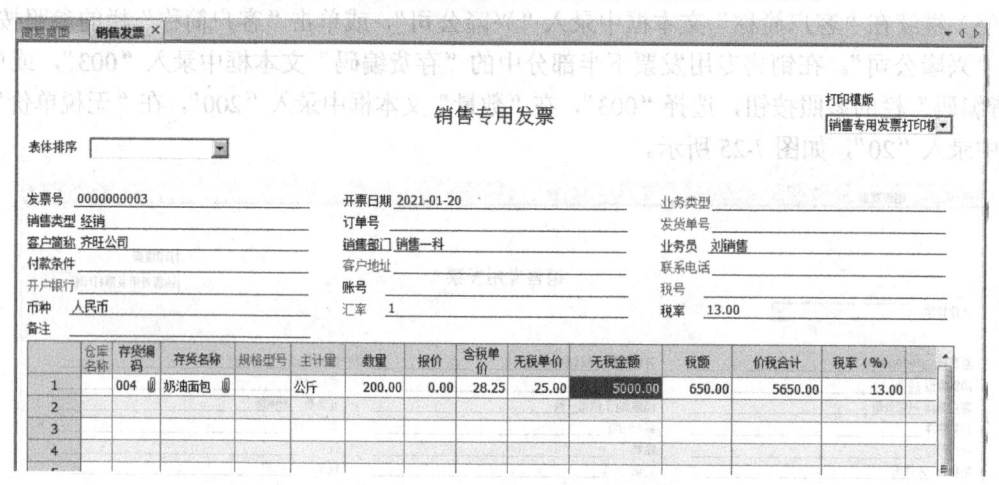

图 7-27　第三笔业务的销售专用发票

（2）关掉上面"销售专用发票"窗口，然后在应收款管理系统中，执行"应收单据处理"→"应收单据录入"命令，打开"单据类别"对话框，选择单据名称为"应收单"，单击"确定"按钮，打开"应收单"窗口。

（3）修改单据日期为"2021-01-20"，在"客户"文本框中录入"齐旺公司"，或单击"客户"栏的参照按钮，选择"齐旺公司"，在"本币金额"文本框中录入"200"，在"摘要"文本框中录入"代垫运费"。在应收单下半部分中的"科目"文本框中录入"100201"，或单击"科目"栏的参照按钮，选择"100201 工行存款"，如图 7-28 所示。

（4）单击"保存"按钮，单击"退出"按钮。继续录入第四笔业务的增值税专用发票及应收单。

图 7-28　第三笔业务的应收单

4. 填制第四笔业务的销售专用发票和应收单

按上述录入方法录入第四笔业务的销售专用发票和应收单，如图 7-29、图 7-30 所示。

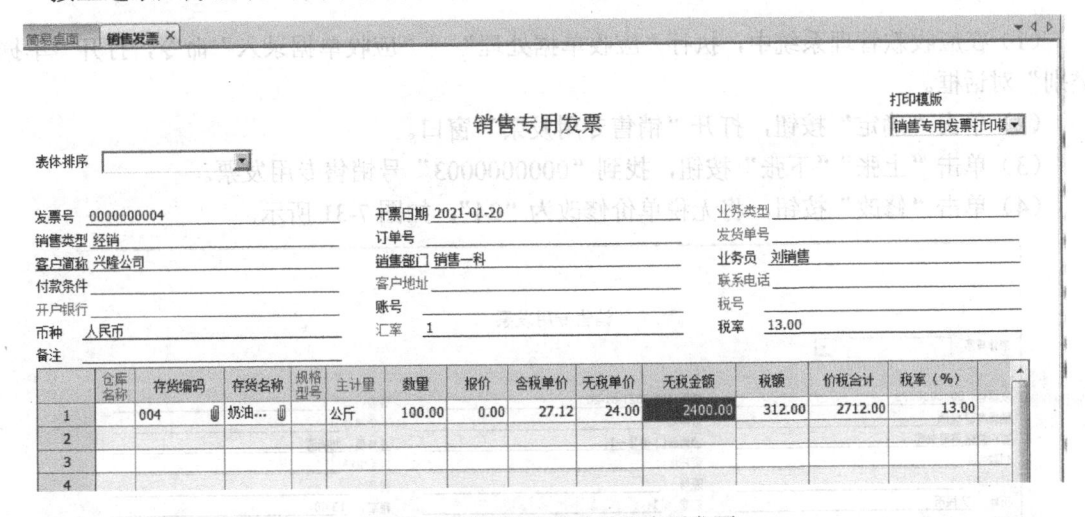

图 7-29　第四笔业务的销售专用发票

图 7-30　第四笔业务的应收单

业务2　修改、删除销售专用发票及审核应收单据

业务描述

（1）2021年1月22日，发现2021年1月20日所填制的向齐旺公司销售奶油面包200公斤，无税单价为25元/公斤，增值税税率为13%的"0000000003"号销售专用发票中的无税单价为24元/公斤，应修改。

（2）2021年1月22日，发现2021年1月15日所填制的向兴隆公司销售黄油面包200公斤，无税单价为20元/公斤，增值税税率为13%的"0000000001"号销售专用发票填制错误，应删除。

（3）审核应收单据。

业务操作

1. 修改销售专用发票

（1）在应收款管理系统中，执行"应收单据处理"→"应收单据录入"命令，打开"单据类别"对话框。

（2）单击"确定"按钮，打开"销售专用发票"窗口。

（3）单击"上张""下张"按钮，找到"0000000003"号销售专用发票。

（4）单击"修改"按钮，将无税单价修改为"24"，如图7-31所示。

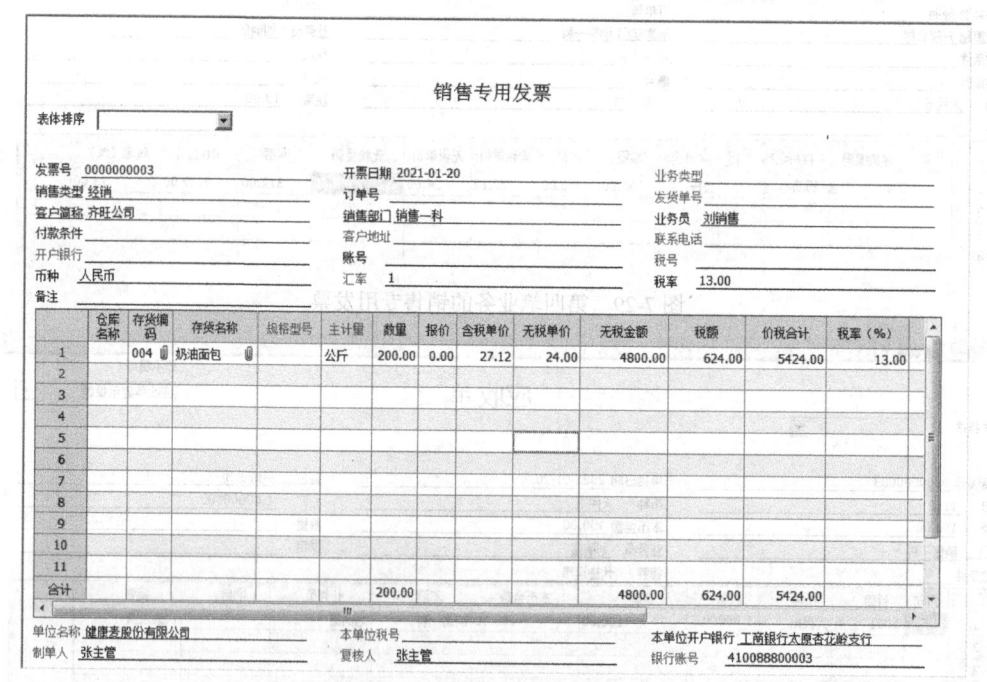

图7-31　修改销售专用发票

（5）单击"保存"按钮，再单击"关闭"按钮退出。

2. 删除销售专用发票

（1）在应收款管理系统中，执行"应收单据处理"→"应收单据录入"命令，打开"单据类别"对话框。

（2）单击"确定"按钮，打开"销售专用发票"窗口。

（3）单击"上张""下张"按钮，找到"0000000001"号销售专用发票。

（4）单击"删除"按钮，弹出"单据删除后不能恢复，是否继续？"信息提示框，如图 7-32 所示。

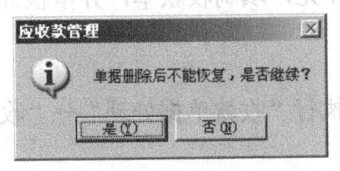

图 7-32　删除单据信息提示框

（5）单击"是"按钮，再单击"关闭"按钮退出。

3. 审核应收单据

（1）在应收款管理系统中，执行"应收单据处理"→"应收单据审核"命令，打开"单据过滤条件"窗口。

（2）单击"确定"按钮，打开"应收单据列表"窗口。

（3）在"应收单据列表"窗口中，单击"全选"按钮，如图 7-33 所示。

选择	审核人	单据日期	单据类型	单据号	客户名称	部门	业务员	制单人	币种	汇率	原币金额	本币金额	备注
		2021-01-19	销售专...	0000000002	宁波兴隆食品有限公司	销售一科	刘销售	张主管	人民币	1.00000000	12,430.00	12,430.00	
		2021-01-20	其他应收单	0000000002	太原齐旺食品有限公司	销售一科	刘销售	张主管	人民币	1.00000000	200.00	200.00	代垫运费
		2021-01-20	其他应收单	0000000003	宁波兴隆食品有限公司	销售一科	刘销售	张主管	人民币	1.00000000	100.00	100.00	代垫运费
		2021-01-20	销售专...	0000000003	太原齐旺食品有限公司	销售一科	刘销售	张主管	人民币	1.00000000	5,424.00	5,424.00	
		2021-01-20	销售专...	0000000004	宁波兴隆食品有限公司	销售一科	刘销售	张主管	人民币	1.00000000	2,712.00	2,712.00	
合计											20,866.00	20,866.00	

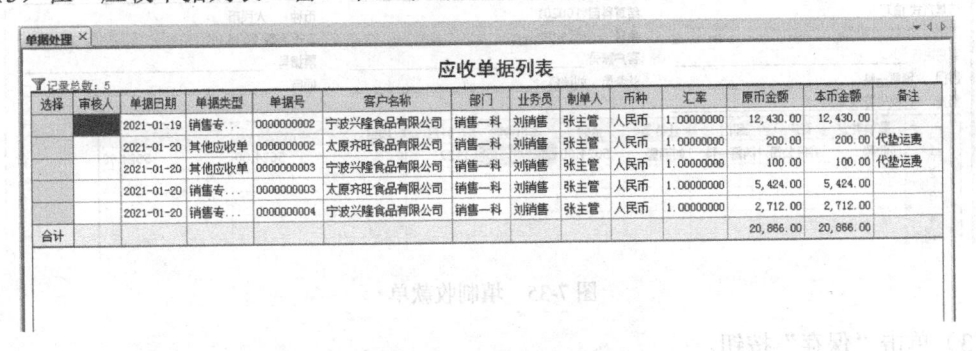

图 7-33　应收单据列表

（4）单击"审核"按钮，弹出信息提示框，如图 7-34 所示。

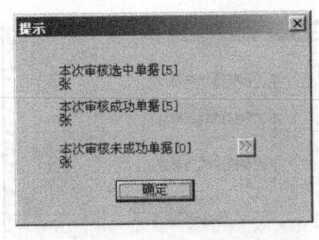

图 7-34　审核单据信息提示框

（5）单击"确定"按钮，此时，单据列表的"审核人"为当前操作员"张主管"，再单击"关闭"按钮退出。

业务 3　填制收款单并审核

业务描述

2021 年 1 月 26 日，收到银行通知，收到齐旺公司以信汇方式支付购买 200 公斤奶油面包的含税货款及代垫运费款共 5 624 元，填制收款单，并审核此张收款单。

业务操作

（1）在应收款管理系统中，执行"收款单据处理"→"收款单据录入"命令，打开"收款单"窗口。

（2）单击"增加"按钮，生成一张新的收款单，修改日期为"2021-01-26"，在"客户"文本框中录入"齐旺公司"，或单击"客户"栏的参照按钮，选择"齐旺公司"，在"结算方式"文本框中录入"信汇"，或单击"结算方式"栏的参照按钮，选择"信汇"，在"金额"文本框中录入"5 624"，在"摘要"文本框中录入"收到货款及运费"，如图 7-35 所示。

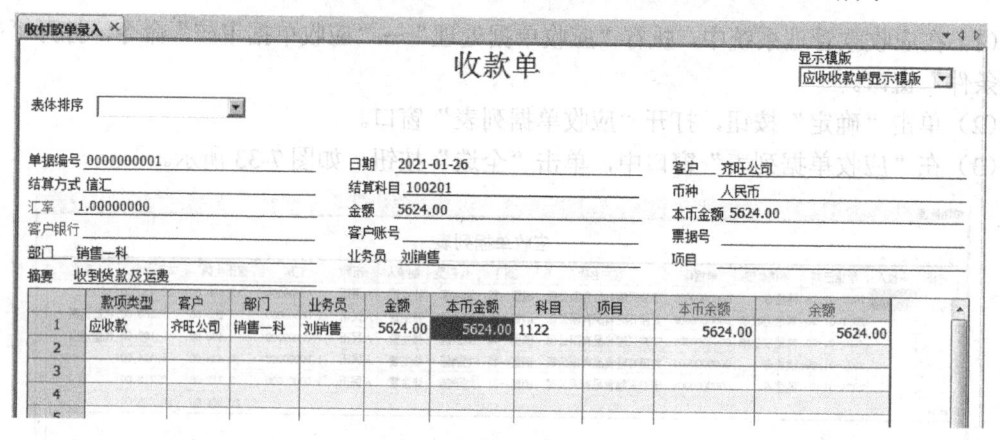

图 7-35　填制收款单

（3）单击"保存"按钮。

（4）执行"收款单据处理"→"收款单据审核"命令，审核这张收款单，弹出审核单据信息提示框，如图 7-36 所示，单击"确定"按钮，收付款单列表如图 7-37 所示。

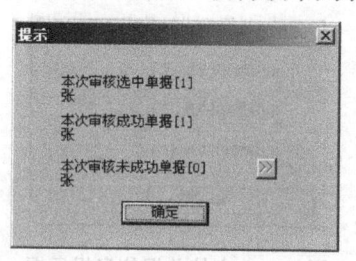

图 7-36　审核单据信息提示框

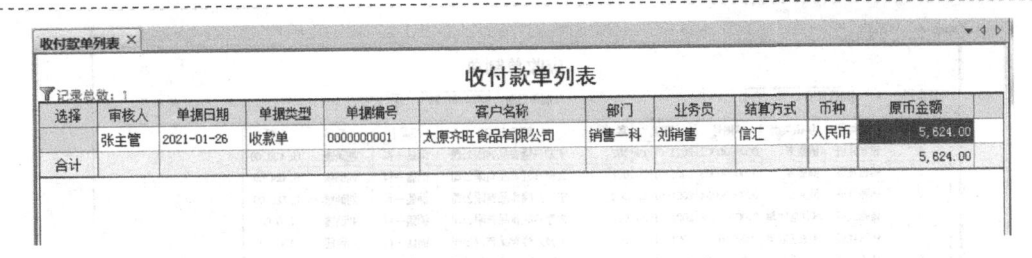

图 7-37 审核收款单

业务 4　制单（生成凭证）

业务描述

依据前面填写的销售发票、代垫运杂费的应收单和收款单生成记账凭证。

业务操作

（1）在应收款管理系统中，单击"制单处理"按钮，打开"制单查询"对话框。

（2）在"制单查询"对话框中，选中"发票制单"、"应收单制单"和"收付款单制单"，如图 7-38 所示。

图 7-38　制单查询

（3）单击"确定"按钮，进入"制单"窗口。

（4）选择"凭证类别"下拉列表中的"转账凭证"选项，如图 7-39 所示。

（5）单击"制单"按钮，生成第一张转账凭证。单击"主营业务收入"前的"摘要"栏，然后将鼠标移至下方"项目"后面，当鼠标变成笔的形状时双击，弹出"辅助项"对话框，选择"黄油面包"，单击"确定"按钮。

（6）单击"保存"按钮，如图 7-40 所示。

图 7-39 "制单"窗口

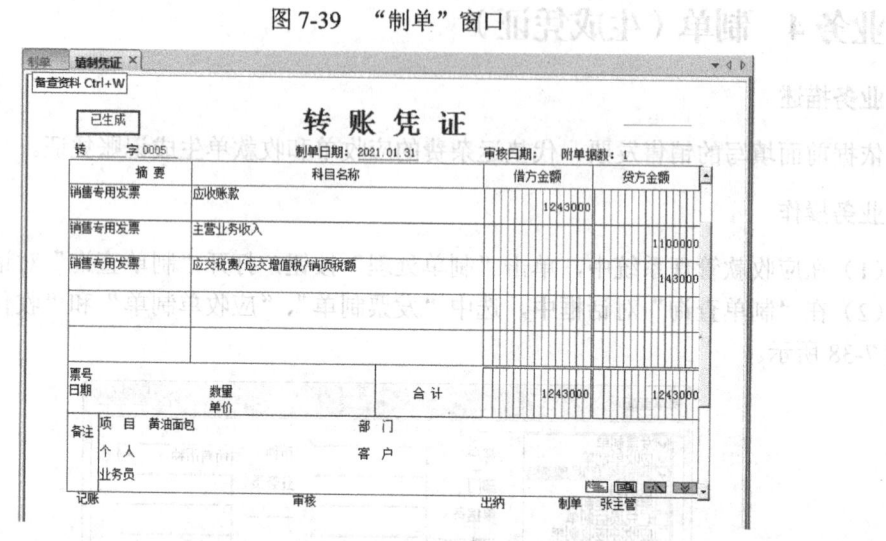

图 7-40 第一张凭证

（7）单击"下张"按钮，将主营业务收入的项目设置为"奶油面包"后，再单击"保存"按钮，生成第二张凭证，如图 7-41 所示。

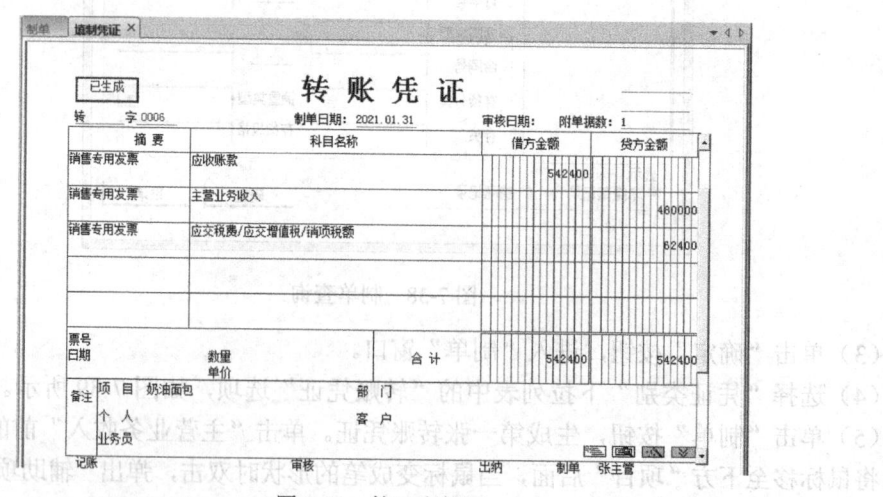

图 7-41 第二张凭证

（8）依照此方法生成其他凭证，如图 7-42 至图 7-45 所示。

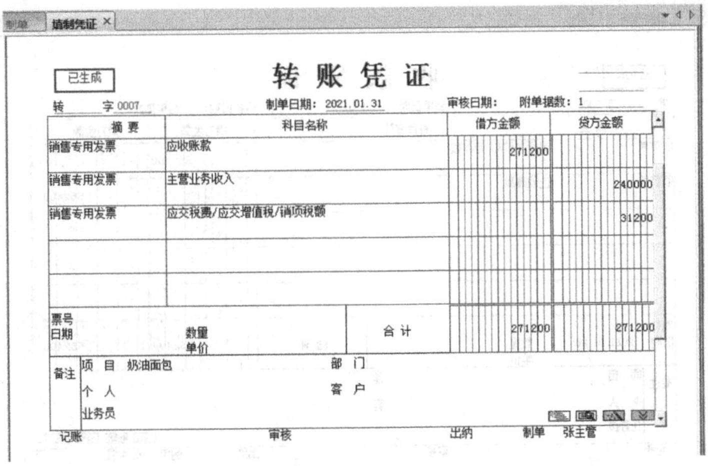

图 7-42　第三张凭证

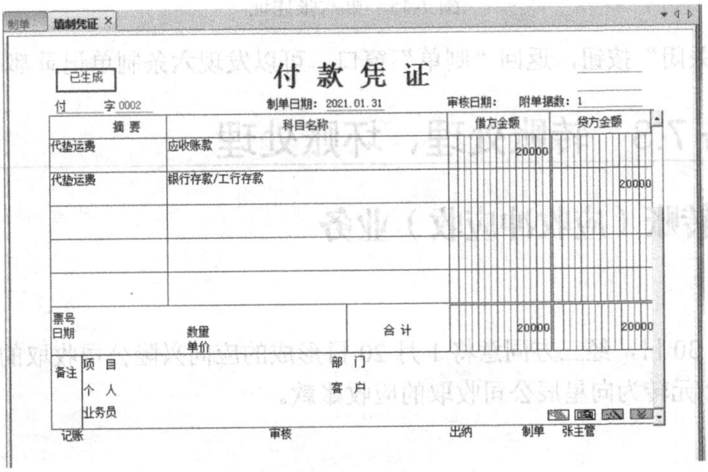

图 7-43　第四张凭证

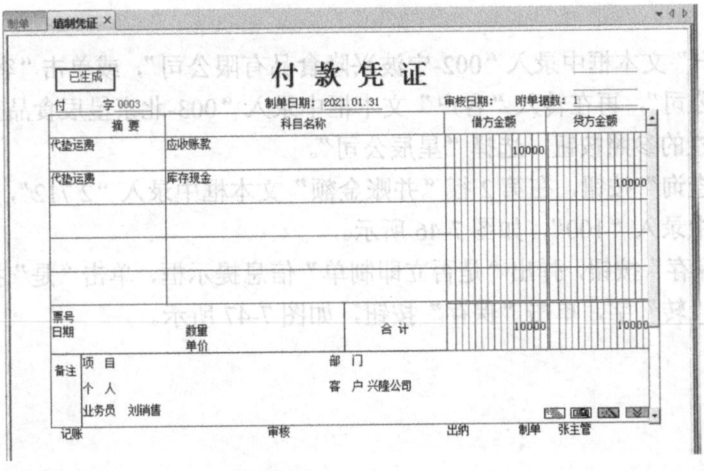

图 7-44　第五张凭证

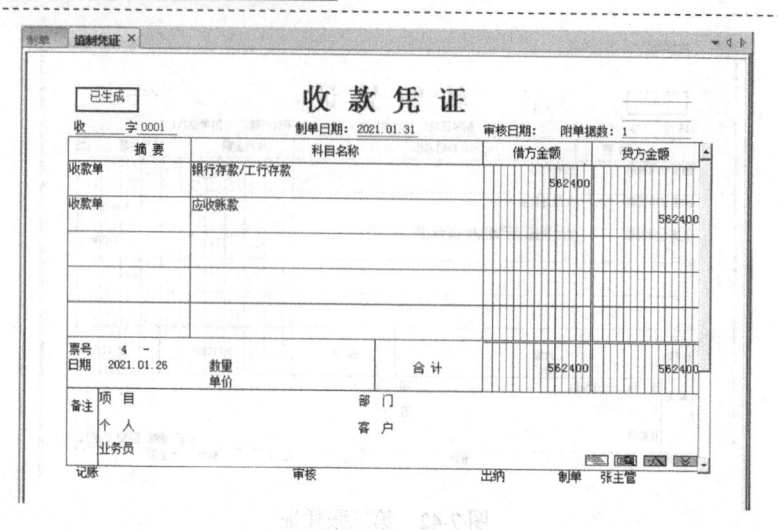

图 7-45　第六张凭证

（9）单击"关闭"按钮，返回"制单"窗口，可以发现六条制单记录都不见了。

学习任务 7.3　转账处理、坏账处理

业务 1　转账（应收冲应收）业务

业务描述

2021 年 1 月 30 日，经三方同意将 1 月 20 日形成的应向兴隆公司收取的含税货款及代垫费用款共计 2 812 元转为向星辰公司收取的应收账款。

业务操作

（1）在应收款管理系统中，执行"转账"→"应收冲应收"命令，打开"应收冲应收"对话框。

（2）在"客户"文本框中录入"002-宁波兴隆食品有限公司"，或单击"客户"栏的参照按钮，选择"兴隆公司"，再在转入"客户"文本框中录入"003-北京星辰食品有限公司"，或单击转入"客户"栏的参照按钮，选择"星辰公司"。

（3）单击"查询"按钮，在第 2 行"并账金额"文本框中录入"2 712"，再在第 4 行"并账金额"文本框中录入"100"，如图 7-46 所示。

（4）单击"保存"按钮，弹出"是否立即制单"信息提示框，单击"是"按钮，生成凭证，修改凭证类型为"转"字，单击"保存"按钮，如图 7-47 所示。

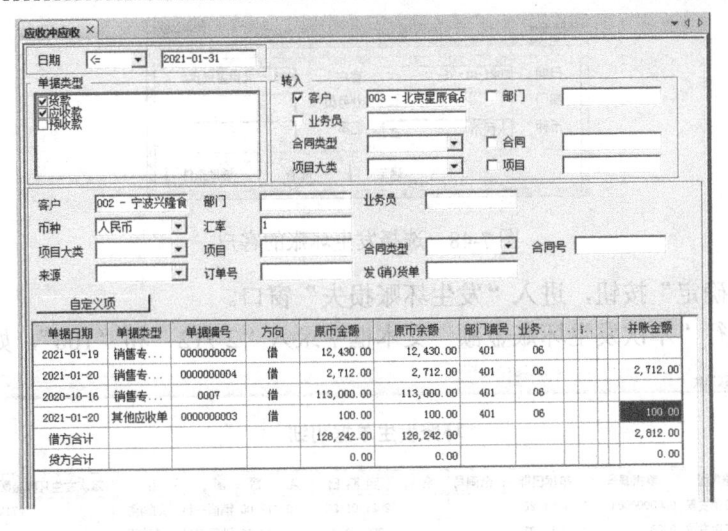

图 7-46 应收冲应收

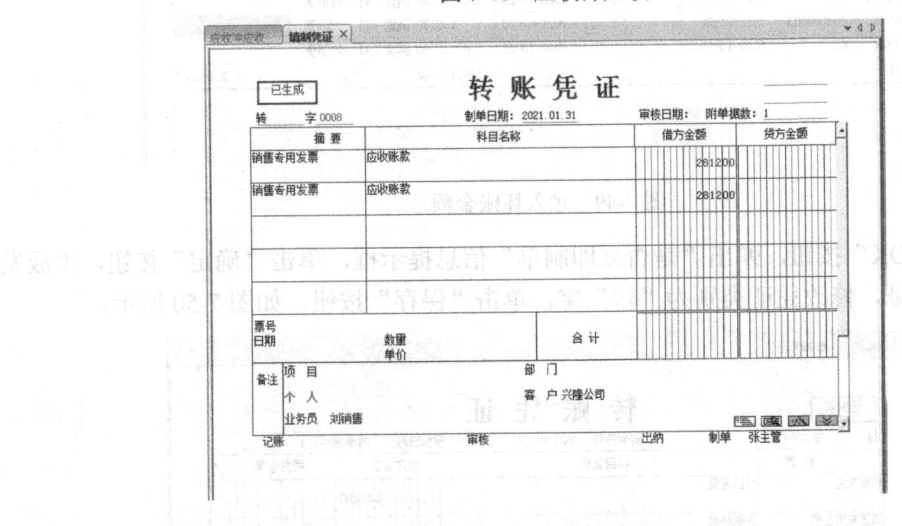

图 7-47 应收冲应收制单

业务 2　发生坏账处理业务

业务描述

2021 年 1 月 31 日，将 1 月 20 日形成的应向星辰公司收取的应收账款 2 812 元（刚转入的），其中包括含税货款 2 712 元、代垫运费 100 元，转为坏账。

业务操作

（1）在应收款管理系统中，执行"坏账处理"→"坏账发生"命令，打开"坏账发生"对话框。

（2）将日期修改为"2021-01-31"，在"客户"文本框中录入"003-北京星辰食品有限公司"或单击"客户"栏的参照按钮，选择"星辰公司"，如图 7-48 所示。

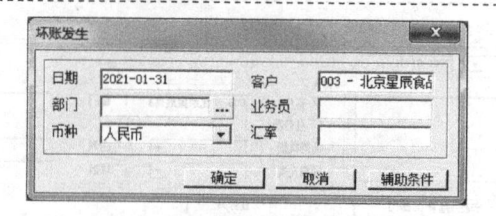

图 7-48　选择发生坏账的客户

(3) 单击"确定"按钮，进入"发生坏账损失"窗口。

(4) 在相关行"本次发生坏账金额"文本框中录入"2 712"和"100"，如图 7-49 所示。

图 7-49　录入坏账金额

(5) 单击"OK"按钮，弹出"是否立即制单"信息提示框，单击"确定"按钮，生成发生坏账的记账凭证，修改凭证类别为"转"字，单击"保存"按钮，如图 7-50 所示。

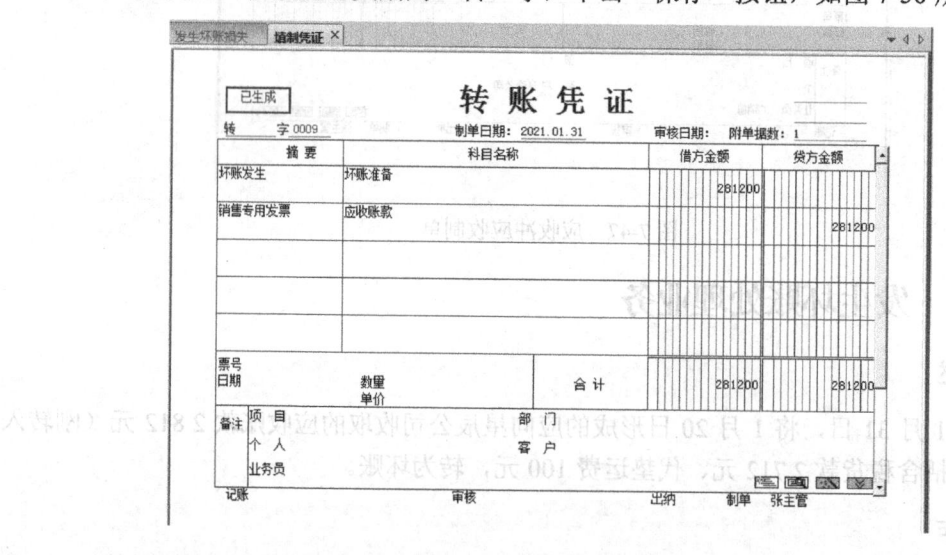

图 7-50　生成坏账凭证

(6) 关闭凭证窗口。

业务 3 坏账收回业务

业务描述

2021 年 1 月 31 日，收到银行通知（电汇），收回已作为坏账处理的应向星辰公司收取的应收账款 2 812 元。

业务操作

1．填制收款单

（1）在应收款管理系统中，执行"收款单据处理"→"收款单据录入"命令，进入"收款单"窗口。

（2）在"客户"文本框中录入"星辰公司"，或单击"客户"栏的参照按钮，选择"星辰公司"，在"结算方式"文本框中录入"电汇"，或单击"结算方式"栏的参照按钮，选择"电汇"，在"金额"文本框中录入"2812"，在"摘要"文本框中录入"已做坏账处理的应收账款又收回"。

（3）单击"保存"按钮，如图 7-51 所示。

图 7-51 收款单

（4）单击"关闭"按钮退出。

2．坏账收回处理

（1）在应收款管理系统中，执行"坏账处理"→"坏账收回"命令，打开"坏账收回"对话框。

（2）在"客户"文本框录入"星辰公司"，或单击"客户"栏的参照按钮，选择"星辰公司"，单击"结算单号"栏的参照按钮，选择刚才填制的收款单。

（3）单击"确定"按钮，弹出"是否立即制单"信息提示框，单击"是"按钮，生成一张收款凭证，单击"保存"按钮，如图 7-52 所示。

（4）单击"关闭"按钮退出。

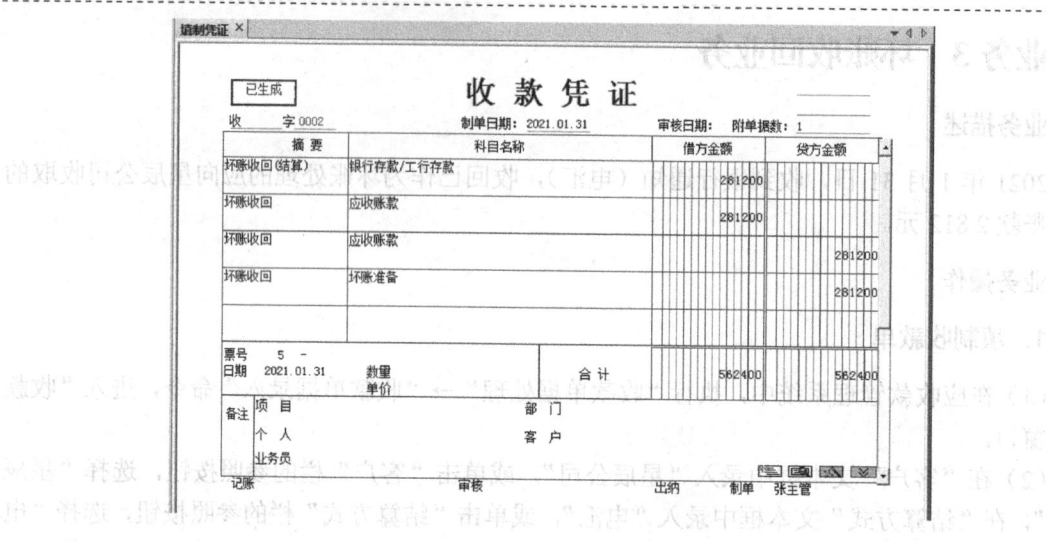

图 7-52 坏账收回凭证

业务 4 结账业务

业务描述

结账后不允许更改本月数据。

业务操作

（1）在应收款管理系统中，执行"期末处理"→"月末结账"命令，打开"月末处理"对话框。

（2）双击一月"结账标志"栏，如图 7-53 所示。

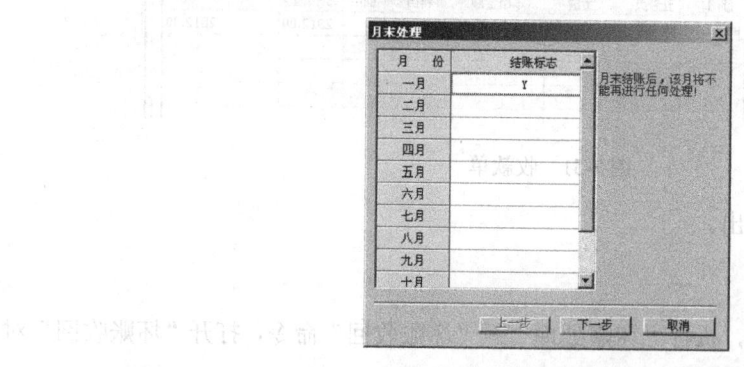

图 7-53 月末处理

（3）单击"下一步"按钮，出现"月末处理-处理情况"表。
（4）单击"完成"按钮，弹出"一月份结账成功"信息提示框。
（5）单击"确定"按钮。

项目 8

应付款管理系统

能力目标

通过学习应付款管理系统，学生应该掌握以下技能。

1. 应付款管理系统的初始化设置。
2. 应付款系统对应的存货设置方法及会计科目设置方法。
3. 通过学习应付款管理系统中的采购发票、其他应付单等单据录入方法，掌握应付款管理系统中单据处理、往来款项支付和转账处理的操作方法。
4. 企业与供应商之间业务往来款项的核算管理，并能够了解购销存系统与应付款管理系统之间的数据传递流程。

学习任务 8.1　应付款管理系统初始化

业务 1　启用应付款管理系统进行初始参数设置

业务描述

启用应付款管理系统，设置单据审核日期依据为"业务日期"，应付账款核算类型为"详细核算"；设置受控科目制单依据为"明细到供应商"，非受控科目制单方式为"汇总方式"；启用供应商权限，并且按信用方式根据单据提前 7 天自动报警；设置应付款核销方式为"按单据"。

业务操作

（1）启用应付款管理系统（如已启用，请忽略此步）：以账套主管身份注册登录，执行"基础设置"→"基本信息"→"系统启用"命令，选择"AP 应付款管理"选项，并将启用日期设置为"2021 年 1 月 1 日"。

（2）执行"业务工作"→"财务会计"→"应付款管理"→"设置"→"选项"命令，打开"账套参数设置"对话框。

（3）单击"编辑"按钮，在"常规"选项卡中，设置单据审核日期依据为"业务日期"，应付账款核算类型为"详细核算"；单击"权限与预警"选项卡，设置按信用方式根据单据提前 7 天自动报警；单击"核销设置"选项卡，设置应付款核销方式为"按单据"，如图 8-1 所示。

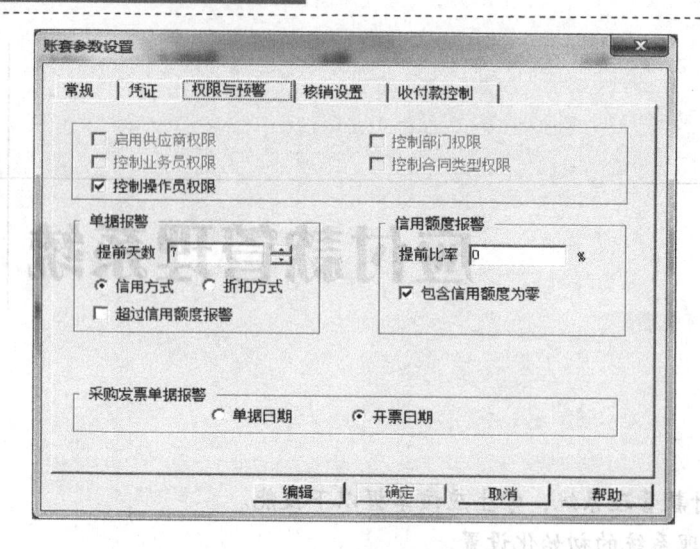

图 8-1　账套参数设置

（4）单击"确定"按钮，完成设置，更改完成后，需要重新注册才可生效。

业务 2　设置基本会计科目

业务描述

设置应付科目为"2202 应付账款"，预付科目为"1123 预付账款"，采购科目为"1401 材料采购"，税金科目为"22210101 应交税费——应交增值税（进项税额）"，银行承兑科目为"2201 应付票据"，商业承兑科目为"2201 应付票据"，现金折扣科目为"6603 财务费用"，票据利息科目为"6603 财务费用"，票据费用科目为"6603 财务费用"，收支费用科目为"6601 销售费用"。

业务操作

（1）在企业应用平台，执行"业务工作"→"财务会计"→"应付款管理"→"设置"→"初始设置"命令，打开"初始设置"对话框。

（2）执行"设置科目"→"基本科目设置"命令，单击"增加"按钮，增加一行记录，在"基础科目种类"下拉列表中选择"应付科目"选项，在"科目"文本框中录入"2202"敲击回车键。

注意：如果录入"2202"后，弹出"本科目应为受控科目"信息提示框，则需要将"2202"设置为应付系统受控科目。方法：执行"基础设置"→"基础档案"→"财务"→"会计科目"命令，打开"科目设置"窗口，选择"2202 应付账款"科目，单击"修改"按钮，在"修改会计科目"对话框中再单击"修改"按钮，将"受控系统"设置为"应付系统"。

（3）再单击"增加"按钮，增加一行记录，在"基础科目种类"下拉列表中选择"预付科目"选项，在"科目"文本框中录入"1123"，按此方法将要求设置的其他科目都设置完毕，如图 8-2 所示。

基础科目种类	科目	币种
应付科目	2202	人民币
预付科目	1123	人民币
采购科目	1401	人民币
税金科目	22210101	人民币
银行承兑科目	2201	人民币
商业承兑科目	2201	人民币
现金折扣科目	6603	人民币
票据利息科目	6603	人民币
票据费用科目	6603	人民币
收支费用科目	6601	人民币

图 8-2　科目设置

业务 3　结算方式科目设置

业务描述

设置现金结算方式科目为"1001 库存现金",现金支票结算方式科目为"100201 工行存款",转账支票结算方式科目为"100201 工行存款",信汇结算方式科目为"100201 工行存款",电汇结算方式科目为"100201 工行存款",银行汇票结算方式科目为"100201 工行存款"。

业务操作

(1) 在企业应用平台,执行"业务工作"→"财务会计"→"应付款管理"→"设置"→"初始设置"命令,打开"初始设置"对话框。

(2) 执行"设置科目"→"结算方式科目设置"命令,单击"增加"按钮,增加一条记录,设置结算方式为"现金",币种为"人民币",科目为"1001"。按此方法设置所有结算方式科目,如图 8-3 所示。

结算方式	币种	本单位账号	科目
1 现金	人民币		1001
2 现金支票	人民币		100201
3 转账支票	人民币		100201
4 信汇	人民币		100201
5 电汇	人民币		100201
6 银行汇票	人民币		100201

图 8-3　结算方式科目设置

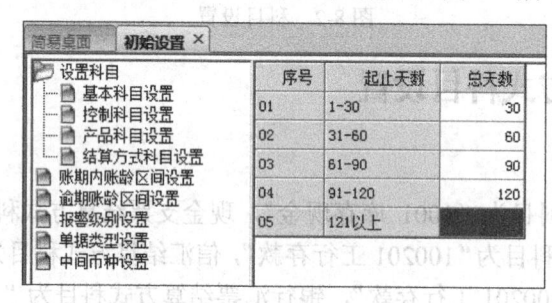

业务 4　逾期账龄区间设置

业务描述

逾期账龄区间设置总天数分别为 30 天、60 天、90 天和 120 天。

业务操作

（1）在应付款管理系统中，执行"设置"→"初始设置"→"逾期账龄区间设置"命令，打开"逾期账龄区间设置"窗口。

（2）在"总天数"文本框中录入"30"，敲击回车键，再在下一行"总天数"文本框中录入"60"后敲击回车键，按此方法继续录入其他总天数，如图 8-4 所示。

图 8-4　逾期账龄区间设置

业务 5　单据编号设置

业务描述

将采购专用发票、采购普通发票、采购运费发票、付款申请单、其他应付单、付款单、收款单的编号方式设置为手工改动，重号时自动重取，其他为系统默认。

业务操作

（1）在企业应用平台，执行"基础设置"→"单据设置"→"单据编号设置"命令，进入"单据编号设置"窗口。

（2）依次单击"单据类型""采购管理""采购专用发票"前的"+"，打开"单据编号设置-[采购专用发票]"对话框。

（3）在"单据编号设置-[采购专用发票]"对话框中，单击" "按钮，选中"手工改动，重号时自动重取"复选框，如图 8-5 所示。

（4）单击"保存"按钮，保存设置。

（5）按此方法，设置采购普通发票、采购运费发票、付款申请单、其他应付单、付款单、收款单的编号为手工改动。

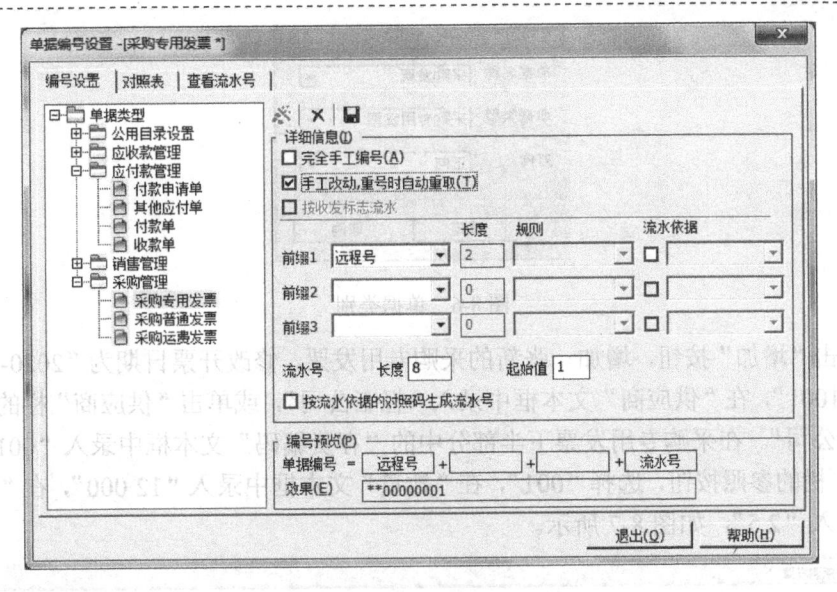

图 8-5 单据编号设置

业务 6　录入期初采购发票

业务描述

开票日期均为 2020 年 10 月，期初余额如表 8-1 所示。

表 8-1　期初余额

单据名称	客户名称	摘　　要	科　目	不含税单价	价税合计/元
采购专用发票	轻工公司	19 日，供应部采购面粉 12 000 公斤，发票号 1001	2202	2.5 元/公斤 税率（13%）	33 900
采购专用发票	圣光公司	22 日，供应部采购鸡蛋 2 000 公斤，发票号 1002	2202	10 元/公斤 税率（13%）	22 600
采购专用发票（采用商业承兑汇票结算）	圣光公司	27 日，供应部采购面粉 8 800 公斤件，发票号 1003	2201	2.5 元/公斤 税率（17%）	25 740

业务操作

（1）在应付款管理系统中，执行"设置"→"期初余额"命令，打开"期初余额-查询"对话框。

（2）单击"确定"按钮，打开"期初余额明细表"窗口。

（3）单击"增加"按钮，打开"单据类别"对话框，选择单据名称为"采购发票"，单据类型为"采购专用发票"，如图 8-6 所示。

（4）单击"确定"按钮，打开"采购专用发票"窗口。

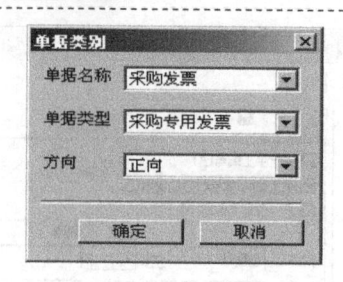

图 8-6　单据类别

（5）单击"增加"按钮，增加一张新的采购专用发票，修改开票日期为"2020-10-19"，录入发票号"1001"，在"供应商"文本框中录入"轻工公司"，或单击"供应商"栏的参照按钮，选择"轻工公司"。在采购专用发票下半部分中的"存货编码"文本框中录入"001"，或单击"存货编码"栏的参照按钮，选择"001"，在"数量"文本框中录入"12 000"，在"原币单价"文本框中录入"2.5"，如图8-7所示。

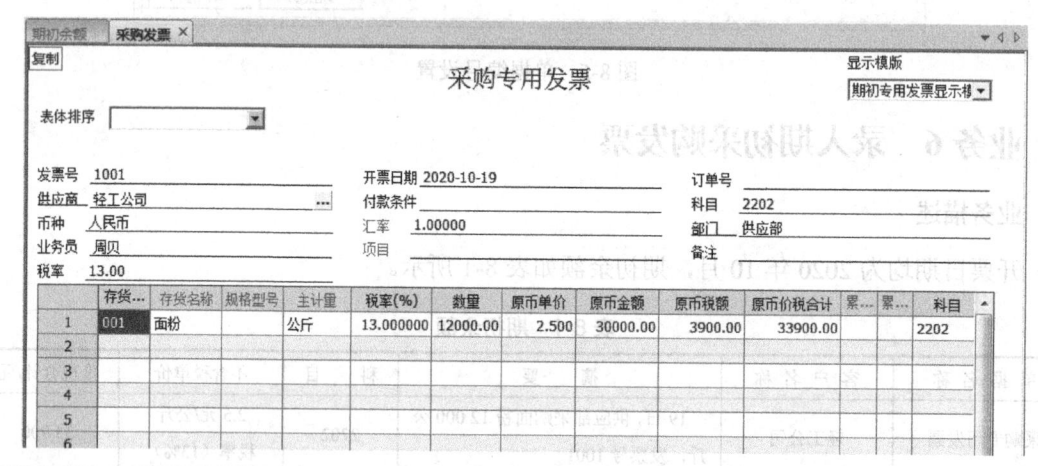

图 8-7　录入期初采购发票

（6）单击"保存"按钮。依照此方法继续录入第2张和第3张采购专用发票。

业务7　录入预付款单

业务描述

2020年10月27日，供应部以转账支票预付华丰公司购货款10 000元，单据编号111，记入"预付账款"账户。

业务操作

（1）在应付款管理系统中，执行"设置"→"期初余额"命令，打开"期初余额-查询"对话框。

（2）单击"确定"按钮，进入"期初余额明细表"窗口。

（3）单击"增加"按钮，打开"单据类别"对话框。

（4）选择单据名称为"预付款"，单据类型为"付款单"，如图 8-8 所示。

（5）单击"确定"按钮，进入"付款单"窗口。

（6）单击"增加"按钮，增加新付款单，修改日期为"2021-10-27"，在"供应商"文本框中录入"华丰公司"，或单击"供应商"栏的参照按钮，选择"华丰公司"，在"结算方式"文本框中录入"转账支票"，或单击"结算方式"栏的参照按钮，选择"转账支票"，在"金额"文本框中录入"10 000"，在"摘要"文本框中录入"预付货款"。在付款单下半部分中的"科目"文本框中录入"1123"，或单击"科目"栏的参照按钮，选择"1123 预付账款"，如图 8-9 所示。

图 8-8　单据类别选择

图 8-9　录入预付款单

（7）将应付款系统与总账系统对账，在"期初余额明细表"窗口中，单击"对账"按钮，打开"期初对账"窗口，如图 8-10 所示。

图 8-10　期初对账

（8）应付系统和总账系统对账应该是平衡的、无差额的，确定平衡后，单击"关闭"按钮退出。

学习任务 8.2　单据处理

业务 1　录入采购专用发票

业务描述

2021 年 1 月 19 日，从轻工公司采购面粉 4 800 公斤，原币单价为 2.6 元/公斤，增值税税率为 13%，采购专用发票号码为 00000001。

业务操作

（1）在应付款管理系统中，执行"应付单据处理"→"应付单据录入"命令，打开"单据类别"对话框。

（2）单击"确定"按钮，进入"采购专用发票"窗口。

（3）单击"增加"按钮，增加新的采购专用发票，修改开票日期为"2021-01-19"，录入发票号"00000001"，在"供应商"文本框中录入"轻工公司"，或单击"供应商"栏的参照按钮，选择"轻工公司"，在"部门名称"文本框中录入"供应部"，在"业务员"文本框中录入"周贝"。在采购专用发票下半部分中的"存货编码"文本框中录入"001"，或单击"存货编码"栏的参照按钮，选择"面粉"，在"数量"文本框中录入"4 800"，在"原币单价"文本框中录入"2.6"，如图 8-11 所示。

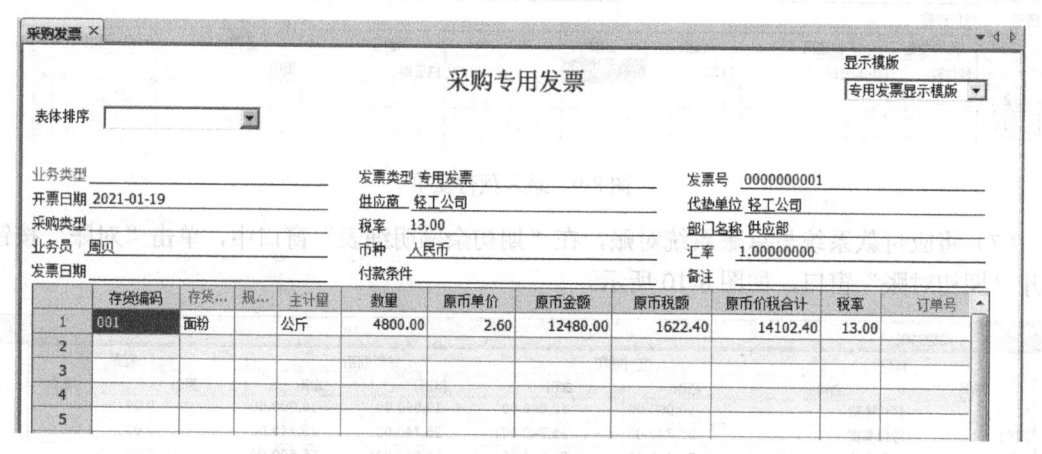

图 8-11　采购专用发票

（4）单击"保存"按钮，单击"关闭"按钮退出。

业务 2　录入采购专用发票和运费普通发票

业务描述

2021 年 1 月 19 日，从圣光公司采购鸡蛋 200 公斤，原币单价为 10 元/公斤，增值税税率为 13%，采购专用发票号码为 00000002，支付运费 80 元，普通发票号码为 0000000001。

业务操作

(1) 根据业务 1 的方法填制采购专用发票，如图 8-12 所示。

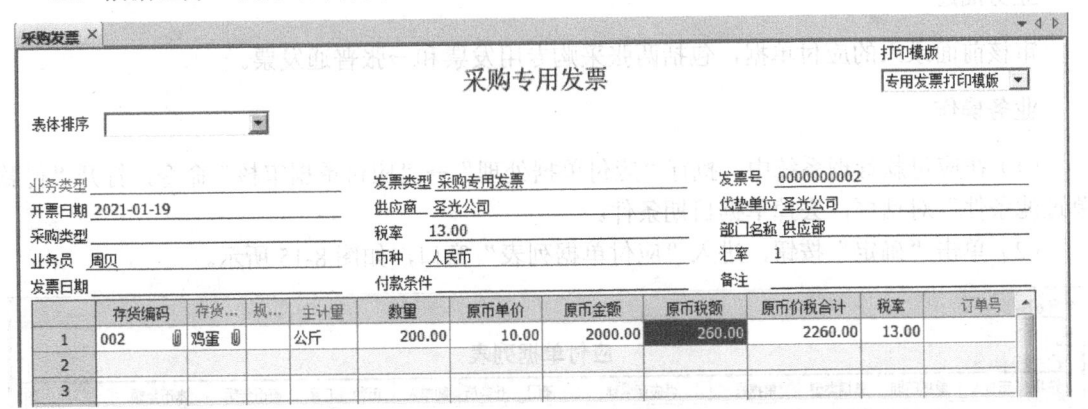

图 8-12　采购专用发票

(2) 在应付款管理系统中，执行"应付单据处理"→"应付单据录入"命令，打开"单据类别"对话框。

(3) 选择"单据类型"下拉列表中的"采购普通发票"选项，如图 8-13 所示。

(4) 单击"确定"按钮，打开"采购普通发票"窗口。

(5) 单击"增加"按钮，增加新的普通发票，修改开票日期为"2021-01-19"，在"供应商"文本框中录入"圣光公司"，或单击"供应商"栏的参照按钮，选择"圣光公司"，在"税率"文本框中录入"9"。在采购普通发票下半部分中的"存货编码"文本框中录入"007"，或单击"存货编码"栏的参照按钮，选择"007"，在"原币金额"文本框中录入"80"，如图 8-14 所示。

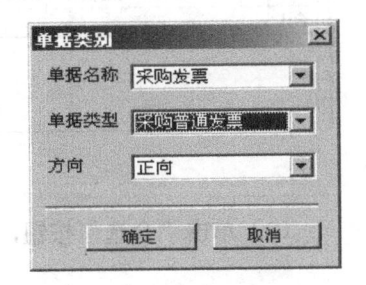

图 8-13　单据类别选择

图 8-14　采购普通发票

(6) 单击"保存"按钮，单击"关闭"按钮退出。

业务 3 审核应付单据

业务描述

审核前面录入的应付单据，包括两张采购专用发票和一张普通发票。

业务操作

（1）在应付款管理系统中，执行"应付单据处理"→"应付单据审核"命令，打开"付款单过滤条件"对话框，去掉单据日期条件。

（2）单击"确定"按钮，进入"应付单据列表"窗口，如图8-15所示。

图 8-15 应付单据列表

（3）单击"全选"按钮，单击"审核"按钮，弹出信息提示框，如图8-16所示。

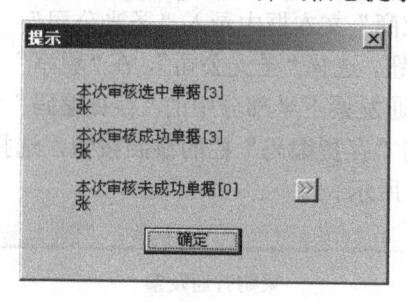

图 8-16 审核单据信息提示框

（4）单击"确定"按钮，单击"关闭"按钮。

业务 4 填制付款单并审核

业务描述

2021年1月26日，以转账支票支付向轻工公司购买面粉4 800公斤的含税货款，共计14 102.4元。

业务操作

（1）在应付款管理系统中，执行"付款单据处理"→"付款单据录入"命令，进入"付款单"窗口。

（2）单击"增加"按钮，生成一张新的付款单，修改开票日期为"2021-1-26"，在"供应商"文本框中录入"轻工公司"，或单击"供应商"栏的参照按钮，选择"轻工公司"，在"结算方式"文本框中录入"转账支票"，或单击"结算方式"栏的参照按钮，选择"转账支票"，在"金额"文本框中录入"14 102.4"，部门选择"供应部"，业务员选择"周贝"，在"摘要"文本框中录入"支付购买面粉的货税款"，如图 8-17 所示。

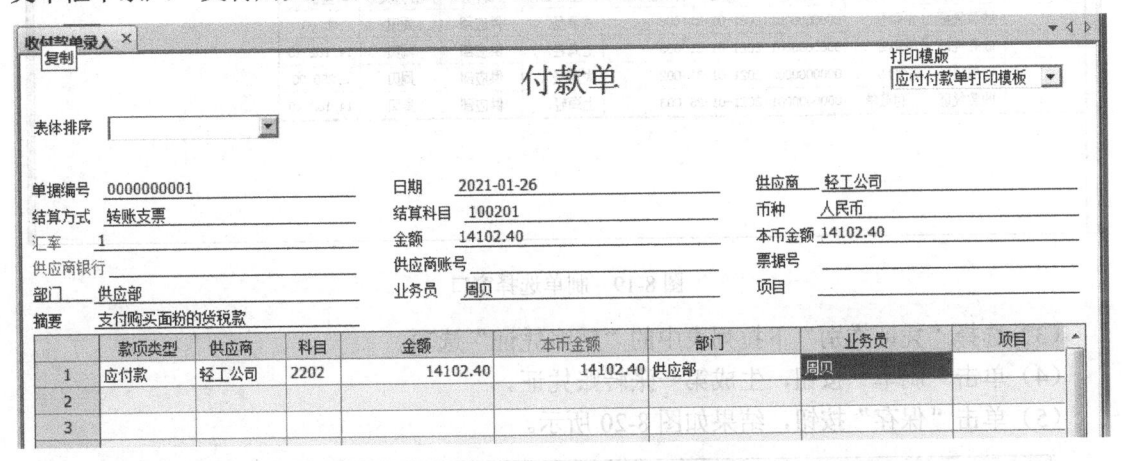

图 8-17　填制付款单

（3）单击"保存"按钮，关闭"付款单"窗口。

（4）审核这张付款单，如图 8-18 所示。

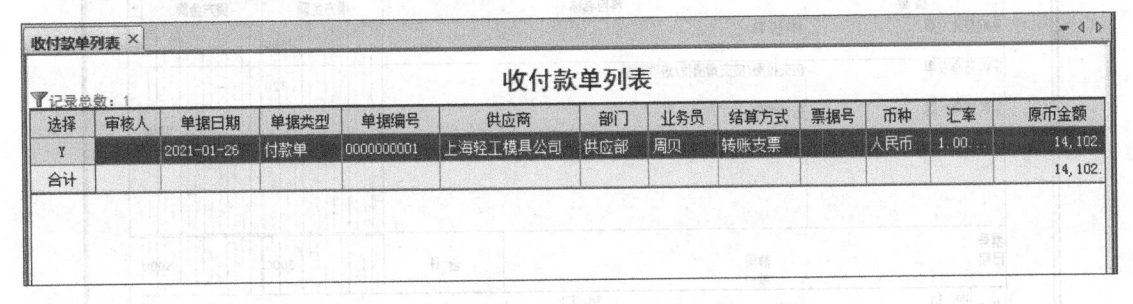

图 8-18　审核付款单

业务 5　制单（生成凭证）

业务描述

2021 年 1 月 31 日，将前面录入的单据制单。

业务操作

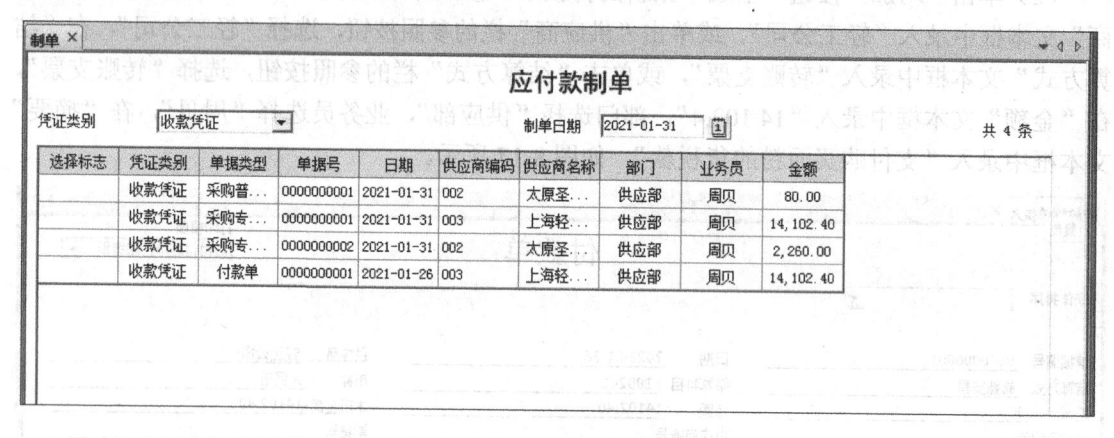

(1) 在应付款管理系统中，单击"制单处理"按钮，打开"制单查询"对话框。
(2) 选中"发票制单""收付款单制单"复选框，单击"确定"按钮，进入"制单"窗口，如图 8-19 所示。

应付款制单

选择标志	凭证类别	单据类型	单据号	日期	供应商编码	供应商名称	部门	业务员	金额
	收款凭证	采购普…	0000000000	2021-01-31	002	太原圣…	供应部	周贝	80.00
	收款凭证	采购专…	0000000001	2021-01-31	003	上海轻…	供应部	周贝	14,102.40
	收款凭证	采购专…	0000000002	2021-01-31	002	太原圣…	供应部	周贝	2,260.00
	收款凭证	付款单	0000000001	2021-01-26	003	上海轻…	供应部	周贝	14,102.40

图 8-19　制单选择窗口

(3) 选择"凭证类别"下拉列表中的"转账凭证"选项。
(4) 单击"制单"按钮，生成第一张转账凭证。
(5) 单击"保存"按钮，结果如图 8-20 所示。

转 账 凭 证

转字 0010　　制单日期：2021.01.31　　审核日期：　　附单据数：1

摘要	科目名称	借方金额	贷方金额
采购普通发票	材料采购	7280	
采购普通发票	应交税费/应交增值税/进项税额	720	
采购普通发票	应付账款		8000
	合计	8000	8000

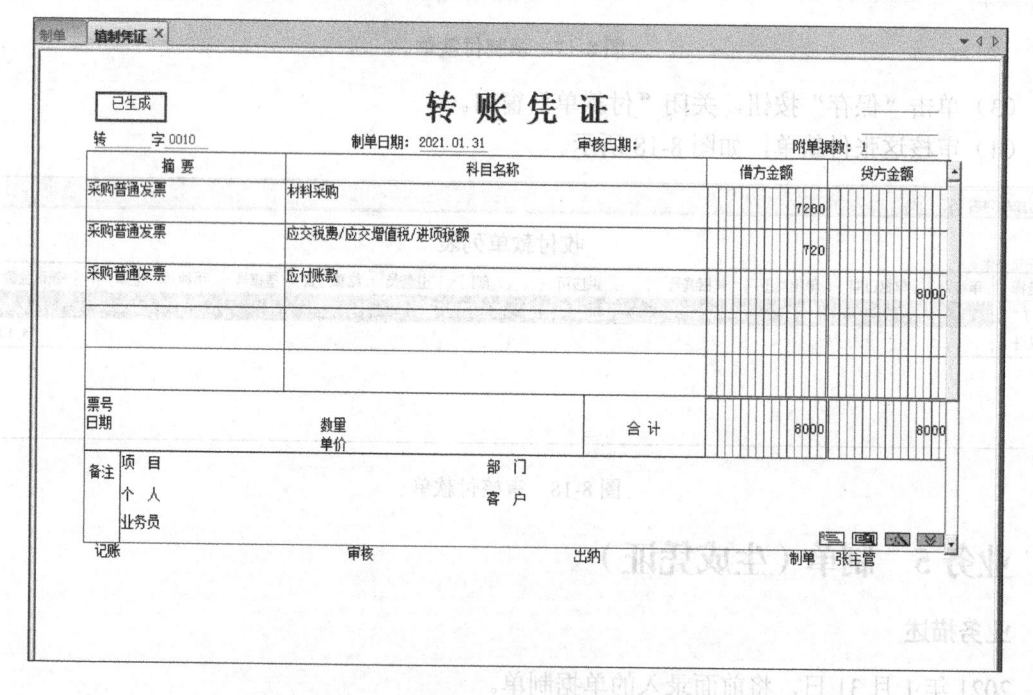

图 8-20　生成第一张凭证（支付运费凭证）

（6）单击"下张"按钮，再单击"保存"按钮，依次完成全部单据的制单，如图 8-21 至图 8-23 所示。

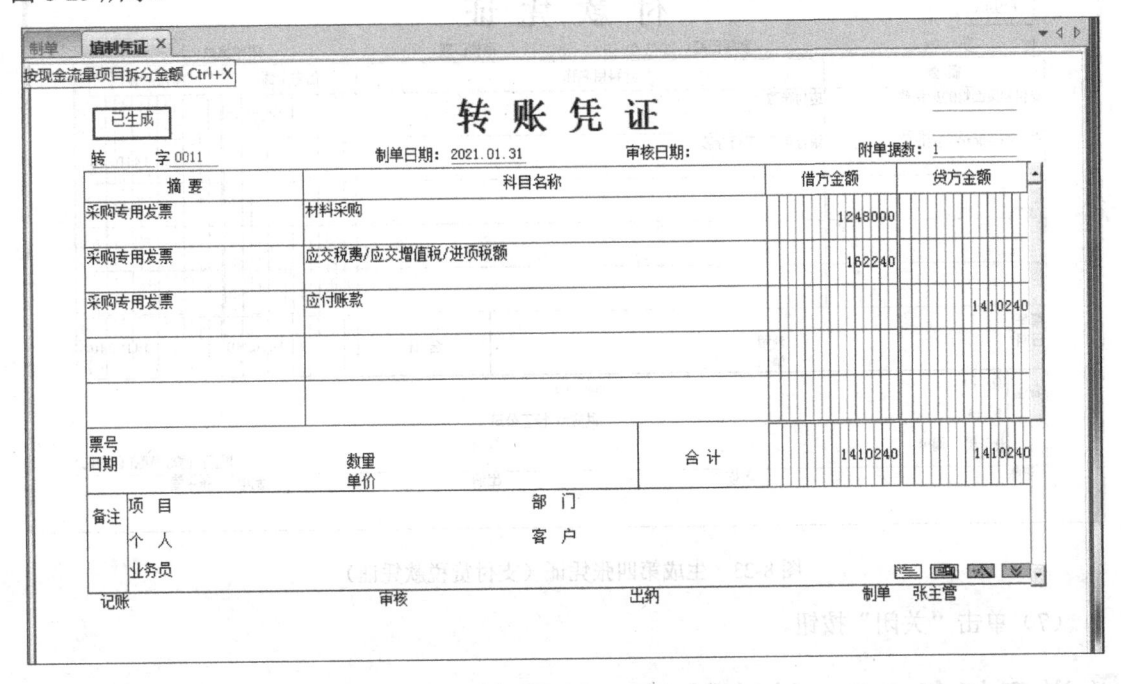

图 8-21 生成第二张凭证（采购面粉凭证）

图 8-22 生成第三张凭证（采购鸡蛋凭证）

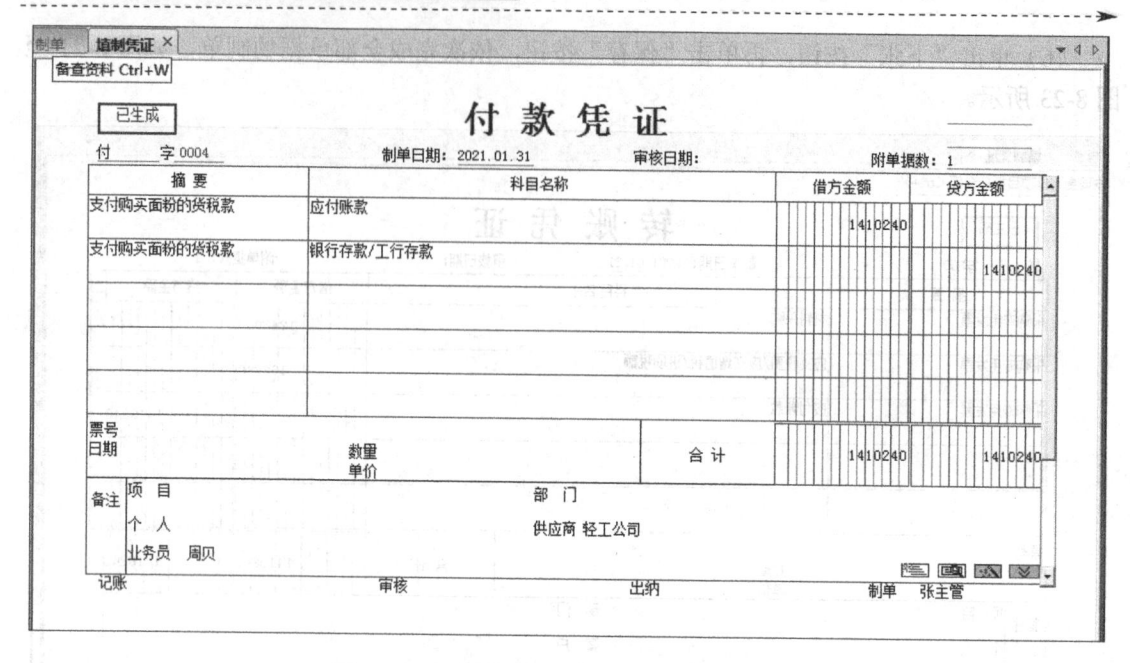

图 8-23 生成第四张凭证（支付货税款凭证）

（7）单击"关闭"按钮。

学习任务 8.3 转账处理、结账处理

业务 转账业务、结账

业务描述

（1）转账（应付冲应付）：2021年1月31日，经三方同意，将2020年10月20日形成的应向轻工公司支付的货税款33 900元转为向圣光公司的应付账款。

（2）结账。

完成1月份的结账工作。

业务操作

1. 转账（应付冲应付）

（1）在应付款管理系统中，执行"转账"→"应付冲应付"命令，打开"应付冲应付"对话框。

（2）在"供应商"文本框中录入"003-上海轻工模具公司"，或单击"供应商"栏的参照按钮，选择"轻工公司"，再在转入"供应商"文本框中录入"002-太原圣光养殖公司"，或单击转入"供应商"栏的参照按钮，选择"圣光公司"。

（3）单击"查询"按钮。在第2行"并账金额"文本框中录入"33 900"，如图8-24所示。

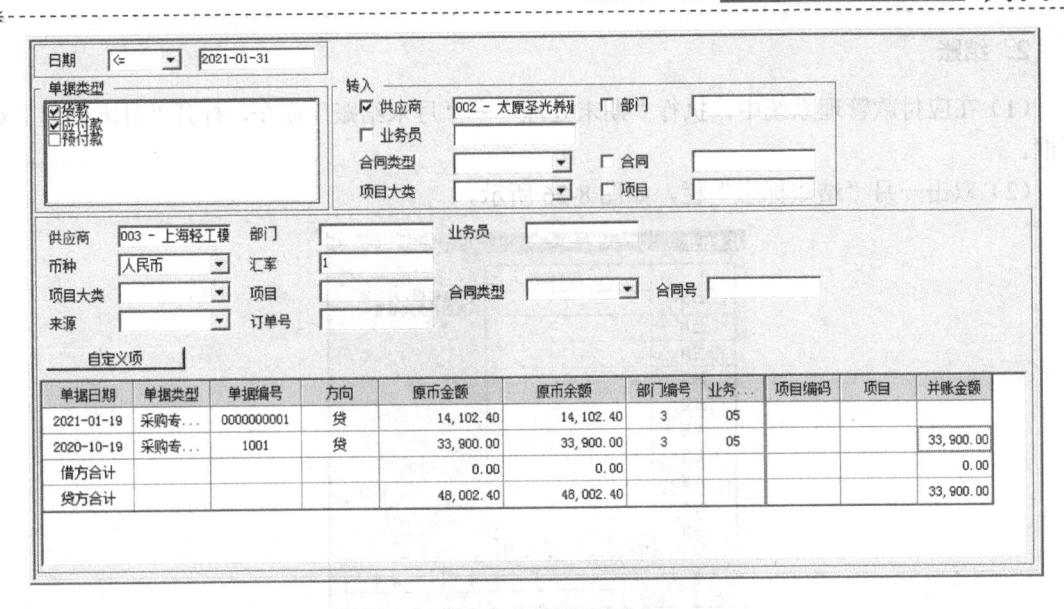

图 8-24 应付冲应付

（4）单击"保存"按钮，弹出"是否立即制单"信息提示框，单击"是"按钮，生成转账凭证，如图 8-25 所示。

图 8-25 生成转账凭证

（5）关闭凭证窗口。

2. 结账

(1) 在应付款管理系统中，执行"期末处理"→"月末结账"命令，打开"月末处理"对话框。

(2) 双击一月"结账标志"栏，如图8-26所示。

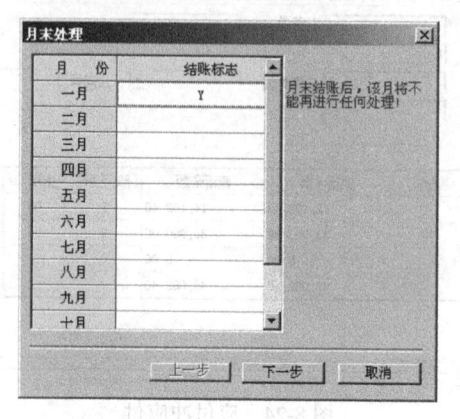

图 8-26 月末处理

(3) 单击"下一步"按钮，出现"月末处理-处理情况"表。

(4) 单击"完成"按钮，弹出"一月份结账成功"信息提示框。

(5) 单击"确定"按钮。

模拟实训

实训一 系统管理模拟实训

一、实训目的

通过完成本实训掌握新建账套、设置操作员权限的内容及操作方法。

二、实训资料

1. 操作员

操作员信息如表 1 所示,账套主管编号××为"班级号+后两位学号"(如 1 班 34 号学生所建账套号应为 134)。

表 1 操作员信息

编　号	姓　名	角　色	口　令
××	学生本人	账套主管	无
02	王贝	出纳	无
03	李阳	总账会计	无

2. 账套信息

账套号:同主管编号,即"班级号+后两位学号"。
账套名称:新星公司。
账套路径:默认。
启用会计期:2021 年 1 月。
单位名称:北京市新星电器有限公司。
单位简称:新星公司。
地址:北京市宣武门大街 86 号。
法人代表:张乐。
邮政编码:100000。

联系电话：010-88888888。

电子邮件：kangle@163.com。

税号：654789321456。

本币代码：RMB。

本币名称：人民币。

企业类型：工业。

行业性质：2007新会计制度科目。

账套主管：学生本人。

按行业预置科目打"√"。存货、客户、供应商均分类核算，有外币业务，在后面相应的可选栏打"√"。

科目编码级次：4-2-2-2-2。

客户分类编码级次：2-2-3。

供应商分类编码级次：2-2-3。

其余分类编码及数据精度均为系统默认。

启用总账系统，启用日期为2021年1月1日。

3．操作员权限

操作员权限信息如表2所示。

表2　操作员权限

编　号	姓　名	权　　限
XXX	学生本人姓名	账套主管的全部权限（系统默认）
02	王贝	出纳所有权限、总账系统中的出纳签字权
03	李阳	总账系统的所有权限

4．实训要求

（1）增加操作员。

（2）建立账套。

（3）设置操作员权限。

三、操作流程提示

（请做完一项任务后，在后面的□中打上√，以免重复或遗忘。）

（1）修改系统日期为2021年1月1日，用admin身份登录"系统管理"。□

（2）增加三个操作员。□

（3）建立账套。□

（4）设置操作员权限。□

四、提交作业

出纳王贝的权限截图,保存到以"班级+学号+姓名"命名的 Word 文档中,提交 Word 文档。

实训二　基础设置模拟实训

一、实训目的

通过实训掌握各项基础档案的内容及设置方法。

二、实训资料

1. 部门档案信息

部门档案信息如表 3 所示。

表 3　部门档案信息

部门编码	部门名称
1	管理部
101	董事长办公室
102	财务部
103	人事部
2	销售部
201	销售一部
202	销售二部
3	采购部
4	生产部

2. 人员信息

人员类别信息如表 4 所示。

表 4　人员类别信息

档案编码	档案名称
1011	管理人员
1012	经营人员
1013	生产工人

人员档案信息如表 5 所示。

167 | PAGE

表5 人员档案信息

人员编码	人员名称	性别	行政部门	人员类别（类别编号）	是否业务员
01	张乐	男	董事长办公室	管理人员（1011）	否
02	学生本人	×	财务部	管理人员（1011）	否
03	王贝	女	财务部	管理人员（1011）	否
04	李阳	男	财务部	管理人员（1011）	否
05	周力	男	销售一部	经营人员（1012）	是
06	吴勇	男	销售二部	经营人员（1012）	否
07	钱进	男	采购部	经营人员（1012）	否
08	陈飞	男	生产部	生产工人（1013）	否
09	石方明	男	行政部	管理人员（1011）	否

3. 往来单位

客户分类信息如表6所示。

表6 客户分类信息

分类编码	分类名称
01	企业单位
0101	工业企业
0102	商业企业
0103	金融企业
02	事业单位
0201	机关
0202	学校
03	其他

客户档案信息如表7所示。

表7 客户档案信息

客户编码	客户名称	客户简称	所属分类
001	北京师范大学	北师大	0202
002	湖南华信集团有限公司	湖南华信	0101

供应商分类信息如表8所示。

表8 供应商分类信息

分类编码	分类名称
01	长期供应商
02	临时供应商

供应商档案信息如表 9 所示。

表 9　供应商档案信息

供应商编码	供应商名称	供应商简称	所属分类
001	山东德成钢铁公司	山东德成	01
002	天津万利塑成集团公司	天津万利	01

4．实训要求

（1）设置部门档案。
（2）设置企业人员信息。
（3）设置客户信息。
（4）设置供应商信息。

三、操作流程提示

（请做完一项任务后，在后面的□中打上√，以免重复或遗忘。）

（1）设置部门档案。□
（2）设置人员类别：选择"正式工"，再单击"增加"按钮。□
（3）设置人员档案：注意周力的档案中，选中"是否业务员"复选框。□
（4）设置客户分类。□
（5）设置客户档案。□
（6）设置供应商分类。□
（7）设置供应商档案。□

四、提交作业

将部门档案、人员类别、客户档案、供应商档案四个界面截图，并保存到 Word 文档中并提交。

实训三　总账系统模拟实训

一、实训目的

通过实训掌握总账系统初始化的内容及操作方法，掌握总账系统日常业务处理和期末业务处理的流程及操作方法，掌握对账和结账的操作方法。

二、实训资料

（一）初始化

1. 总账系统参数

（1）"凭证"选项卡：取消"现金流量科目必录现金流量项目"；选中"自动填补凭证断号"复选框；取消"制单序时控制"。

（2）"权限"选项卡：取消"允许修改、作废他人填制的凭证"；选中"出纳凭证必须经由出纳签字"复选框。

2. 指定现金和银行总账科目、增加会计科目

现金总账科目：1001　库存现金。
银行总账科目：1002　银行存款。
增加的会计科目如表 10 所示。

表 10　增加的会计科目

科目编码	科目名称	账页格式	单　位	核算账类
100101	人民币户	金额式		日记账
100102	美元户	外币金额式		日记账
100201	人民币户	金额式		日记账、银行账
100202	美元户	外币金额式		日记账、银行账
122101	应收个人款	金额式		个人往来
140301	生产用原材料	金额式		
14030101	钢材	数量金额式	吨	
14030102	塑料制材	数量金额式	吨	
14030103	其他	金额式		
140302	其他原材料	金额式		
140601	电视机	数量金额式	台	
140602	空调机	数量金额式	台	
221101	工资			
221102	福利费			
222101	应交增值税			
22210101	进项税额			
22210102	销项税额			
22210103	进项税额转出			
22210104	转出未交增值税			
222102	未交增值税			
500101	直接材料	金额式		项目核算

续表

科目编码	科目名称	账页格式	单位	核算账类
500102	直接人工	金额式		项目核算
500103	制造费用	金额式		项目核算
600101	电视机	数量金额式	数量核算：台	
600102	空调机	数量金额式	数量核算：台	
660201	工资	金额式		部门核算
660202	福利费	金额式		部门核算
660203	折旧费用	金额式		部门核算
660204	差旅费	金额式		部门核算
660205	办公费	金额式		部门核算
660206	其他	金额式		部门核算
660301	利息费用	金额式		
660302	汇兑损益	金额式		
660303	其他	金额式		

3. 修改会计科目

修改会计科目的相关内容如表 11 所示。

表 11　修改会计科目

科目编码	科目名称	辅助核算选项	受控系统
1121	应收票据	客户往来	无
1122	应收账款	客户往来	无
2201	应付票据	供应商往来	无
2202	应付账款	供应商往来	无

4. 设置项目目录

项目目录设置如表 12 所示。

表 12　项目目录设置

项目目录设置步骤	设置内容
项目大类	生产成本
核算科目	生产成本：直接材料 500101；直接人工 500102；制造费用 500103
项目分类	1. 家用电器 2. 大型机电设备
项目目录	101　电视机（家用电器） 102　空调机（家用电器） 201　××型数控设备（大型机电设备）

5. 设置凭证类别

凭证类别如表 13 所示。

表 13　凭证类别

类 别 名 称	限 制 类 型	限 制 科 目
收款凭证	借方必有	1001,1002
付款凭证	贷方必有	1001,1002
转账凭证	凭证必无	1001,1002

6. 外币及汇率设置

币符：USD。

币名：美元。

2021 年 1 月固定记账汇率 6.0，1 月末调整汇率 6.1。设置完成后将科目 100102 和 100202 的科目属性选择外币核算，币种为刚才设置的美元 USD。

7. 录入期初余额（资产）

期初余额如表 14 所示。

表 14　期初余额

科 目 编 码	科 目 名 称	期初余额/元	账 户 明 细
100101	人民币户	6 200	
100102	美元户	600	
		美元：100	
100201	人民币户	500 000	
100202	美元户	30 000	
		美元：5 000	
1122	应收账款	900 000	2020 年 12 月 12 日，湖南华信欠 900 000 元货款
122101	应收个人款	5 000	2020 年 12 月 15 日，销售一部周力出差借款 5 000 元
1231	坏账准备	3 000	
1601	固定资产	1 200 000	
1602	累计折旧	152 982	
1604	在建工程	1 345 000	
1701	无形资产	150 000	
2001	短期借款	600 000	
2501	长期借款	1 500 000	
4001	实收资本	1 300 818	
2202	应付账款	580 000	2020 年 12 月 20 日，购入山东德成公司设备，总值 580 000 元

8. 设置结算方式

结算方式如表 15 所示。

表 15 结算方式

结算方式编码	结算方式名称
1	现金结算
2	支票结算
201	现金支票
202	转账支票
3	托收承付
4	委托收款
5	其他

9. 实训要求

（1）设置总账系统参数、指定现金和银行总账科目、设置会计科目。
（2）设置项目目录、设置凭证类别。
（3）录入期初余额。
（4）设置结算方式。

（二）日常业务处理

（1）1月1日，从银行提取现金1 000元备用，结算方式：现金支票，支票号为0425。
（2）1月7日，销售一部周力报销差旅费4 500元，交回多余现金500元，单据张数1张。
（3）1月20日，接受外币投资1 000 000美元，合同无约定汇率，当日汇率为6.3，结算方式：转账支票，支票号为0275，单据张数2张。（提示：应按6.3进行折算，不确认汇兑损益。）
（4）1月25日，销售给湖南华信电视机50台，销售单价4 000元；空调机50台，销售单价3 500元，增值税税率17%，货款尚未收到，单据张数2张。
注意：上述1月份业务生成的相关凭证由操作员王贝进行出纳签字、账套主管学生本人进行审核并记账。

（5）实训要求。
① 李阳填制凭证。
② 王贝出纳签字、账套主管审核凭证并记账。

（三）期末处理

1. 自定义转账定义

（1）按短期借款余额的0.1%计提利息。
（2）结转未交增值税。

2. 汇兑损益结转定义

汇兑损益入账科目：660302　财务费用——汇兑损益。
对于现金美元户和银行存款美元户都计算汇兑损益。

3. 期间损益结转定义

本年利润科目：4103　本年利润。

4. 转账生成凭证

（1）自定义转账凭证生成。
（2）汇兑损益结转凭证生成。
（3）期间损益结转凭证生成（提示：应先将前3张转账生成的分录进行审核、记账后，再生成此张凭证）。

5. 对账

6. 结账

7. 实训要求

（1）期末定义转账并生成凭证。
（2）对账并结账。

三、操作流程提示

（请做完一项任务后，在后面的□中打上√，以免重复或遗忘。）

（一）初始化

（1）在"选项"中设置总账系统参数。□
（2）设置现金总账科目：1001；银行总账科目：1002。□
增加表10中的会计科目，并注意修改辅助核算选项。□
（3）修改表11中的会计科目，注意受控系统选择空白。□
（4）设置项目目录重点操作步骤流程示意：新增项目大类→指定项目核算科目：科目选完单击"确定"按钮→项目目录分类→项目目录维护。□
（5）设置凭证类别，注意凭证必有和必无选项。□
（6）外币及汇率重点操作步骤流程示意：基础档案→财务→外币设置，币符：USD，币名：美元→确认→记账汇率：6.0，调整汇率：6.1→退出。□
（7）录入期初余额：白色背景直接录入；黄色背景双击进入，在"往来明细"中录入；试算平衡。□
（8）设置结算方式。□

（二）日常业务处理

李阳填制凭证。

（1）提取现金（付）

借：库存现金——人民币户　　　　　　　　1 000
　　贷：银行存款——人民币户　　　　　　　1 000

（2）报销差旅费（收）

借：库存现金——人民币户　　　　　　　　500
　　销售费用　　　　　　　　　　　　　　4 500
　　贷：其他应收款——应收个人款　　　　5 000

（3）接受外币投资（收）

借：银行存款——美元户（美元：1 000 000，汇率：6.3，按 F11 自动合算得出）6 300 000
　　贷：实收资本　　　　　　　　　　　　6 300 000

（4）销售商品（转）

借：应收账款　　　　　　　　　　　　　　438 750
　　贷：主营业务收入——电视机　　　　　200 000
　　　　主营业务收入——空调机　　　　　175 000
　　　　应交税费——应交增值税（销项税额）63 750

上述四张凭证由李阳填制完毕后，由王贝进行出纳签字。
由账套主管审核四张凭证并记账。

（三）期末处理

（1）自定义转账定义：按所给资料定义两张凭证（短期借款利息和结转未交增值税）。
（2）汇兑损益结转定义：按所给资料定义汇兑损益结转凭证。
（3）期间损益结转定义：按所给资料定义期间损益结转凭证。
（4）转账生成凭证。
① 自定义转账生成两张凭证：
短期借款利息和结转未交增值税，保存凭证、主管审核并记账。
② 汇兑损益结转生成一张凭证：保存凭证、出纳签字、账套主管审核并记账。
③ 期间损益结转生成一张凭证：保存凭证、账套主管审核并记账。此张凭证为本月最后一张凭证，即此张凭证生成后，不再对之前任何凭证进行改动。
（5）对账。
（6）结账：本月不结账（因为后面模块还需要进行操作）。

四、提交作业

以查询凭证为背景，将"对账"中期末试算平衡界面和月度工作报告界面截图，将两个界面截图保存到 Word 文档中并提交。

实训四　报表系统模拟实训

一、实训目的

掌握 UFO 报表系统中报表生成、公式设置及数据计算的操作方法。

二、实训资料

1. 设计货币资金表

设计一张货币资金表，如表 16 所示，并添加相应数据公式。

表 16　货币资金表

编制单位：　　　　　　　　　　　　　年　月　日　　　　　　　　　　　　　单位：元

项　　目	行　次	期　初　数	期　末　数
现金	1		
银行存款	2		
合计	3		

制表人：

2. 实训要求

（1）利用报表模板生成新星公司 2021 年 1 月份资产负债表。
（2）自定义生成给出的货币资金表，并计算得出数据；将编制单位、年月日设定为关键字。

三、操作流程提示

（请做完一项任务后，在后面的□中打上√，以免重复或遗忘。）
（1）按实训要求生成资产负债表、自定义货币资金表。□
（2）若不出现数据，请录入关键字，再切换到"数据"状态，重新计算报表。□

四、提交作业

将 2021 年 1 月新星公司资产负债表截图，保存到 Word 文档并提交。
文件：1 月货币资金表.rep。

实训五　薪资管理系统模拟实训

一、实训目的

通过实训加强对本章知识的掌握，熟练薪资管理系统初始化及日常业务处理的操作方法，掌握工资分摊及月末处理的操作方法。

二、实训资料

1. 系统初始资料

（1）启用薪资管理系统并进行基础设置。

工资类别个数：两个。

核算币别：人民币 RMB。从工资中代扣个人所得税；工资不扣零。

工资类别为"在岗人员"和"退休人员"，并且在岗人员分布在所有部门中，退休人员只分布在行政部门。

（2）设置人员附加信息：工龄。

（3）设置工资项目。

工资项目如表 17 所示，"在岗人员"的工资项目为所有工资项目。

表 17　工资项目

工资项目名称	类　型	长　度	小　数	增减项
基本工资	数字	8	2	增项
工龄	数字	3	0	其他
工龄工资	数字	8	2	增项
交通补贴	数字	8	2	增项
物价补贴	数字	8	2	增项
话费补贴	数字	8	2	增项
目标补贴	数字	8	2	增项
煤气补贴	数字	8	2	增项
事假天数	数字	3	0	其他
事假扣款	数字	8	2	减项

（4）人员档案如表 18 所示。

表 18　人员档案

编号	姓名	部门	人员类别	银行账号	工龄
01	张乐	董事长办公室	管理人员	3100086101	25
02	学生本人	财务部	管理人员	3100086102	18
03	王贝	财务部	管理人员	3100086103	15
04	李阳	财务部	管理人员	3100086104	5
05	周力	销售一部	经营人员	3100086105	8
06	吴勇	销售二部	经营人员	3100086106	7
07	钱进	采购部	经营人员	3100086107	12
08	陈飞	生产部	生产工人	3100086108	6
09	石方明	董事长办公室	管理人员	3100086109	7

(5) 设置银行信息：中国农业银行；账号长度；11；录入时自动带出的账号长度为7位。

(6) 公式设置。

① 工龄工资=工龄*10

② 交通补贴=200

③ 物价补贴=300

④ 事假扣款=基本工资/22*事假天数

⑤ 话费补贴：管理人员为200元；经营人员为150元；其他人没有。

(7) 扣缴所得税设置。

计税项目为"实发合计"，计税基数为5 000元，税率为7级超额累进税率，如表19所示。

表19 个人所得税税率表   单元：元

应纳税所得额下限	应纳税所得额上限	税率/%	速算扣除数
0	3 000	3	0
3 000	12 000	10	210
12 000	25 000	20	1 410
25 000	35 000	25	2 660
35 000	55 000	30	4 410
55 000	80 000	35	7 160
80 000		45	15 160

2. 2021年1月份工资数据

(1) 工资数据。

需要录入该公司2021年1月的工资数据，如表20所示，工龄工资、交通补贴、物价补贴及话费补贴根据前面设置的公式自动填充。

表20 工资数据

职员	部门	基本工资/元	工龄年限/年	目标津贴/元	煤气补贴/元	事假天数/天
张乐	董事长办公室	4 000	25	500	200	
学生本人	财务部	3 800	18	500	200	
王贝	财务部	3 500	15	300	200	
李阳	财务部	3 000	5	200	200	
周力	销售一部	3 500	8	300	200	
吴勇	销售二部	3 000	7	200	200	
钱进	采购部	3 500	12	300	200	2
陈飞	生产部	3 000	6	200	200	
石方明	董事长办公室	3 000	7	200	200	

（2）生成银行代发一览表。
（3）生成个人所得税年度申报表。
（4）工资分摊设置。

分摊项目："应发合计"，工资分摊设置如表 21 所示。

表 21 工资分摊设置

计提类型	部　门	人员类别	借方科目	贷方科目
应付工资 计提比例 100%	管理部	管理人员	管理费用——工资	应付职工薪酬——工资
	采购部、销售部	经营人员	销售费用	
	生产部	生产工人	生产成本 借方项目大类：生产成本 借方项目：电视机	
应付福利费 计提比例 14%	管理部	管理人员	管理费用——福利费	应付职工薪酬——福利费
	采购部、销售部	经营人员	销售费用	
	生产部	生产工人	生产成本 借方项目大类：生产成本 借方项目：电视机	

（5）进行工资分摊并生成记账凭证。
（6）进行月末处理。

三、操作流程提示

（请做完一项任务后，在后面的□中打上√，以免重复或遗忘。）
（1）对薪资管理系统进行基础设置，设置工资类别。□
（2）关闭工资类别，设置人员附加信息：工龄。□
（3）关闭工资类别后设置工资项目。□
（4）打开"在岗人员"工资类别，设置"在岗人员"的工资项目。□
（5）通过"批增"功能添加人员档案。□
（6）打开"在岗人员"，进行公式设置。□
（7）录入工资数据，生成银行代发一览表及个人所得税年度申报表。□
（8）工资分摊设置。□
（9）工资分摊生成凭证。□

四、提交作业

将工资、福利费的分摊表截图，保存至 Word 文档，文档名称命名为"班级学号+姓名+项目五"，以 8 班 6 号张三举例，文件名为"806张三项目五"。

实训六 固定资产系统模拟实训

一、实训目的

通过实训使学生掌握固定资产系统初始化设置、日常业务处理、月末处理的操作流程及操作方法。

二、实训资料

1. 启用固定资产账套进行初始参数设置

系统管理员启用固定资产账套，启用日期为 2021 年 1 月 1 日。

固定资产采用"平均年限法（一）"计提折旧，折旧汇总分配周期为一个月；当"月初已计提月份=可使用月份-1"时，将剩余折旧全部提足。

固定资产编码方式为"2-1-1-2"；固定资产编码方式采用自动编码方法，编码方式为"类别编号+序号"；序号长度"5"。

将固定资产系统与总账系统进行对账；固定资产对账科目为"1601 固定资产"；累计折旧对账科目为"1602 累计折旧"；对账不平衡的情况下不允许固定资产月末结账。

2. 选项（财务系统接口）设置

（1）固定资产缺省入账科目为"1601 固定资产"。
（2）累计折旧缺省入账科目为"1602 累计折旧"。
（3）减值准备缺省入账科目为"1603 固定资产减值准备"。
（4）增值税进项税额缺省入账科目为"22210101 进项税额"。
（5）固定资产清理缺省入账科目为"1606 固定资产清理"。
（6）业务发生时不立即制单（不勾选）。

3. 设置部门对应折旧科目

按表 22 设置部门对应折旧科目。

表22 部门对应折旧科目

部 门 名 称	贷 方 科 目
管理部	管理费用（660203）
采购部	销售费用（6601）
销售部	销售费用（6601）
生产部	制造费用（5101）

4. 设置固定资产类别

按表 23 设置固定资产类别。

表23　固定资产类别

类别编码	类别名称	使用年限	净残值率	计提属性
01	房屋及建筑物	30年	2%	正常计提
011	办公楼	30年	2%	正常计提
012	厂房	30年	2%	正常计提
02	机器设备			正常计提
021	生产线	10年	3%	正常计提
022	办公设备	5年	3%	正常计提

5．设置固定资产增减方式对应入账科目

按表24设置固定资产增减方式对应入账科目。

表24　固定资产增减方式对应入账科目

增加方式	对应入账科目	减少方式	对应入账科目
直接购入	100201 银行存款——人民币户	出售	1606 固定资产清理
投资者投入	4001 实收资本	投资转出	1511 长期股权投资
捐赠	6301 营业外收入	捐赠转出	1606 固定资产清理
盘盈	190101 待处理财产损溢——待处理固定资产损溢	盘亏	190101 待处理财产损溢——待处理固定资产损溢
在建工程转入	1604 在建工程	报废	1606 固定资产清理

6．录入固定资产原始卡片

按表25录入固定资产原始卡片。

表25　固定资产原始卡片

卡片编号	00001	00002	00003	00004	00005
固定资产编号	01100001	01200001	02100001	02100002	02200001
固定资产名称	1号楼	2号楼	A生产线	B生产线	电脑
类别编号	011	012	021	021	022
类别名称	办公楼	厂房	生产线	生产线	办公设备
部门名称	行政部	生产部	生产部	生产部	财务部
增加方式	在建工程转入	在建工程转入	在建工程转入	在建工程转入	直接购入
使用状况	在用	在用	在用	在用	在用
使用年限/年	30	30	10	10	5
折旧方法	平均年限法（一）	平均年限法（一）	平均年限法（一）	平均年限法（一）	平均年限法（一）
开始使用日期	2015-01-08	2016-03-10	2014-12-20	2018-04-08	2020-06-01
币种	人民币	人民币	人民币	人民币	人民币

续表

原值/元	400 000	450 000	150 000	180 000	20 000
净残值率	2%	2%	3%	3%	3%
净残值/元	8 000	9 000	4 500	5 400	600
累计折旧/元	37 800	255 15	43 983	43 740	1 944
月折旧率	0.002 7	0.002 7	0.008 1	0.008 1	0.016 2
月折旧额/元	1 080	1 215	1 215	1 458	324
净值/元	362 200	424 485	106 017	136 260	18 056
对应折旧科目	管理费用	制造费用	制造费用	制造费用	管理费用

7. 依照如下业务进行处理

2021年1月发生如下业务。

（1）1月5日，计提2021年1月折旧，不要生成凭证。

（2）1月6日，将卡片编号为"00003"的固定资产（A生产线）的使用状况由"在用"修改为"大修理停用"。

（3）1月15日，直接购入并交付给销售一部一台电脑，预计使用年限为5年，原值为12 000元，净残值率为3%，采用"年数总和法"计提折旧。

（4）1月23日根据企业需要，将卡片编号为"00004"的固定资产（B生产线）的折旧方法由"平均年限法"更改为"工作量法"。工作总量为60 000小时，累计工作量为10 000小时。

（5）卡片编号为"00004"的固定资产（B生产线）的本月工作量是300小时。

（6）计提月折旧。

（7）1月26日，将财务部使用的电脑"00005"号固定资产捐赠给希望工程。（注：要确保生成凭证的累计折旧金额正确。）

（8）完成2021年1月批量制单（生成凭证）。

8. 记账与对账

对生成的固定资产系统的凭证进行出纳签字、审核、记账，然后进行对账。

三、操作流程提示

（请做完一项任务后，在后面的□中打上√）

（1）对固定资产系统进行基础参数设置。□

（2）对固定资产进行选项（财务系统接口）设置。□

（3）设置部门对应折旧科目。□

（4）设置固定资产类别。□

（5）设置增减方式对应入账科目。□

（6）录入固定资产原始卡片。□

(7) 业务数据处理。□
(8) 对凭证进行出纳签字、审核、记账。□
(9) 对账。□

四、提交作业

将固定资产系统生成的三张凭证（要求有"已生成"字样）、与总账对账界面截图，保存至 Word 文档，文档名称命名为"班级学号姓名项目六"，以 8 班 6 号张三举例，文件名为：806张三项目六。

实训七 应收款管理系统模拟实训

一、实训目的

通过实训掌握应收款管理系统初始化、日常业务处理及月末处理的操作，理解购销存系统与应收款管理系统之间的数据传递流程。

二、实训资料

1. 初始参数

单据审核日期依据为"单据日期"，坏账处理方式为"应收余额百分比法"，代垫费用类型为"其他应收单"，应收账款核算类型为"详细核算"；受控科目制单依据为"明细到客户"，非受控科目制单方式为"汇总方式"；启用客户权限，并且按信用方式根据单据提前 7 天自动报警；应收款核销方式为"按单据"。

存货分类如表 26 所示。

表 26 存货分类

分类编码	分类名称
01	原料
02	库存商品

计量单位如表 27 所示。

表 27 计量单位

计量单位组	计量单位	计量单位编码
01 第一组（无换算率）	台	01
	吨	02

存货档案如表 28 所示。

表28 存货档案

存货编码	存货名称	所属分类	计量单位	税率/%	存货属性
001	钢材	1	吨	17	外购、生产耗用
002	电视机	2	台	17	自制、内销
003	空调机	2	台	17	自制、内销

2. 基本科目

应收科目为"1122 应收账款",预收科目为"2203 预收账款",销售收入科目为"600101 主营业务收入——电视机",税金科目为"22210102 应交税费——应交增值税(销项税额)",销售退回科目为"600101 主营业务收入——电视机",商业承兑科目为"1121 应收票据",银行承兑科目为"1121 应收票据",现金折扣科目为"660301 财务费用——利息费用",票据利息科目为"660301 财务费用——利息费用",票据费用科目为"660301 财务费用——利息费用",收支费用科目为"6601 销售费用"。

3. 结算方式科目

现金结算方式科目为"100101 库存现金——人民币户",转账支票结算方式科目为"100201 银行存款——人民币户",设置本单位开户行。

4. 坏账准备

提取比率为"0.3%",坏账准备期初余额为"0",坏账准备科目为"1231 坏账准备",对方科目为"660206 管理费用——其他"。

5. 期初余额

填制其他应收单:应收湖南华信,金额为 900 000 元。

6. 日常业务

(1) 1月2日,销售一部销售给湖南华信电视机 20 台,销售单价为 4 200 元;空调机 30 台,销售单价为 3 500 元,增值税税率为 17%,形成应收款共计 221 130 元。

(2) 1月13日,收到湖南华信转账支票一张,还 2017 年的欠款 800 000 元。

(3) 1月15日,销售给北师大空调 25 台,销售单价为 4 000 元,增值税税率 17%,以现金垫付运费 200 元。

(4) 1月26日,收到北师大转账支票金额为 117 000 元。

(5) 1月30日,将 2017 年湖南华信剩余货款 100 000 元转为坏账。

(6) 1月31日,转为坏账的湖南华信货款又收回 50 000 元,对方以转账支票支付。

7. 生成相关业务凭证

三、操作流程提示

（请做完一项任务后，在后面的□中打上√，以免重复或遗忘。）
(1) 初始参数设置。□
(2) 设置基本科目。□
(3) 设置结算方式对应科目。□
(4) 设置坏账准备。□
(5) 设置期初余额。□
(6) 日常业务处理。□
(7) 生成相关业务凭证。□

四、提交作业

将期初对账截图保存至 Word 文档，文档名称命名为"班级学号姓名项目七"，以 8 班 6 号张三举例，文件名为：806张三项目七。

实训八 应付款管理系统模拟实训

一、实训目的

通过实训掌握应付款管理系统初始化、日常业务处理及月末处理的操作，理解购销存系统与应付款管理系统之间的数据传递流程。

二、实训资料

1. 初始参数

单据审核日期依据为"业务日期"，应付账款核算类型为"详细核算"；受控科目制单依据为"明细到供应商"，非受控科目制单方式为"汇总方式"；启用供应商权限，并且按信用方式根据单据提前 7 天自动报警；应付款核销方式为"按单据"。

2. 基本科目

应付科目为"2202 应付账款"，预付科目为"1123 预付账款"，采购科目为"1401 材料采购"，税金科目为"22210101 应交税费——应交增值税（进项税额）"，现金折扣科目为"660301 财务费用——利息费用"，票据利息科目为"660301 财务费用——利息费用"，票据费用科目为"660301 财务费用——利息费用"，收支费用科目为"6601 销售费用"。

3. 结算方式科目

现金结算方式科目为"1001 库存现金"，现金支票结算方式科目、转账支票结算方式科目、信汇结算方式科目、电汇结算方式科目及银行汇票结算方式科目均为"100201 工行存款"。

4. 逾期账龄区间

逾期账龄区间设置总天数分别为 30 天、60 天、90 天和 120 天。

5. 期初余额

山东德成公司的设备款尚未支付，金额为 580 000 元。

6. 日常业务

（1）1月5日，采购部对外采购钢材 20 吨，单价为 1 100 元，增值税专用发票注明：价款 22 000 元，进项税额 3 740 元，货款尚未支付，材料尚未验收入库。

（2）1月25日，偿还前欠山东德成公司 580 000 元货款的 50%，用转账支票支票，支票号为 0446，领用部门为采购部，领用人为钱进。

7. 生成相关业务凭证

三、操作流程提示

（请做完一项任务后，在后面的□中打上√，以免重复或遗忘。）
（1）设置初始参数。□
（2）设置基本科目。□
（3）设置结算方式对应科目。□
（4）设置逾期账龄区间。□
（5）设置期初余额。□
（6）日常业务处理。□
（7）生成相关业务凭证。□

四、提交作业

将期初对账截图保存至 Word 文档，文档名称命名为"班级学号姓名项目八"，以 8 班 6 号张三举例，文件名为：806张三项目八。